2011中国网络游戏市场年度报告

CHINA ONLINE GAME MARKET ANNUAL REPORT 2011

文化部文化市场司

人民出版社

总　论

上世纪九十年代末以来，我国互联网快速发展。网络化使社会经济和文化生活形态发生了重大变化，形成了新的文化形态——网络文化，并已成为主流文化的重要组成部分。中央领导同志多次指出，要“用新的视角、新的理念认识文化的地位和作用，把握方向，加强引导企业创作生产高质量、高水平、高品位的文化精品，充分发挥文化引导社会、教育人民、推动发展的重要功能，更好地满足人民群众多样化多层次多方面的精神文化需求”；党的十七届六中全会再次重申要“发展健康向上的网络文化”，要“加强和改进网络文化建设和管理”，“实施网络内容建设工程，推动优秀传统文化瑰宝和当代文化精品网络传播，制作适合互联网和手机等新兴媒体传播的精品佳作”。这就要求我们坚持以社会主义核心价值体系引领网络文化发展，使网络文化不仅成为科技创新、产业升级的重要手段，也成为传播社会主义核心价值观、推动文化事业和文化产业大发展、增强中华文化软实力的重要阵地。

从2002年开始，文化部以网吧管理为切入点，开始了网络文化的管理工作。十余年来，按照中央的统一部署，各级文化部门紧紧抓住网络文化市场的特点和发展规律，从单一的终端管理，发展到对源头内容和运营环节的全方位管理。在网络文化市场的发展中，逐步从被动走向主动，使变化迅速、矛盾尖锐、领导高度关注、社会热点丛生的网络文化市场，逐步向健康繁荣的方向发展。

为了全面掌握网络文化市场发展现状、科学把握市场发展规律，文化部文化市场司从2009年开始编撰网络游戏、网络音乐和网吧市场年度报告，从市场现状、行业管理、细分特征、衍生领域、发展趋势等角度进行深度剖析，以严谨求实的态度还原行业原貌，为行业了解自身、为社会了解行业提供理论支撑及视野空间，也为市场管理工作的进一步加强和改善提供科学的依据。

回顾过去十余年的网络文化管理工作，主要有以下几方面的成果：

（一）网络文化管理的政策法规框架初步建成

自2002年《关于加强网络文化市场管理的通知》印发以来，为顺应市场发展和管理需要，文化部出台了一系列旨在规范市场秩序、促进行业发展的规章制度、规范性文件，逐步构建起较为完善的网络文化市场立体化管理体系。

1. 网吧管理制度

2002年3月，文化部从信息产业部接手网吧管理。当年6月，北京蓝极速网吧纵火案后，由国务院法制办和文化部牵头，迅速起草并于当年9月发布《互联网上网服务营业场所管理条例》。在总结近几年来网吧管理工作经验和解决突出问题的基础上，文化部先后下发了《关于进一步深化网吧专项整治工作的意见》（文市发[2004]38号）、《关于进一步深化网吧管理工作的通知》（文市发[2005]10号）、《关于进一步加强网吧及网络游戏管理工作的通知》（文市发[2007]10号）、《关于网吧管理工作有关问题的通知》（文市发[2008]25号）、《关于进一步净化网吧市场有关工作的通知》（文市发[2009]9号）、《网吧连锁企业认定管理办法》（文市发[2009]35号）、《关于加大对网吧接纳未成年人违法行为处罚力度的通知》（文市函[2010]458号）等文件。《互联网上网服务营业场所管理条例》确定了网吧管理的基本制度，一系列文件又丰富和完善了各项规定和措施。

2004年，经国务院同意，由文化部牵头，会同工商总局、公安部、信息产业部、教育部、财政部、广电总局、法制办、中央文明办、共青团中央，成立了全国网吧等互联网上网服务营业场所专项整治工作协调小组，研究全国专项整治工作的重大问题，加强督导、检查；2007年，调整为14个部门参与的全国网吧及网络游戏管理工作协调小组，文化部任牵头单位，增加监察部、卫生部、中国人民银行、新闻出版总署、中央综治办为成员单位。各地也根据实际，成立了相应的机构，以加强网吧和网络游戏管理。近年来，在各地区、各部门的共同努力下，分工负责与齐抓共管、条块结合与以块为主、日常巡查与技术监管、宏观调控与市场机制、行业自律与社会监督相结合的网吧管理长效机制已基本构建。

2. 互联网文化市场管理制度

2002年5月，文化部下发了《关于加强网络文化市场管理的通知》，首次明确了网络文化的管理范围。

2003 年 5 月，文化部以部令形式发布《互联网文化管理暂行规定》。该规定首次确立了互联网文化管理的概念与范围，设置了互联网文化经营单位主体许可制度、内容审查制度，基本建立了网络文化管理的制度规范。为顺应市场的发展和管理的需要，文化部分别于 2004 年 7 月、2011 年 2 月对《规定》进行了修订。2011 年新修订的《规定》坚持"积极利用、科学发展、依法管理、确保安全"的方针，明确了网络文化发展的原则和方向，进一步确立了主体准入、内容管理、运营监管、执法监督四个环节环环相扣的一整套网络文化市场管理体系，强化了县级以上特别是省级文化行政部门的职责、权限和义务。

2010 年 8 月，为进一步简政放权，文化部将设立互联网文化经营单位的审批权限下放至省级文化行政部门；为加强文化部的宏观调控，采取全国统一编码形式。

网络游戏管理方面，文化部自 2003 年开始对从事网络游戏经营活动的企业实施主体准入制度；并于同年，开始探索进口网络游戏内容审查和国产网络游戏备案工作。

2004 年 5 月，文化部下发了《关于加强网络游戏产品内容审查工作的通知》，成立了游戏内容审查委员会，进一步完善内容管理工作。

2005 年，文化部联合信息产业部印发《关于网络游戏发展和管理的若干意见》（文市发[2005]21 号），提出以科学发展观指导和检验网络游戏工作，坚持堵疏结合、发展与管理并重。

2007 年，文化部等 14 个部门印发《关于进一步加强网吧及网络游戏管理工作的通知》（文市发[2007]10 号），明确要求加大对网络游戏的管理力度，实现监管关口前移；同时，严厉打击和防范网络游戏经营活动中的违法犯罪行为。

2009 年，文化部、商务部印发《关于加强网络游戏虚拟货币管理工作的通知》（文市发[2009]20 号），首次明确了网络游戏虚拟货币的定义，根据市场行为缺乏监管、用户权益缺乏保障、使用范围缺少限制等突出问题，从依法行政的角度为网络游戏虚拟货币的管理提供了依据。同年，文化部印发《关于改进和加强网络游戏内容管理工作的通知》（文市发[2009]46 号），要求通过建立网络游戏经营单位自我约束机制、完善网络游戏内容监管、强化网络游戏社会监督与行业自律等途径，切实改进和加强网络游戏内容管理，落实网络游戏管理责任。

2010 年，文化部颁布了我国第一部针对网络游戏进行管理和规范的部门规章

《网络游戏管理暂行办法》(文化部令第49号)。《办法》首次系统地对网络游戏的娱乐内容、市场主体、经营活动、运营行为、管理监督和法律责任做出明确规定,确定了从事网络游戏活动的基本原则、相关概念和适用范围,进一步强化了网络游戏内容管理,制定了网络游戏经营活动的制度规范。

网络音乐管理方面,在《互联网文化管理暂行规定》确立的基本框架下,2006年11月文化部印发《关于网络音乐发展和管理的若干意见》(文市发[2006]31号),明确了网络音乐的内涵、特点和组成部分,向社会表明了国家关于网络音乐的发展和管理政策。

2009年8月,文化部印发《关于加强和改进网络音乐内容审查工作的通知》(文市发[2009]31号),对网络音乐内容审查制度进行了细化和完善,加大了知识产权保护力度,兼顾了市场繁荣和权益保护。

(二)网络文化市场秩序进一步规范

1. 以遏制未成年人进入问题为重点,以推进连锁为抓手,网吧市场走向稳定

2002年《互联网上网服务营业场所管理条例》颁布实施后,文化部联合相关部门开展了一系列专项整治工作,并取得了明显成效,特别是未成年人进入问题得到了较好的遏制。防止未成年人进入问题始终是网吧管理的头等大事。为切实做好此项工作,文化部逐步严格量化标准,加大处罚力度,严厉打击网吧违规接纳未成年人行为。通过坚持不懈的努力,目前,大中城市的网吧未成年人进入问题已得到较好解决。

为提升网吧行业整体实力,促进网吧的规范化、规模化、主题化、品牌化,文化部于2003年开始推行网吧连锁化政策。经过近些年的努力,在各级文化行政部门的共同努力和协调小组各有关部门的大力支持下,全国网吧连锁工作稳步推进。据统计,截至2011年底,我国共有网吧14.6万家,终端台数1152万台,从业人员107万,各级网吧协会922个,"五老"义务监督员近14万人。从市场占有率看,目前全国网吧连锁率已近40%,较2011年年初增加了10个百分点;从门店数量看,网吧直营门店数量1万多家,加盟门店数量4.8万多家,直营门店比例略有上升;从连锁企业数量看,经认定的全国网吧连锁企业4家,省级连锁企业232家,区域性连锁企业343家。

推进行业自律，成立全国性的网吧行业协会一直是文化部改善行业管理的举措之一。2007 年 3 月，在文化部指导下，全国 20 家网吧行业协会在山东联合召开了全国网吧行业自律大会，700 多人参会，发布了网吧行业自律宣言，并以此为基础在全国范围内开展行业建设与自律活动。2009 年 9 月，在文化部指导下，北京、上海、陕西等 14 个省级网吧行业协会，大连、厦门、广州等 16 个计划单列市、省会城市的网吧行业协会，于西安召开了净化社会文化环境网吧行业自律大会，共同发表了《净化网吧行业自律宣言》。2011 年，在文化部的主导下，全国网吧行业协会筹备工作取得突破性进展。

2. 服务企业发展，管理重心下移，完善网络文化市场主体准入机制

按照《互联网文化管理暂行规定》和《网络游戏管理暂行办法》，省级文化行政部门负责互联网文化经营单位的设立审批。主体准入工作主要包括设立、续延、变更和注销四个环节。据统计，截至 2011 年 12 月 31 日，全国共审批网络文化经营单位 2473 家，其中仍具备网络文化经营资质的 1729 家。从经营项目划分，从事网络游戏运营、动漫产品及音乐美术娱乐产品的企业数量较多。其中，从事音乐美术娱乐产品的企业 455 家，网络游戏运营 1293 家（其中含网络游戏虚拟货币发行 925 家），网络游戏虚拟货币交易 37 家，艺术品 171 家，演出剧（节）目 201 家，动漫产品 483 家，展览比赛活动 355 家，为网吧提供网络文化内容产品 24 家。从区域划分，北京、广东、上海的互联网文化经营单位数量位列前三。

3. 疏堵结合，网络游戏市场在发展中规范

（1）加强网络游戏内容管理

内容管理是网络游戏管理工作的重点之一，主要包括“十不准”原则、进口游戏内容审查、国产游戏备案及其自审制度建立四个方面。文化部依据法定职责，认真把好内容准入关。截至 2011 年底，经文化部内容审查的进口网络游戏共有 217 款，经文化部备案的国产网络游戏共有 955 款。同时，开通“网络游戏内容审查申报及进度查询系统”，实现了产品材料的网上申报及实时查询功能。

（2）重点解决未成年人保护问题

一是文化部联合教育部、团中央发布未成年人使用网络游戏的专家指导意见，引导未成年人“玩健康的游戏”和“健康地玩游戏”。二是文化部指导上海、北京开展了“适龄提示”工程试点。三是文化部等 8 部门联合实施“网络游戏未成年人家长监护工程”，要求自 2011 年 3 月 1 日起，做到全网络游戏行业覆盖。四是积极、

稳妥地推行网络游戏实名注册制度，采取技术措施加强对未成年用户的注册指导和游戏时间限制。五是完善文化产品评价体系，成立网络游戏评论联盟，调动学术界、教育界、新闻媒体、开发运营商、用户的力量，开展网络游戏文化评论，加强对网络游戏内容的引导，引导网络游戏健康发展。六是加强对网络游戏研发环节的引导，推出中国网络游戏原创技术引导研发项目成果“游创精灵”，供社会免费使用，降低网络游戏生产企业的技术门槛，促进原始创意向产品原型的转化。

(3)加强行业自律，建立网络文化企业自我约束机制

在文化部的指导下，2010 年网页游戏行业自律联盟成立；2012 年移动游戏发展联盟成立。这些行业自律组织充分发挥桥梁与纽带作用，组织业内企业签署《网络游戏行业规范自律公约》、《移动游戏发展联盟宣言》等，在建立网络游戏行业健康发展机制、规范行业经营行为，依法促进和保障网络游戏行业健康发展等方面起了十分重要的作用。

(4)积极开展海外交流活动，为网络游戏走出去创造良好环境

2009 年，中国文化部与韩国文化体育观光部共同签订中韩游戏合作协调机制，双方商定在机制框架下，积极推进两国网络游戏行业合作。此外，文化部还加强了与美国、日本、越南以及香港、台湾地区主管部门和行业的交流合作。

近几年，在主管部门的大力推动下，游戏出口形势进一步趋好。2011 年，国产游戏出口规模明显扩大，收入达到 4.03 亿美元，同比增长 76.0%。出口产品数量增加明显，2011 年新增 66 家公司共计 92 款网络游戏产品出口海外，出口产品总数超过 150 款。

4. 加强管理，促进网络音乐市场健康发展

(1)加强网络音乐内容管理

具有健康内容的网络音乐对网络文化传播具有重要意义。作为网络音乐的主管部门，文化部注重加强源头管理，通过严格审查标准，对内容低俗、格调低下等含有不良内容的网络音乐产品予以禁止。同时通过实践和探索改进管理手段，创新审查方式，投入使用网络音乐网上报审系统，提高了审查效率，加快了审查进度，方便了企业报审，有效推进了网络音乐审查工作的顺利开展。通过加强对网络音乐内容的管理，网络音乐市场环境得到进一步的净化。

(2)成立网络音乐行业发展联盟

联盟成员覆盖了网络音乐运营商、网络音乐的内容提供商等产业链的各环节。

通过建立一个有效的沟通机制和对话平台，加强产业链条各环节的协商合作，强化网络音乐行业自主管理，共同探寻网络时代音乐行业的合理发展道路和创新商业模式，以推动网络音乐行业健康发展。

（三）搭建网络文化发展平台

通过中国国际网络文化博览会、中国国际动漫游戏博览会等展会搭建行业交流平台，打造网络文化市场品牌。自2003年起，文化部会同有关部门在北京共同举办了九届中国国际网络文化博览会及论坛。李长春、刘云山、陈至立同志参观了博览会并作重要指示。李长春同志2004年、2006年两次参观中国国际网络文化博览会并给予高度评价。网博会在业界产生了巨大影响，目前是国内统一的网络文化综合性会展平台。自2005年起，文化部与上海市政府在上海共同主办了7届中国国际动漫游戏博览会，经过七年的发展，年度性的CCG EXPO已形成专业化、国际化、高层次、大规模的特点，并且确立了以商家对商家（B to B）为主、商家对终端用户（B to C）为辅的特色定位，获得了较好的社会与经济效益。此外，文化部还联合有关部门和地方政府举办手机动漫游戏大赛，开展网络演出试点工作，促进网络与传统文化艺术的融合发展。

（四）加强网络文化市场的调研和培训

自2009年起，文化部开始以年度报告的形式向社会权威发布网吧、网络游戏、网络音乐市场的基本状况、行业管理、发展趋势。年度报告分析了一年来我国网络文化市场发展总体情况及管理工作成效，并在宏观把握网络文化市场发展趋势的基础上，明确下一年度网络文化市场管理思路。

由于网络文化发展变化迅速，为给政策制定提供科学的依据，文化部十分重视调研工作。2002年至今向中央提交有关网络文化市场方面的调研报告达10多份。2007年，联合财政部共同委托华中师范大学、北京邮电大学就中国网吧及网络游戏问题进行专题研究；2011年，委托清华大学、北京邮电大学分别就“网络文化建设与管理”与“移动网络文化管理规制”开展专项调研；2012年，委托华中师范大学开展“网络游戏暴力底限与表现形式”课题研究，为内容审查细化工作提供依据。

（五）严格执法，维护网络文化市场健康有序发展

各级文化行政部门和文化市场综合执法机构严格按照《互联网文化管理暂行规定》和《网络游戏管理暂行办法》的要求，加强网上巡查，严厉打击违法网络文化产品和违规网络文化活动。近年来，共发布了十五批违法违规互联网文化经营活动的查处工作，查处500余家存在未要求用户使用有效身份证件实名注册、擅自从事网络游戏经营活动以及违法推广和宣传游戏产品等问题的网络游戏企业；办理了300余起涉嫌从事违规经营活动的网络音乐网站案件；清理了300首未经内容审查或备案的违规网络音乐作品。

网络文化市场的建设与管理要深入贯彻党的十七届六中全会精神，以社会主义核心价值体系引领网络文化发展方向，加大内容建设力度，从立法、监管、标准等多方面入手，以技术、内容、机制的创新改进管理，进一步提升我国网络文化竞争力，繁荣和规范网络文化市场。

二〇一二年七月

目　录

图 目 录

表 目 录

前　言

2010 年 6 月，文化部出台了《网络游戏管理暂行办法》（以下简称《办法》），对网络游戏的娱乐内容、市场主体、经营活动、运营行为、管理监督和法律责任做出明确规定。《办法》执行一年多来，取得了较好的效果，网络游戏市场环境有了明显改善，经营秩序得到显著好转。

在此背景下，2011 年中国网络游戏市场继续保持良好的发展势头，呈现出几个主要特点：市场规模及用户规模持续增长、结构调整进一步深化、海外出口份额进一步扩大等。具体来看，2011 年，中国网络游戏市场规模（仅包括互联网游戏和移动网游戏市场）为 468.5 亿元，同比增长 34.4%，增速止跌回升；网络游戏用户突破 1.6 亿，同比增长 33%，增速开始放缓；移动网游戏用户数量突破 5000 万人，同比增长 47%；网页游戏市场规模继续保持高速增长，规模达 49.3 亿元，同比增长 102.1%，在互联网游戏市场中的占比上升了近 4 个百分点；2011 年新增出口游戏共 92 款，自主研发网络游戏海外市场收入达 4 亿美元，同比增长 76%。

2011 年中国网络游戏市场繁荣发展的背后，也存在着隐忧，突出表现在三个方面：一是行业内特别是网页游戏行业内恶性竞争依然严重，低俗营销等违规行为屡禁不止；二是国产游戏数量迅猛增长掩盖不了内容同质化的缺陷，创新能力亟待加强；三是移动网市场秩序的规范化工作滞后于市场的高速发展。

2012 年，网络游戏市场结构性调整将进一步加剧，客户端游戏扁平化、网页游戏移动化、移动网游戏规范化将成为网络游戏市场新的突出特点。各级文化行政部门和文化市场综合执法机构将以贯彻执行《网络游戏管理暂行办法》为重点，在法规建设、主体准入、内容管理、运营监管、执法监督、促进行业自律等方面进一步完善网络游戏市场管理工作，保障网络游戏市场的健康、规范发展。

一、网络游戏市场发展现状

2011 年中国网络游戏市场继续保持良好的发展势头，突出表现为市场规模和用户规模持续增长、移动游戏及网页游戏发展迅猛、竞争格局稳中有变、国产游戏日趋多元化等特点。

(一)市场规模

1. 消费规模

2011 年，以互联网和移动网游戏市场计算，中国网络游戏市场规模为 468.5 亿元，同比增长 34.4%。其中，互联网游戏市场规模 429.8 亿元，同比增长 27.4%；移动游戏市场规模 38.7 亿元，同比增长 51.2%。

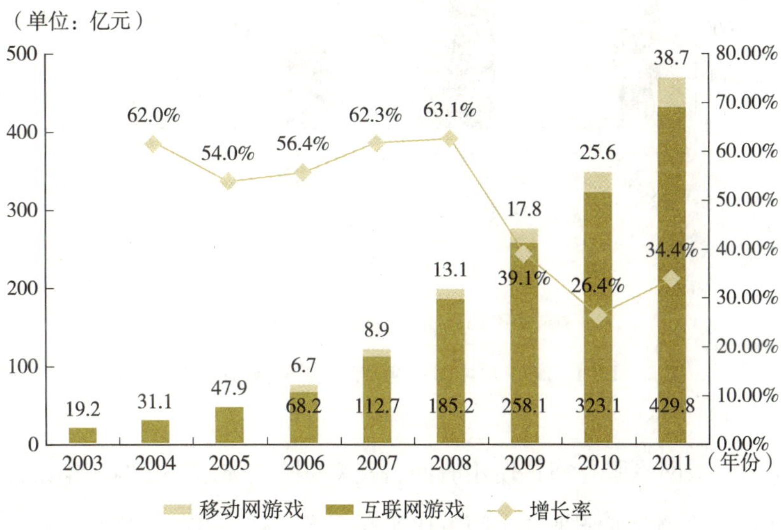

图 1　2003～2011 年中国网络游戏市场规模及增长

此外，广电网游戏市场初现雏形。目前广电网游戏市场由机顶盒游戏和家用视频游戏机游戏两部分组成。在三网融合推进过程中，由于机顶盒配置有待完善，机顶盒游戏市场份额尚小；随着国产及家用视频游戏机的陆续上市，运行在此类终端上的游戏也开始成为行业内关注的焦点,市场发展潜力巨大。

2. **用户数量**

如图2所示,2011年互联网游戏用户总数突破1.6亿人,同比增长33%;其中,网页游戏用户持续增长,规模达1.45亿人,增长率达24%。移动网下载单机游戏用户超过5100万人,增长率达45.7%;移动网在线游戏用户数量达1130万人,增长率达352%。

相对于互联网游戏用户增长速度的放缓,移动网用户数量出现了高速的增长。这预示着移动网正面临极好的发展机遇:未来几年在用户数量增长的推动下,移动网游戏市场规模也将保持高速的增长。

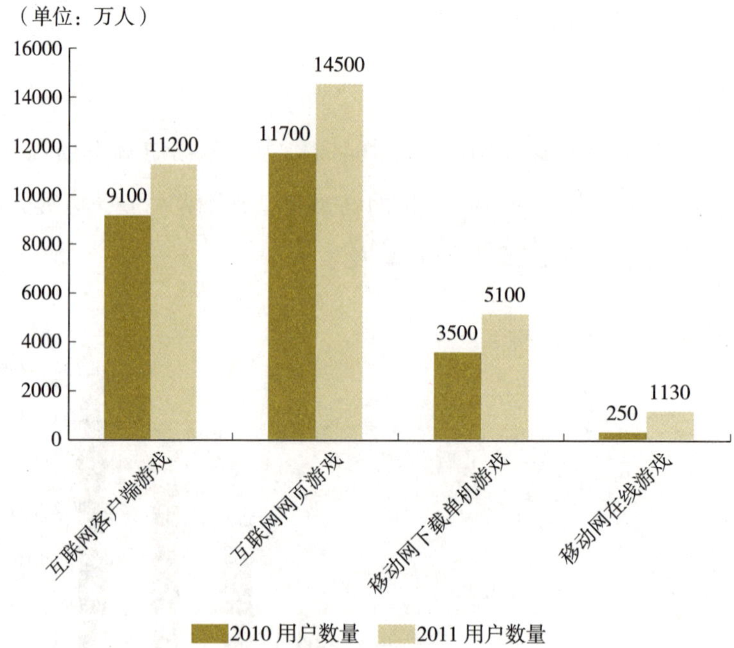

图2　2010~2011年中国网络游戏用户数量分类增长情况

艾瑞咨询对网络服务用户使用时间占比①的研究显示,从2009年第二季度开始,用户使用在线游戏②服务的时间占比逐渐下降,与此同时,社区交友和在线视频

① 网络服务用户使用时间占比的计算方式为:(主要软件的使用时间+主要服务的浏览时间)/(服务浏览时间+部分与互联网连接的软件使用时间)。这部分软件包括安全防护、弹出咨询、即时通讯、其他游戏、网络电视、网络游戏、下载工具。

② 在线游戏包括网站中的游戏服务,软件中的网络游戏和其他游戏;社区交友包括:社交网络、微博、社区、博客、婚恋交友等;在线视频包括:网站中的在线视频,软件中的网络电视。

服务的时间占比不断升高。2010 年第二季度至 2011 年第三季度，游戏服务的时间占比趋于稳定，社区交友服务的时间占比有所下降，在线视频服务的时间占比继续上升。

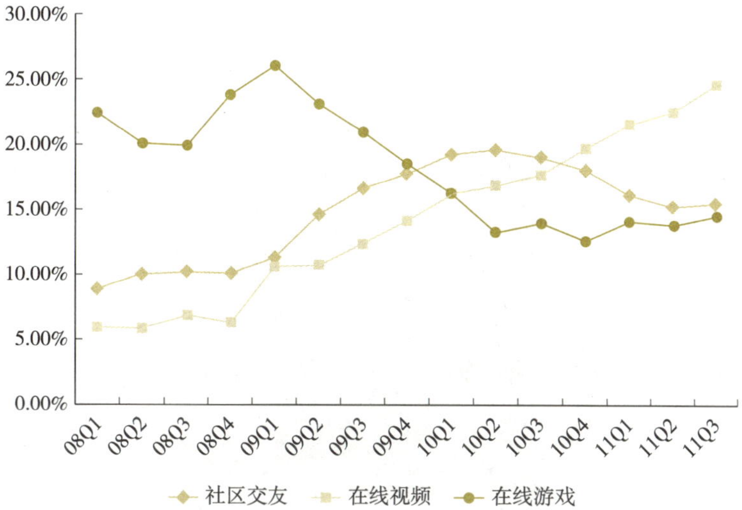

图 3　2008 年至 2011 年第三季度各类网络服务用户使用时间占比变化

数据来源：艾瑞咨询

（二）市场结构

1. 产品结构

如图 4 所示，2011 年的网络游戏市场中，互联网游戏仍然占据主导地位，市场份额达 91. 7%；移动网游戏比重继续上升，较 2010 年增长近 0. 8 个百分点。

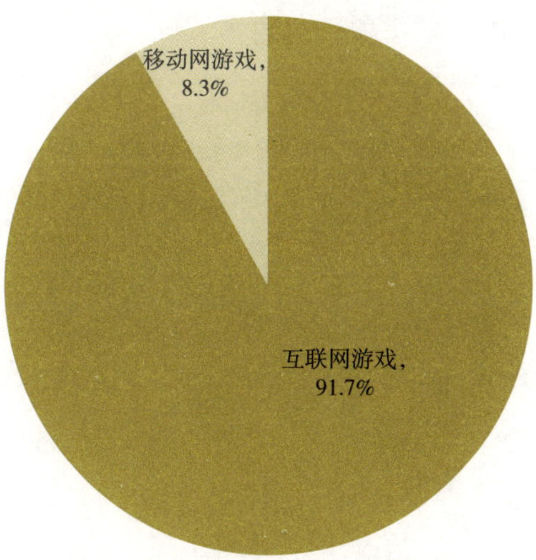

图 4　2011 年中国网络游戏市场结构

如图5所示,2011年互联网游戏中,客户端游戏仍占据主导地位,市场份额达88.5%;网页游戏进一步发展,市场份额较2010年上升了近4个百分点,达到11.5%。网页游戏的发展不仅分流了部分客户端游戏用户,也吸引了许多新的市场主体参与到网络游戏运营中。

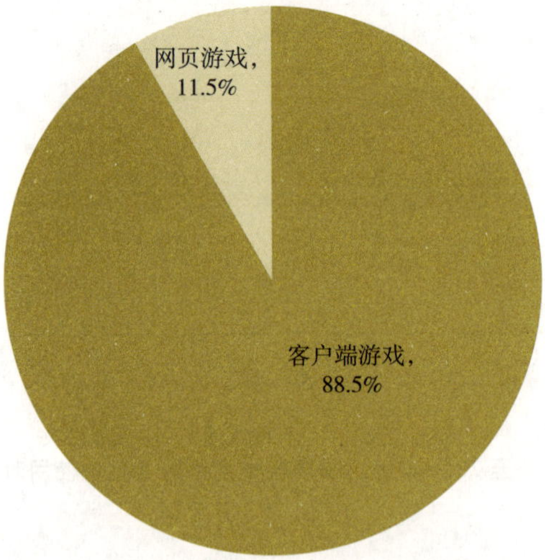

图5　2011年中国互联网游戏市场产品结构

移动网游戏市场包括移动网下载单机游戏和基于移动网的在线游戏。如图6所示,2011年,在App Store和Android Market等应用市场发展的推动下,移动网下载单机游戏仍占八成份额。基于客户端/服务器(C/S)架构的移动网在线游戏,虽然所占比例基本与2010年持平,但产品质量也有明显提升,出现了一些代表性移动网在线游戏,如《二战风云》等。随着移动网网络环境的不断改善,资费的不断下调,未来移动网游戏将持续走高。

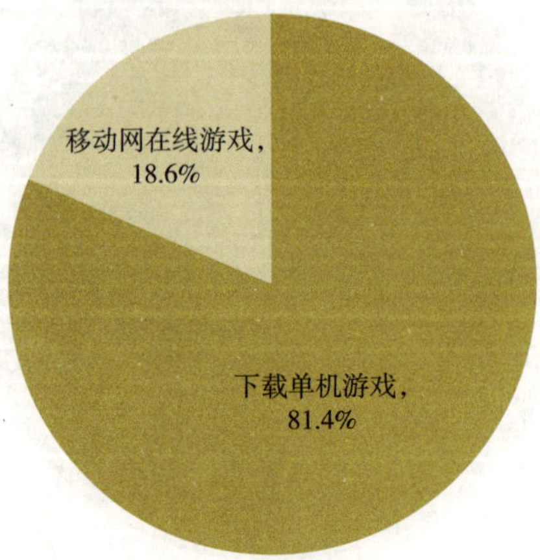

图6　2011年中国移动网游戏市场产品结构

如图 7 所示，2011 年，共有 646 款网络游戏通过文化部的审查或备案。其中，国产游戏 604 款，较 2010 年增加 428 款；进口游戏 42 款，较 2010 年增加 14 款。自 2009 年起，国产网络游戏呈现出井喷的趋势，数量远远超过进口游戏，开始占据市场主导地位。

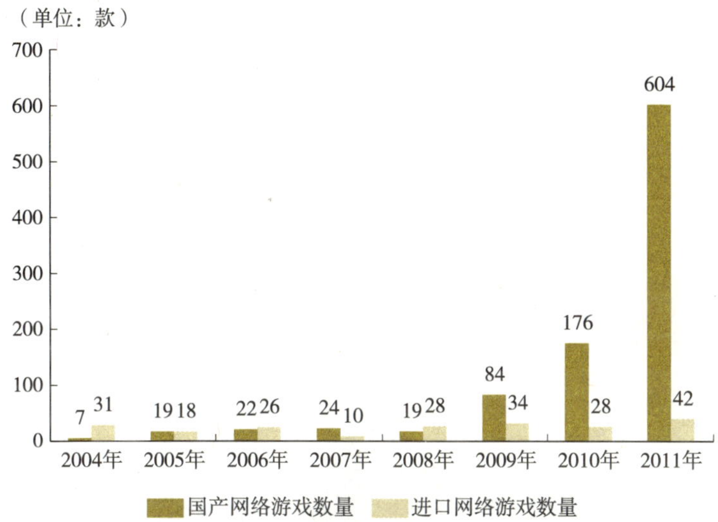

图 7　2004～2011 年经备案的国产网络游戏数量与经审查的进口网络游戏数量变化

2. **用户结构**

（1）用户年龄结构

如图 8 所示，从用户年龄结构来看，18 至 24 周岁以及 25 至 34 周岁用户仍然是互联网游戏的主要用户群体，分别占 55.57% 和 29.49%，以在校学生和刚参加工作的年轻人为主。其中，25 至 34 周岁的用户所占比重较 2010 年上涨了 5 个百分点；究其原因，主要是网页游戏的迅速发展，吸引了一部分可利用碎片时间进行休闲游戏的用户。比较而言，12 周岁以下的儿童用户较 2010 年下降了 0.5 个百分点，主要原因是 2011 年儿童游戏发展趋缓，新用户较少。

如图 9 所示，与互联网游戏市场类似，18 至 24 周岁和 25 至 34 周岁的用户也是移动网游戏市场的主流用户群体，占比分别为 56.14% 和 28.15%。与 2010 年相比，35 至 44 周岁的用户有所增长，一方面是由于智能移动终端的进一步普及，另一方面在于一些以战争为题材的移动网在线游戏吸引了这部分中年用户。

（2）用户收入结构

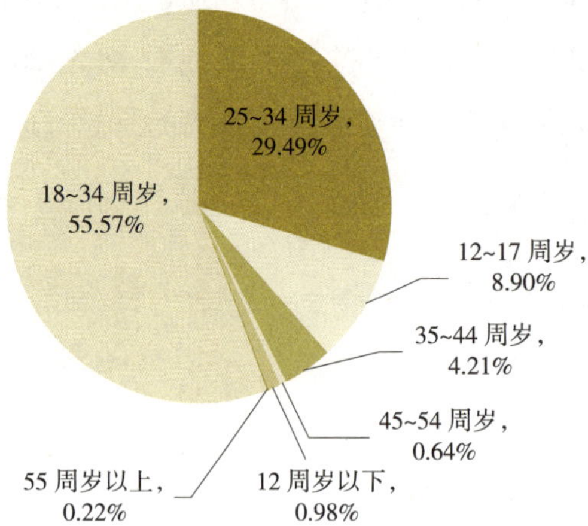

图 8　2011 年中国互联网游戏用户年龄结构

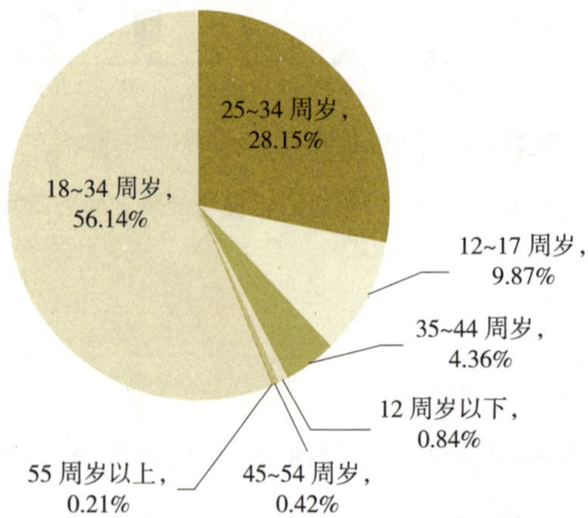

图 9　2011 年中国移动网游戏用户年龄结构

如图 10 所示，从互联网游戏用户收入结构来看，月收入在 1501 至 3000 元的用户占比最高，达 33.11%。3001 元至 4500 元的用户较 2010 年上升了近 7 个百分点，达 17.13%；这部分用户以一线城市的办公室职员为主，他们主要被迅速发展的网页游戏所吸引，成为网络游戏市场的新用户。

如图 11 所示，在移动网游戏用户收入结构方面，无收入用户的比重相对较高，这是由于 2011 年智能移动终端数量大幅增长，更多的在校学生参与到移动网游戏市场中。此外，月收入 3001 至 4500 元和 4501 元至 6000 元的用户也有所增长，这

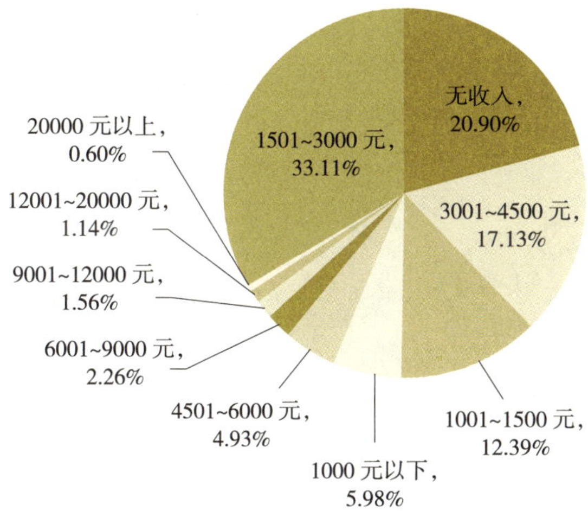

图 10　2011 年中国互联网游戏用户收入结构

部分用户消费能力较强，最有可能成为移动游戏的有效付费用户。

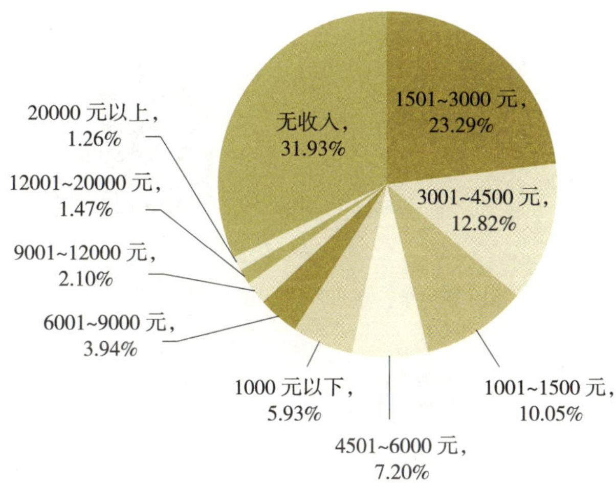

图 11　2011 年中国移动网游戏用户收入结构

（3）用户学历结构

如图 12 所示，互联网游戏用户的学历依然以大学本科的比例最高，达 33.5%，较 2010 年上升了 4 个百分点。大专/高职的用户比例也较 2010 年上升了 2 个百分点，达 27.8%。其他用户的比例均有所降低。

如图 13 所示，与互联网游戏用户学历结构不同，在移动网游戏用户中，普

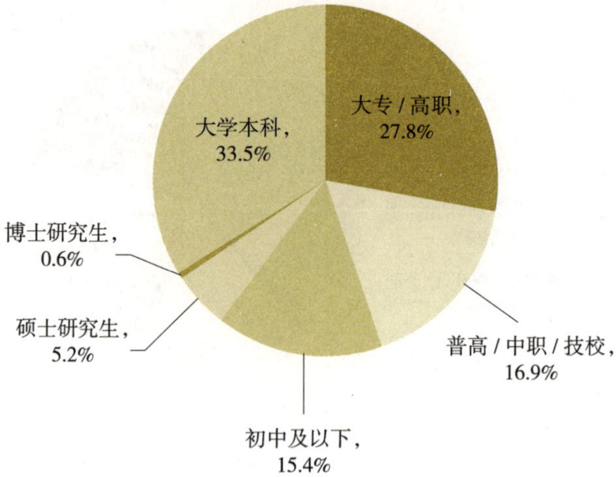

图 12　2011 年中国互联网游戏用户学历构成

高/中职/技校/中专的占比最高，达 37.4%，大学本科占比为 25.7%。这主要是由于手机比电脑的普及率高，手机玩游戏的用户相对更集中于低学历的人群中。

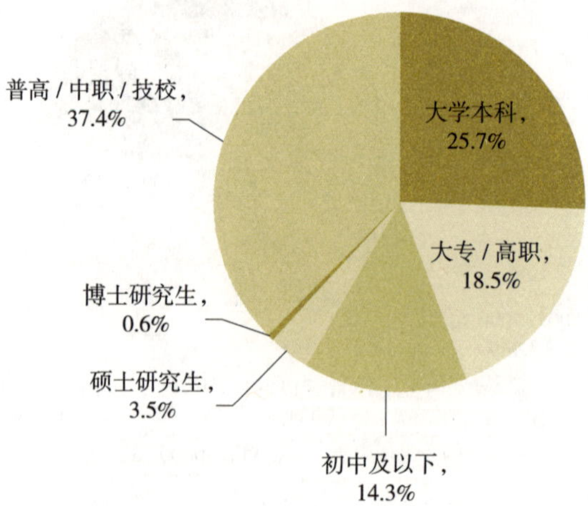

图 13　2011 年中国移动网游戏用户学历结构

3. 企业竞争结构

2003 年以来，从事网络游戏经营活动的企业数量不断增多，截至 2011 年底，具备网络游戏运营资质的企业累计达到 1293 家①。

---

① 《网络文化经营许可证》的有效期为三年，文化部及省级文化行政部门对逾期未按规定办理续延手续的网络文化经营单位进行注销；因此，仍具备资质的企业数量低于审批总数。

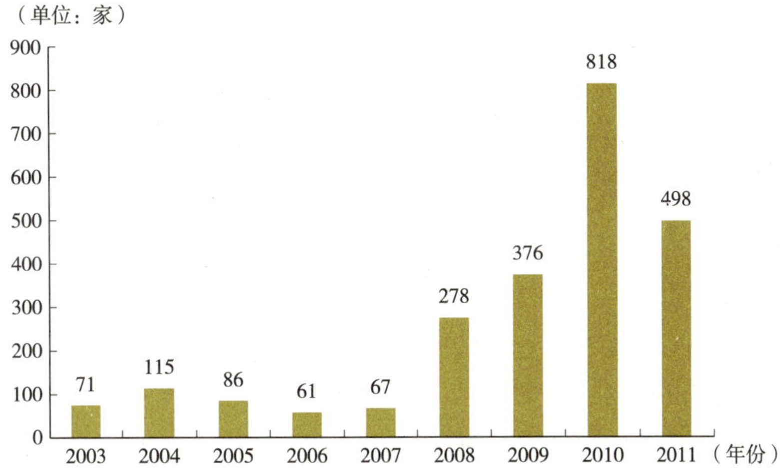

图 14　2003～2011 年获取网络游戏运营资质的企业数量

从 2011 年的整体市场竞争格局来看，一些网页游戏运营企业迅速成长，接近了原先的二线客户端游戏运营企业的营收水平。以 2011 年网络游戏业务营收为标准，中国网络游戏企业可以分为四个梯队：

第一梯队包括深圳腾讯、广州网易、盛大网络。这三家企业 2011 年营收均在 50 亿元以上，是行业内的龙头企业，产品线丰富，运营实力强，研发团队经验丰富。如腾讯旗下客户端游戏、网页游戏和移动网游戏共计 30 余款。网易既有自主研发的《梦幻西游》和《大话西游》两款产品，同时也在运营《魔兽世界》等进口产品。盛大则依靠《传奇》系列和《龙之谷》等自研产品占据市场。深圳腾讯是 2011 年网络游戏企业中营收最高的一家，其市场占有率较 2010 年上升了 7 个百分点，达到 36.8%。

第二梯队包括搜狐畅游、完美世界、巨人网络。这三家企业 2011 年营收在 10 亿元至 50 亿元之间，业务以客户端游戏研发及运营为主。这部分企业或是业务多集中在自主研发的客户端游戏产品上，如搜狐畅游的《天龙八部》、巨人网络的《征途》系列；或是有着强大的海外市场拓展能力，如完美世界的海外市场收入近两年均为中国网络游戏企业之首。

第三梯队是 2011 年营收在 2 亿元至 10 亿元之间的企业。这部分企业主要有两类（企业排名不分先后）：第一类企业业务以网页游戏运营为主，如昆仑万维、北京趣游、厦门游家、广州海岩、上海心动游戏、淘米网、千橡互动、奇虎 360 等；第二类企业为二线的客户端游戏运营企业，如光宇华夏、金山软件、网龙网络、世纪天成、蓝港在线、麒麟游戏、久游网等。

第四梯队是2011年营收在2亿元以下的企业。这部分企业中,以网页游戏运营业务为主的小企业较多。

(三)区域结构

1. 区域总体结构

如图15所示,在区域网络游戏用户消费规模中,依然是经济较为发达的省份广东、四川、江苏和浙江位居前4位,这四个省份总共占据了总体消费规模的40.5%,较2010年提升了1个百分点。排名前十的区域还有河北、山东、辽宁、上海、北京、河南,前十个省市总共占据了总体消费规模的74.8%。

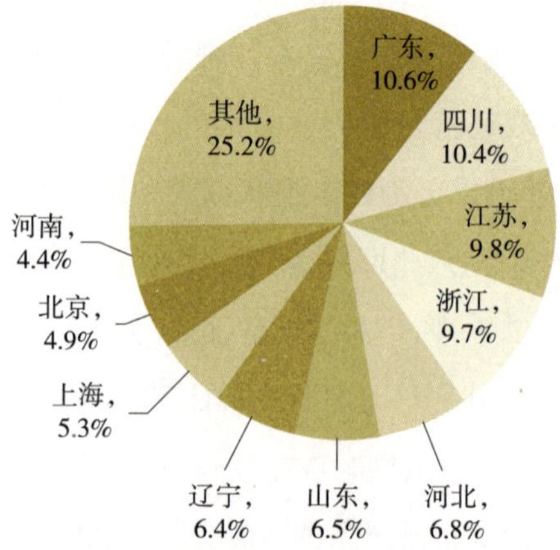

图15　2011年中国网络游戏市场区域结构

2. 区域产品结构

(1)互联网游戏区域规模

如图16所示,在国内分区域互联网游戏用户消费规模中,四川成为所占比重最大的省份,占10.5%,浙江、广东、江苏分列2~4位。与2010年相比,前十名市场份额总和略有上升,主要是由于网页游戏迅速发展,北京、上海等地的市场比重有所上升所致。

(2)移动网游戏规模区域结构

如图17所示,移动网游戏用户消费规模中,广东占比达13.2%,主要原因是其智能移动终端普及率较高。与2010年相比,北京、上海、浙江等地的比重有所上

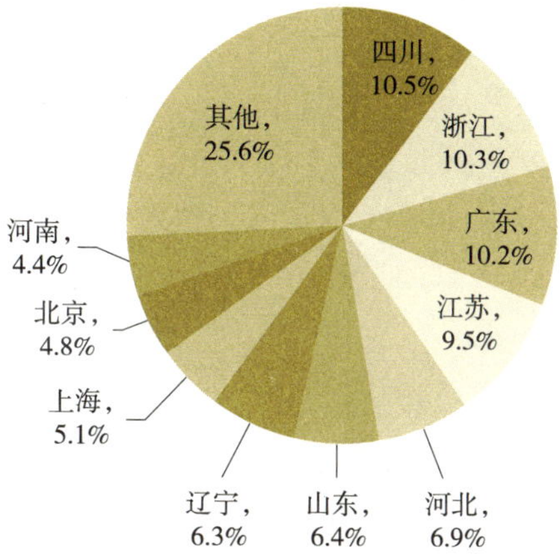

图 16　2011 年中国互联网游戏市场区域结构

升，主要是由于目前智能移动终端价格仍旧较高，它在经济较发达地区的普及率明显高于中西部。

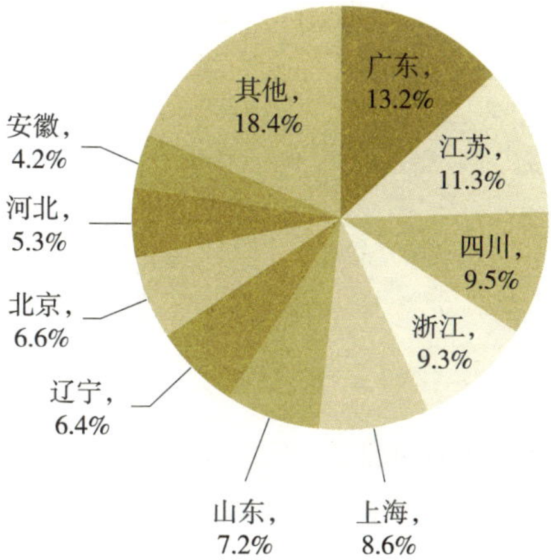

图 17　2011 年中国移动网游戏市场区域结构

3. **区域用户结构**①

（1）区域用户年龄结构

如图 18 ~ 20 所示，在广东、江苏、四川三省网络游戏用户中，18 ~ 34 周岁人群是主力。

① 该区域用户结构分析基于消费规模排名前 3 的省份统计数据。

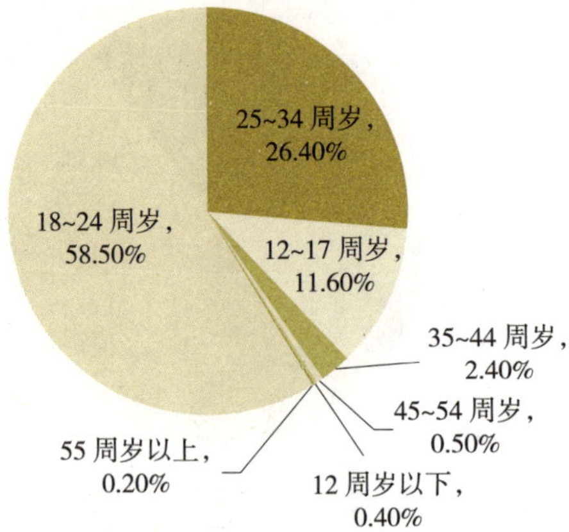

图 18　2011 年广东省网络游戏用户年龄结构

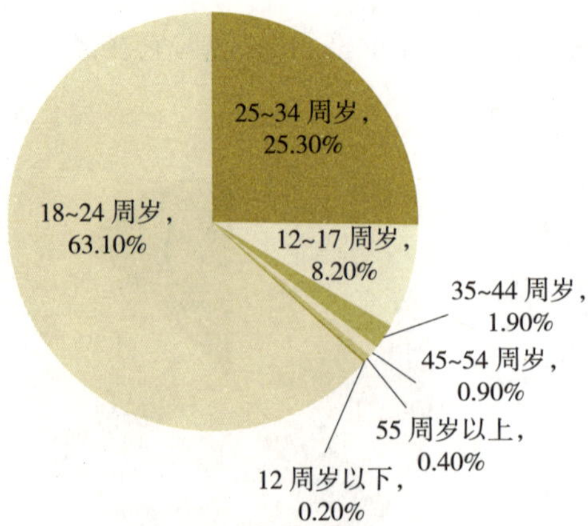

图 19　2011 年江苏省网络游戏用户年龄结构

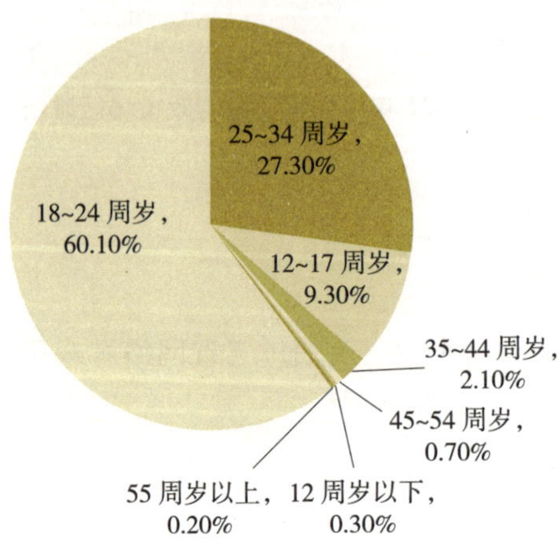

图 20　2011 年四川省网络游戏用户年龄结构

（2）区域用户收入结构

如图 21 ~ 23 所示，在收入结构方面，三省游戏用户的平均月收入在 1900 ~ 2100 元之间，较去年增长 10% 左右。若排除无收入的学生群体，三省游戏用户的主流群体月收入都在 1001 ~ 3000 元之间，占比约为 50%。

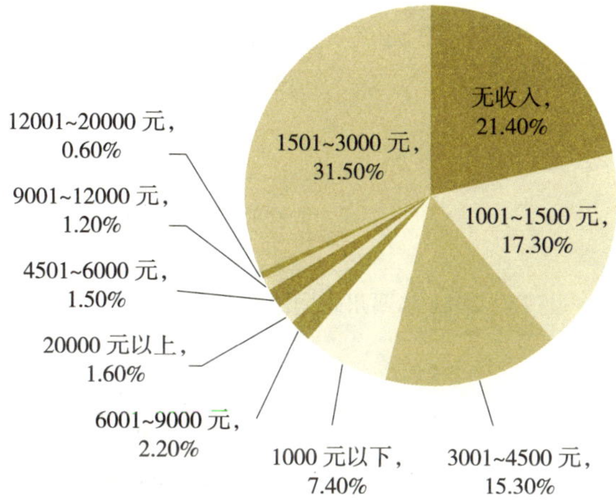

图 21　2011 年广东省网络游戏用户收入结构

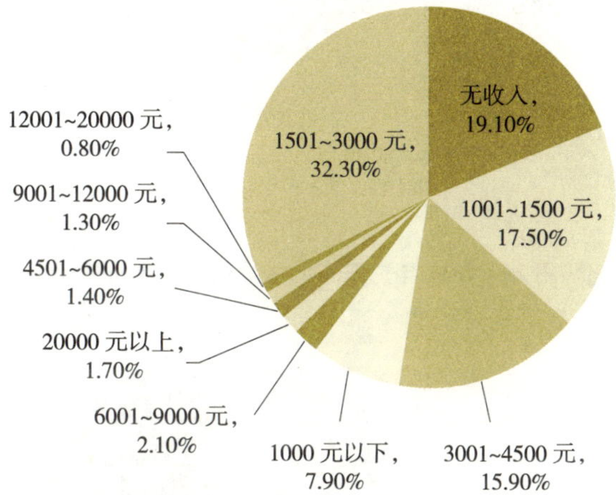

图 22　2011 年江苏省网络游戏用户收入结构

（3）区域用户学历结构

如图 24 ~ 26 所示，三省用户的学历分布都较为平均，普高/中职/技校/中专、大学本科、大专/高职、初中及以下用户所占比例相差不大。相对而言，广东省用户平均学历较低，江苏省用户平均学历较高。

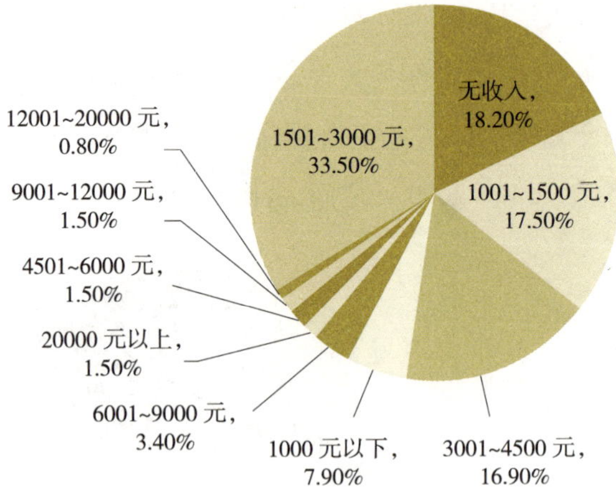

图 23　2011 年四川省网络游戏用户收入结构

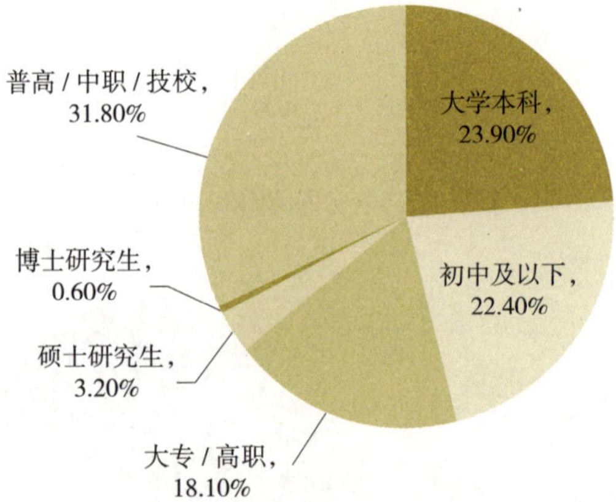

图 24　2011 年广东省网络游戏用户学历结构

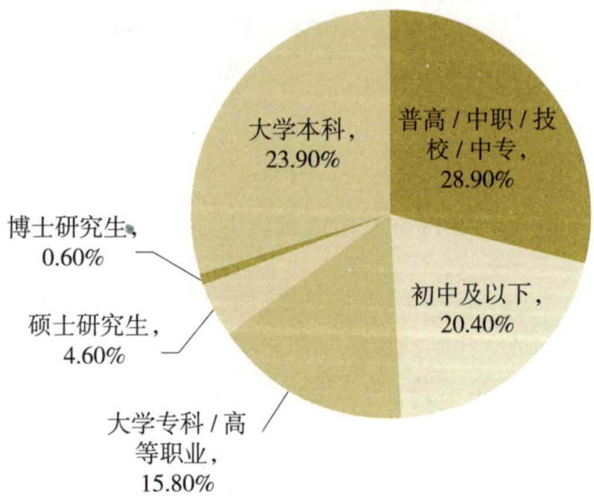

图 25　2011 年江苏省网络游戏用户学历结构

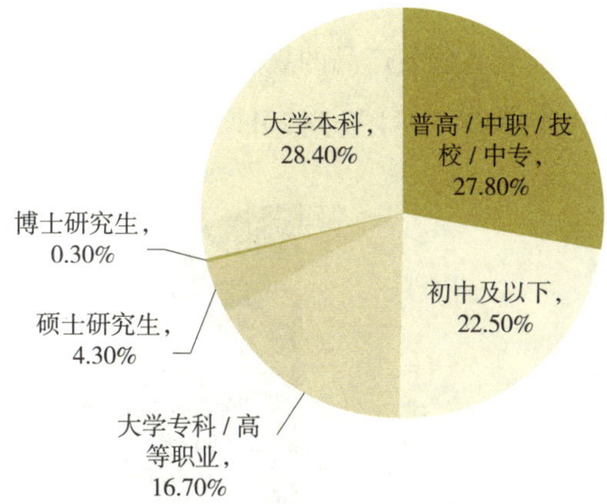

图 26 2011 年四川省网络游戏用户学历结构

(四)国产网络游戏发展状况

1. 规模和增长

如图 27 所示,2011 年中国自主研发的互联网游戏产品在国内市场的运营收入达 254. 2 亿元,同比增长 37. 3%。

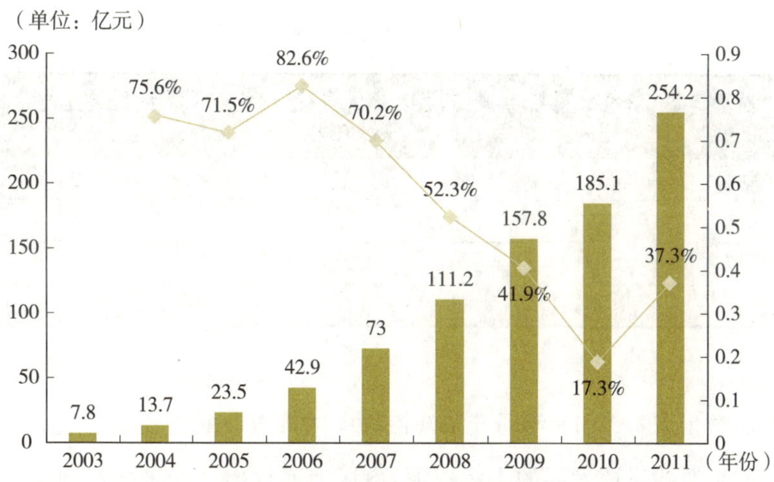

图 27 2003～2011 年中国国产互联网游戏市场规模与增长

2. 市场占比

如图 28 所示,2011 年自主研发产品的规模增速持续超过进口游戏,在市场中的占比略微提高,从 2010 年的 57.3% 上升到 2011 年的 59.1%,上升了 1.8 个百分点。

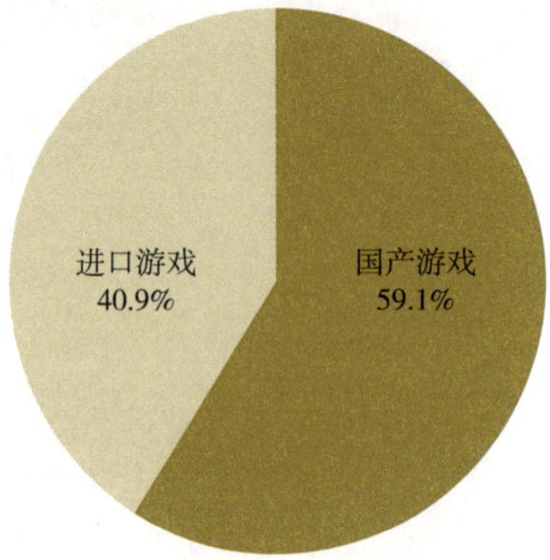

图 28　2011 年中国互联网游戏市场国产游戏占比

3. 产品情况

如表 1 所示,2011 年共有 604 款国产网络游戏通过了文化部备案,较 2010 年增加了 428 款,其中客户端游戏增加 123 款,网页游戏增加 282 款,移动网游戏增加 23 款。国产网络游戏产品数量增长迅速。

表 1　2011 年国产网络游戏备案情况表

游戏类型 / 终端类型	角色扮演类 RPG	棋牌休闲类 CBG	休闲竞技类 CSG	模拟策略类 SLG	社区互动类 SNG	总数
C(客户端)	161	19	21	8	2	211
W(网页)	172	6	29	84	76	367
M(移动网)	21	0	2	1	2	26
总数	354	25	52	93	80	604

从产品数量来看,2011 年国产游戏市场中网页游戏的增长量明显大于客户端游戏。在网页游戏迅速发展的大背景下,市场上涌现出了一批国产网页游戏代表作品,如上海心动游戏开发的《盛世三国》、北京蓝港开发的《火影世界》等。但从整体来看,精品游戏的比例依然较低,产品同质化问题改观不大。

客户端游戏市场中出现了一批市场反响较好的自主研发产品,如巨人的《征途 2》、网易的《倩女幽魂》、金山的《剑网 3》等。全新主题的国产客户端游戏逐渐被市场所接受，这表明我国的网络游戏行业正处于良性的更新换代时期。

4. **产品研发状况**①

(1)研发产品类型状况

如图 29 所示，中国网络游戏企业在研游戏产品类型以网页游戏为主，客户端 MMORPG 为辅，其他类型游戏则较少。

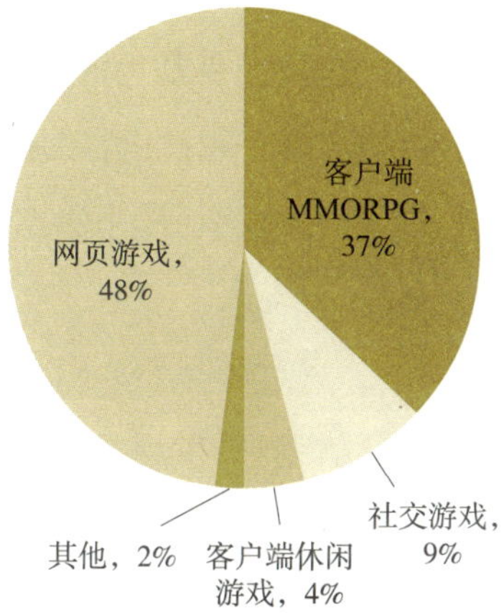

图 29　2011 年中国网络游戏企业在研游戏产品类型分布

(2)研发游戏的收费模式

如图 30 所示，在研游戏拟采用的收费模式以道具收费为主。在《征途 2》采用了"交易税"模式以后，部分游戏企业对是否采取原先的道具收费模式持观望态度。

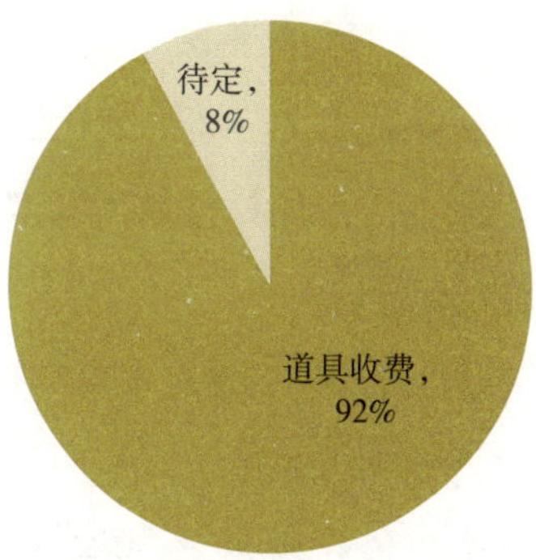

图 30　2011 年中国网络游戏企业在研游戏收费模式

① 根据对大中型网络游戏研发企业的深度访谈和相关资料，得到国产网络游戏研发数据，调查数据以大中型网络游戏研发企业为主。

（五）网络游戏市场生态

1. 产业价值链现状

网络游戏产业主要由游戏开发服务、游戏产品研发、游戏运营（含虚拟货币发行）和游戏消费 4 大环节组成，是一条从内容来源到游戏消费的价值传递链条。

（1）游戏开发服务商

游戏开发服务商主要为游戏的研发提供基础的支持服务，包括美工、程序、音乐音效的代工开发、游戏引擎的授权、游戏题材内容的授权等。目前国内大型网络游戏研发企业多拥有自主知识产权的游戏引擎，中小型研发企业多使用其他公司提供授权的游戏引擎进行游戏研发。

（2）游戏产品研发商

游戏产品研发商的主要职能是策划、开发网络游戏。目前以游戏产品研发为主营业务的企业多为中小型企业和创业型的独立工作室，数量众多，背景各异，实力差距大，因此提供的产品质量也参差不齐。一些从游戏研发起步而逐渐发展起来的企业已成功转型，开展了游戏运营业务，如苏州蜗牛、成都梦工厂、目标软件等。除此之外，中国的大型网络游戏运营商，如深圳腾讯、广州网易、盛大网络、搜狐畅游、完美世界、巨人网络等，均有独立的研发部门。

在网页游戏领域中，专注于游戏研发的企业有上海灵禅、广州菲音等。由于网页游戏的研发门槛较低，不少网页游戏运营商也设立或收购了研发部门，如厦门游家、千橡互动、昆仑万维等。此外，在 2011 年网页游戏迅速发展的大背景下，部分原本不开展网络游戏运营业务的企业也成立了游戏运营部门，进行网页游戏联运，如虎扑网和瑞星。这些原本以体育门户网站或杀毒软件作为其主营业务的企业，在 2011 年均开展了网页游戏联运业务。

在移动网游戏市场中，手机终端企业不仅充当着移动网游戏载体的提供者，也是移动网游戏产品开发的支持者和平台建设者。他们的力量左右着各个移动网游戏平台在市场中的份额。而像苹果这样的企业，更是将自身功能扩展到了移动网游戏运营领域。

（3）网络游戏运营商（含虚拟货币发行）

网络游戏运营商（含虚拟货币发行）主要从事网络游戏的营销，包括：研究用户需求，反馈指导游戏开发；规范游戏内容，并按规定向文化主管部门报备报审游戏；对新游戏进行上线测试、推广和销售网络游戏（含虚拟货币发行）；为游戏用户提供客户服务，开发游戏的其他商业价值等。网络游戏运营商可以运营自主研发的网络游戏产品，也可以代理运营游戏产品。目前在互联网游戏领域，游戏运营商处于主导地位，规模列前位的游戏企业都是互联网游戏运营商。

在移动网游戏领域，移动网络运营商既为游戏的运营提供基础网络平台，同时也提供产品推广、计费支付等游戏业务运营平台。从某种程度上看，移动运营商凭借两大平台的优势，主导了移动网游戏行业。

除网络游戏行业这一主链条之外，产业链上还有两条服务行业链条支撑着游戏行业的正常运转。

一是提供网络游戏行业基础设施和服务的链条，主要包括：

（1）基础网络运营商，如三大电信运营商，它们不仅为互联网游戏提供基础设施和服务，还在移动网游戏中承担业务运营商的角色。

（2）IT 基础架构和 IT 服务提供商，如 PC 和服务器提供商、操作系统和数据库提供商、IDC 服务提供商、系统运维服务提供商等。

二是辅助网络游戏产品开发、推广、销售的链条，主要包括：

（1）开发工具、相关技术和产品提供商，如提供游戏前后端开发工具的微软、提供体感识别中间件的 Softkinetic 公司等。

（2）信息、产品、支付渠道及衍生品经营等相关服务渠道商。信息渠道商包括各类媒体、门户网站等；产品渠道商包括游戏点卡销售网站或报亭、游戏机销售的专卖店或家电卖场等；支付渠道商包括银联、支付宝等；衍生品经营服务包括网络游戏虚拟货币交易服务企业、游戏内置广告经营企业等。

如图 31 所示，这 3 个链条的组合构成了一个完整的网络游戏产业，各类角色交互作用形成复杂多变的关系。

2. 移动网游戏中的产业价值链

移动网中的产业价值链与网络游戏整体产业价值链存在差异，如图 32 所示，移动终端制造商和移动网络运营商的地位更显重要。

在移动网游戏产业链中，游戏渠道商是最为重要的一个环节。由于移动网游戏多以终端应用的载体呈现，所以移动网单机游戏开发商和移动网在线游戏运营商，都必须让游戏产品安装到用户的移动终端才能够获利。

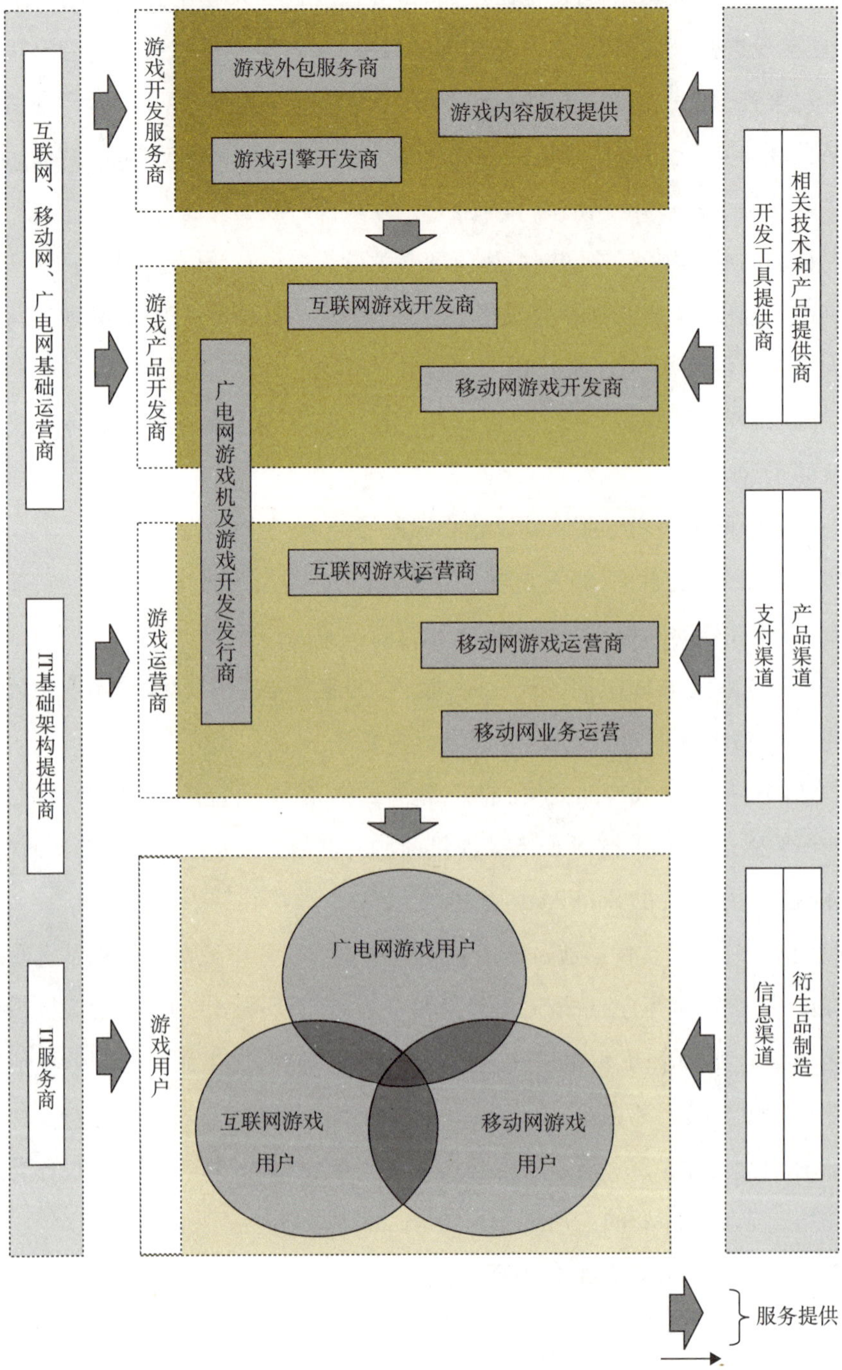

图 31　中国网络游戏产业价值网络示意图

尽管存在游戏开发商自有平台、移动网终端预装应用等形式的推广，目前在市场上企业仍然以游戏渠道商作为产品的主要推广渠道。游戏渠道商主要有三种模

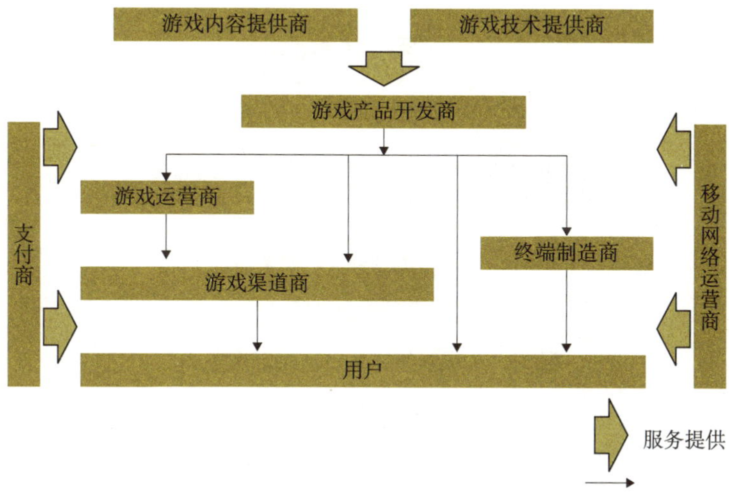

图 32　中国移动网游戏产业价值网络示意图

式：一是苹果模式，将终端制造、系统开发和产品推广集成一身；二是移动网运营商模式，如中国移动游戏基地等，在进行移动网运营的同时提供产品下载；三是第三方渠道商模式，如机锋网、当乐网等渠道网站和豌豆荚、91 手机助手等提供移动终端与电脑连接服务的软件。第三方渠道商既不制造终端，也不运营网络，主要专注于移动网产品特别是游戏产品的推广。

3. 网络游戏行业对相关行业的带动

网络游戏行业是吸收就业人数较多的行业。2011 年，随着网络游戏市场规模增速的回升，各企业都开始大规模地吸纳人才。据估算，全年网络游戏行业共提供就业岗位 4 万多个，相关行业近 8 万个。

2011 年中国互联网游戏市场规模为 429. 8 亿元，带动相关行业收入总计超过 700 亿元，拉动用户消费规模超过 600 亿元。

4. 与支撑产业的关系

如图 33 所示，网络游戏产业的发展需要周边产业的支撑，它们相互作用，相互制约，加之政府政策，共同构成了网络游戏产业发展的外部生态环境。

与网络游戏产业紧密相关的支撑产业主要包括：

(1)文化艺术产业

网络游戏产业是文化产业的一个重要组成部分，游戏产品多源自文化艺术作品的创造性开发。文学、美术、音乐、影视等领域都是游戏内容的源泉，离开文化艺

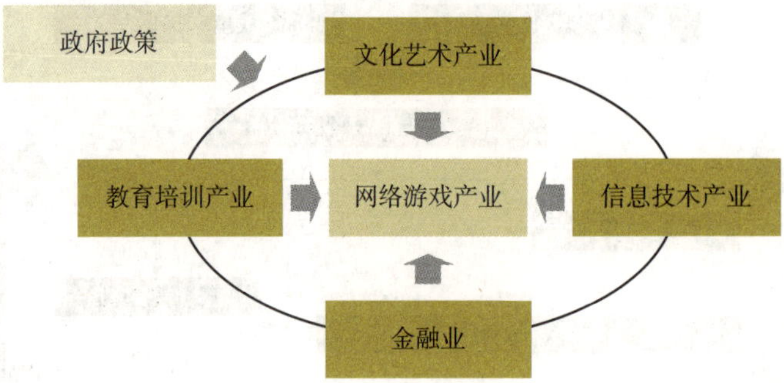

图 33　中国网络游戏市场生态示意图

术的发展，网络游戏的自主创新将是无源之水。

(2)信息技术产业(IT 产业)

网络游戏无论在哪一类网络上运行，都是一种信息技术的应用。网络游戏的发展尤其依赖人机交互技术和多媒体技术的发展，如近年来的动作捕捉技术、3D 技术、多点触控技术、体感技术都成为推动网络游戏发展的重要力量。

(3)金融业

游戏开发周期长，运营投资大。同时，行业内的各类创新加速了产品甚至企业的淘汰，因此无论是初创的工作室还是成熟的运营企业都需要健全的融资渠道作支撑。从天使资金、创投资本、私募基金到股票交易市场、商业银行，金融业为网络游戏产业提供的资金支持也是影响产业发展的力量。

(4)教育培训业

对游戏企业而言，人才是公司发展最重要的资源。目前，传统的学历教育体系和社会培训机构所培养的人才仅局限于程序设计和美术领域，而游戏策划、运营等行业核心人才缺口依旧很大。因此，高水平、全方面的人才培养体系亟待完善。

(5)政府政策

政策对网络游戏产业的影响是多方面的，涉及产品研发、产品推广、企业经营、企业融资、人才培养等各个领域。因此政府政策是整个网络游戏市场生态系统中最综合的影响因素。

二、网络游戏市场管理

(一)2011 年文化部网络游戏市场管理回顾

1. 出台新修订的《互联网文化管理暂行规定》

2011 年 2 月,为贯彻落实中央关于加强和改进互联网管理工作的意见精神,在全面总结和汲取近年来文化部网络文化管理经验的基础上,结合网络文化管理工作现状,文化部修订实施了《互联网文化管理暂行规定》(文化部令第 51 号,以下简称《规定》)。此次修订是坚持“积极利用、科学发展、依法管理、确保安全”的方针,适应互联网发展的新形势,履行文化行政部门新职责的重要举措。

此次修订主要集中在以下三个方面:一是调整适用范围,既做到对网络文化的全链条管理,不至遗漏,同时,也严格按照《中华人民共和国行政许可法》和国务院 412 号令的要求依法行政。二是下放审批权限,即将互联网文化经营单位的审批权限由文化部下放到省、自治区、直辖市文化行政部门,进一步简政放权。三是下放综合执法权限,即由“省级以上人民政府文化行政部门”修改为“县级以上人民政府文化行政部门或者文化市场综合执法机构”,利于文化部加强宏观管理,履行政府监管职责。

自新《规定》实施以来,各级文化行政部门和文化市场综合执法机构全面掌握和准确理解《规定》的基本内容,将《规定》等网络文化政策法规的宣传落实到每个互联网文化单位,在促进文化与科技结合、积极探索网络文化市场监管的新方式、加快全国网络文化市场监管平台建设等方面取得了进展。

2. 开展《网络游戏管理暂行办法》政策评估工作

为全面深入地推进《网络游戏管理暂行办法》(以下简称《办法》)的贯彻落实,解决《办法》执行过程中存在的问题,评估执行效果,文化部自 2011 年年初开始,历经一年时间,通过网络游戏经营单位自查、文化行政部门复核、第三方评测机构检查、问卷调查、深度访谈、专题座谈会等形式,开展《办法》贯彻实施情况的专项评估工作,为完善、细化网络游戏管理各项规定提供依据。

3. **加强网络游戏内容管理**

2011年,文化部认真履行网络游戏内容管理职责,共审批或备案646款网络游戏。其中,国产网络游戏604款,进口网络游戏42款。为全面总结网络游戏内容审查工作,促进网络游戏内容审查工作的规范化建设,文化部于2011年5月中旬召开了网络游戏内容审查委员会换届会议,聘请了30余位来自文艺、法律、教育、研究等机构的专家,组成了第三届文化部网络游戏内容审查委员会。文化部网络游戏内容审查委员会自2004年成立以来,经过三届7年的发展、壮大,为文化部网络游戏内容审查工作提供了重要的技术支撑和权威性意见,实现了技术提取与人工相结合、静态与动态相结合、事前审查和事后监管相结合的管理模式。

4. **坚持"未成年人保护优先"原则,在全行业实施"网络游戏未成年人家长监护工程"**

2011年1月,在总结前两批"网络游戏未成年人家长监护工程"试点工作的基础上,为进一步扩大工程覆盖面,巩固和深化企业与社会、家长与未成年人的互动机制,文化部联合中央文明办、教育部、工信部、公安部、卫生部、团中央、全国妇联等7部门,印发《"网络游戏未成年人家长监护工程"实施方案》,要求自2011年3月1日起在网络游戏行业全面实施"家长监护工程"。

该工程实施以来,在有效解决未成年人沉迷网络游戏方面发挥了积极的作用,受到社会欢迎。作为网络游戏主管部门,各级文化行政部门认真履行职责,督导、检查网络游戏企业落实"监护工程"相关工作,加强网上巡查,指导、督促企业落实"四有"要求,切实将"监护工程"落到实处,发挥实效。

5. **加强调查研究,提高管理的针对性和前瞻性**

2011年6月,文化部委托清华大学开展"网络文化的建设与管理"课题研究,委托北京邮电大学开展"移动网络文化发展现状和有效规制研究"课题。

"网络文化的建设与管理"课题从宏观上,全面梳理了国内外网络文化市场现状及管理经验,并分别对我国网络音乐、网络游戏、网络艺术品、网络演出等市场的发展现状、存在问题以及现行管理政策进行了科学的评估,在此基础上,提出我国网络文化管理的难点与对策。"移动网络文化发展现状和有效规制研究"课题,以苹果商店、安卓市场等为代表的移动应用平台为研究对象,梳理了移动网络文化产业链的结构及发展现状,特别对我国移动网络文化发展中存在的问题及成因进行了详尽的分析,并以此为依据,提出移动网络文化市场有效管理的对策及建议。

6. **举办中韩严肃游戏论坛，推动严肃游戏生产、传播**

2011 年 9 月，文化部与韩国文化体育观光部共同在江苏省常州市举办中韩游戏产业合作协调机制第三次会议，双方就共同关心的话题进行了探讨，进一步深化两国在信息沟通，人才培养，严肃游戏研发、推广等方面的合作。同期还举办了中韩严肃游戏论坛，来自中韩两国文化主管部门、游戏行业协会及企业界、文化贸易和投融资促进机构、专业服务机构以及有关研究机构代表和一些严肃游戏产学研专家共 120 余人参加论坛，大家就当前严肃游戏行业发展的现状、趋势以及面临的重大挑战等共同关心的问题进行了研讨。与会嘉宾围绕两国严肃游戏市场现状、政府严肃游戏扶持政策、严肃游戏应用领域及方向、严肃游戏投融资前景、严肃游戏商业模式及产业链以及中韩严肃游戏合作模式等话题，进行了深入的阐述和交流。此次论坛的举办，在推进中韩严肃游戏的双向融合，推动严肃游戏成果和技术的产品化，开拓严肃游戏应用新领域，促进严肃游戏的市场培育、产品创作、创新发展及运营等方面发挥了积极的作用，为严肃游戏的发展创造了良好的行业氛围。

7. **建立网络游戏文化评论机制**

为发挥评论机制的作用，为游戏研发、生产和使用提供学术指导，2011 年 10 月，文化部成立了网络游戏评论联盟，并启动了首届网络游戏评论征文选拔活动。联盟通过不定期地召开网络游戏评论沙龙活动，科学地、系统地对市面上运营的网络游戏进行综合评价。

8. **指导网页游戏行业规范自律联盟，加强行业自律**

2011 年 11 月，在文化部指导下，网页游戏行业规范自律联盟举办了以“反低俗、扬正气、促和谐”为主题的网络游戏行业规范发展大会。腾讯、网易、盛大等 100 余家网络游戏企业共同签署了《网络游戏行业规范自律公约》，向全社会郑重承诺：网络游戏企业将“承担企业应尽社会责任、努力促进行业有序发展；抵制低俗暴力不良风气、努力弘扬中华传统文化；积极配合主管部门工作、努力形成良好沟通机制；自查自纠行业不良现象、努力建设行业健康形象；确保实施长效监护机制、保护未成年人身心健康”。大会通过主题演讲、对话讨论等形式，交流有关网络游戏推广模式创新的经验，探讨实现社会效益与经济效益双赢的发展路径。

9. **发布“游创精灵”，助力国产原创网络游戏发展**

3 月，文化部发布中国网络游戏原创技术引导研发项目成果“游创精灵”，供社会免费下载，助力国产网络游戏发展。“游创精灵”作为网络游戏可视化创作工具及中间件，极大地降低了网络游戏生产的技术门槛，为中小游戏企业快速固化、实现游戏创意方面提供了良好的技术支持。

10. 创新执法模式，加大对非法网络游戏产品和网络游戏违法经营活动的打击力度

2011 年 8 月，根据网络文化经营活动技术含量高、传播速度快、影响覆盖面广、不受地域限制等特点，文化部建立了网络文化市场执法协作机制，抽调各地网络执法业务骨干组建“网络执法协作小组”，承担网络巡查、执法协作及应急处置等工作；确定两批 24 个网络案件，指定 13 个执法机构牵头办理，抽调其他地区网络执法骨干参与集中办案，开展以案代训工作。这一系列措施大大提高了各地执法办案的积极性，全年共有 22 个省（区、市）办理了网络文化案件。其中，北京、上海、江苏、浙江、广东、四川、湖南等地集中办理了一批违法网络音乐、网络游戏案件，北京总队全年办理的网络案件达到 200 余件；湖北、黑龙江、山东、安徽、福建等地网络案件办理工作有较大进展，贵州、广西、云南等地网络案件办理工作有新的突破。

2011 年，全国各级文化行政部门和综合执法机构共受理涉及互联网文化（网络音乐、网络游戏）的举报 644 件、立案 573 件、结案 502 件。2011 年，文化部共下发了 6 批（第十批至第十五批）查处通知，通报了涉嫌违法违规的 434 家单位及其产品，并要求各地文化行政部门和文化市场综合执法机构根据查处通知要求进行调查和处理。

据统计，2011 年，各地办理的网络游戏案件 218 件，占网络文化案件办理总数的 46.9%。从类型看，案件涉及擅自运营网络游戏、实名注册系统、私服、低俗宣传、擅自从事网络游戏虚拟货币交易、信息标识缺失、随机抽取、逾期未备案、宣扬赌博内容、进口未报审、强制对战、用户协议缺失、违规终止运营网络游戏、擅自发行网络游戏虚拟货币、向未持有《许可证》或备案的单位提供服务器托管服务等 15 类。

（二）2012 年文化部网络游戏市场管理思路

2012 年，为进一步规范网络游戏市场秩序，文化部将重点在完善政策、加强培训、运营监管、执法监督等方面开展工作：

1. 细化、完善现行管理政策

完善网络游戏虚拟货币管理的相关规定；研究制定网络游戏虚拟道具管理措

施；调研出台移动网络游戏管理规范，完善文化产品内容审查标准；细化网络文化经营许可证注销制度。

2. **加强业务培训**

编撰《网络文化市场管理培训教材》；举办网络文化经营许可证审批人员业务培训班；根据各地实际，分类开展网络文化经营单位业务培训班。

3. **加强运营监管**

继续推进“网络游戏未成年人家长监护工程”，督促企业履行法定义务和社会责任，努力做到全行业覆盖；进一步落实实名注册制度；继续保持对网络游戏低俗宣传的高压态势，并积极与有关部门协作，加强对发布违法网络游戏广告的管理。

4. **强化执法监督**

针对国产网络游戏备案、网络游戏内容实质性变动报备、网络游戏虚拟货币交易等重点问题开展专项查处和整治行动；继续完善网络文化市场执法协作机制及以案代训机制，开展网络文化市场执法专题培训，加强区域之间、执法人员之间执法工作的合作与交流；加快网络文化市场监管平台建设，加大技术手段的运用，延伸管理臂膀。

5. **加强行业引导，增强行业自律意识**

推动严肃游戏生产传播；继续开展网络游戏文化评论，巩固、完善游戏评论机制；指导网页游戏行业规范自律联盟开展行业自律，改善行业形象。

（三）2011 年网络游戏市场主要政策一览

表 2　2011 年网络游戏市场主要政策一览表

颁布时间	名称	主要内容	发布单位
2011 年 1 月 31 日	文化部、中央文明办、教育部、工业和信息化部、公安部、卫生部、共青团中央、全国妇联关于印发《“网络游戏未成年人家长监护工程”实施方案》的通知 文市发[2011]6 号	为进一步扩大“家长监护工程”覆盖面，巩固和深化企业与社会、家长与未成年人的互动机制，文化部等八部委经研究决定，自 2011 年 3 月 1 日起在网络游戏行业全面实施“家长监护工程”；对实施“监护工程”不力并造成恶劣影响的网络游戏经营单位，文化行政部门或文化市场综合执法机构责令改正，并视情节轻重依法处理。	文化部等八部委

续表

颁布时间	名称	主要内容	发布单位
2011 年 2 月 21 日	《文化部办公厅关于查处第十批违法互联网文化活动的通知》办市函[2011]48 号	查处了 109 家违规经营的网络音乐网站，67 家擅自从事网络游戏经营活动的单位。	文化部办公厅
2011 年 3 月 18 日	《互联网文化管理暂行规定》文化部令第 51 号	此次修订坚持“积极利用、科学发展、依法管理、确保安全”的方针，是适应互联网发展的新形势，履行文化行政部门新职责的重要举措。此次修订主要集中在以下三个方面：一是调整适用范围；二是下放审批权限；三是下放综合执法权限。	文化部
2011 年 3 月 21 日	《文化部关于实施新修订〈互联网文化管理暂行规定〉的通知》文市发[2011]14 号	《通知》提出三项具体要求：一、认清发展形势，明确管理目标；二、创新管理方式，服务发展大局；三、严格执行《规定》，不断完善制度。	文化部
2011 年 3 月 24 日	《文化部文化市场司关于开展“网络游戏未成年人家长监护工程”实施情况检查工作的通知》市函[2011]18 号	要求各网络游戏运营企业每季度末认真填写《“网络游戏未成年人家长监护工程”实施情况季报表》并交注册地省级文化行政部门；要求各省级文化行政部门按照《方案》的要求，对各网络游戏运营企业“监护工程”的实施情况进行检查，并形成书面报告，报文化市场司网络文化处。	文化部文化市场司
2011 年 4 月 25 日	《文化部办公厅关于查处第十二批违法互联网文化活动的通知》办市函[2011]125 号	查处了 14 家违规经营的网络音乐网站，20 家涉嫌违法推广和宣传的网络游戏经营单位，4 家擅自从事经营性互联网文化活动的单位。	文化部办公厅
2011 年 8 月 9 日	《文化部办公厅关于查处第十三批违法互联网文化活动的通知》办市函[2011]366 号	查处了 101 家违规经营的网络音乐网站，93 家未要求网络游戏用户使用有效身份证进行实名注册的单位，15 家擅自从事网络游戏经营活动的单位。	文化部办公厅
2011 年 11 月 3 日	《文化部文化市场司关于通报〈网络游戏管理暂行办法〉核查及“网络游戏未成年人家长监护工程”督查情况的函》市函[2011]97 号	通报《网络游戏管理暂行办法》核查情况以及“网络游戏未成年人家长监护工程”督查情况，总结了其中的先进经验和存在的问题，并作出下一步工作部署。	文化部文化市场司
2011 年 11 月 4 日	《文化部办公厅关于查处第十四批违法互联网文化活动的通知》办市函[2011]451 号	查处了 34 家涉嫌违法推广和宣传的网络游戏经营单位。	文化部办公厅

续表

颁布时间	名称	主要内容	发布单位
2011 年 12 月 18 日	《文化部办公厅关于查处第十五批违法互联网文化活动的通知》 办市函[2011]511 号	查处了 68 家未实施"网络游戏未成年人家长监护工程"的单位,58 家未要求网络游戏用户使用有效身份证进行实名注册的单位,75 家未在企业网站等显著位置标示《网络文化经营许可证》等信息的企业单位。	文化部办公厅

三、网络游戏细分市场特征

2011 年,网络游戏市场整体规模增速回升。从分市场看,互联网游戏市场在经历了 2010 年增速放缓的转型之后,在客户端精品游戏和网页游戏快速发展的带动下,继续呈现高速增长的局面;移动网游戏市场规模也在智能终端普及、移动网络基础建设完善等利好因素的影响下,出现了爆炸性增长。

(一)基于互联网的游戏

如图 34 所示,2011 年基于互联网的游戏市场规模达 429.8 亿元,增速回升至 33.0%,在整个网络游戏市场中占据 91.7% 的份额。尽管份额较 2010 年略微下降,但基于互联网的游戏仍然在整个市场中占据主要地位。

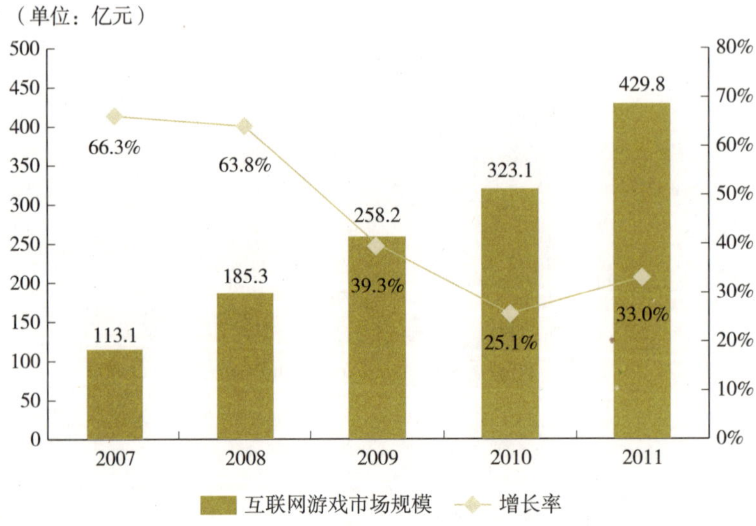

图 34　2007～2011 年中国互联网游戏市场规模与增长

1. 客户端游戏

中国的网络游戏市场发轫于客户端游戏,因此,长久以来客户端游戏一直占据着市场的绝对份额。近年来,受网页游戏和移动网游戏迅速发展的影响,客户端游戏的比重有所下降,但仍然占主要地位。如图 35 所示,2011 年,客户端游戏市场规模达 380. 5 亿元,同比增长 27. 4% ,在互联网游戏市场中占 88. 5% 。

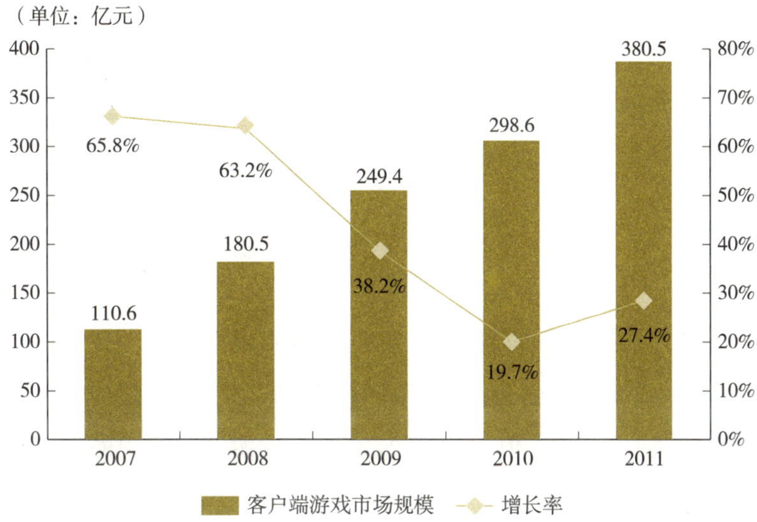

图 35　2007 ~ 2011 年中国互联网客户端游戏市场规模和增长

如图 36、37 所示,2011 年,新增客户端游戏的数量继续增加。其中,大型多人角色扮演游戏(以下简称 MMORPG)占 75. 8% ,较 2010 年减少了近 5 个百分点;其他游戏的比重由 2010 年的 19. 3% 增至 24. 2% ,增长较快。

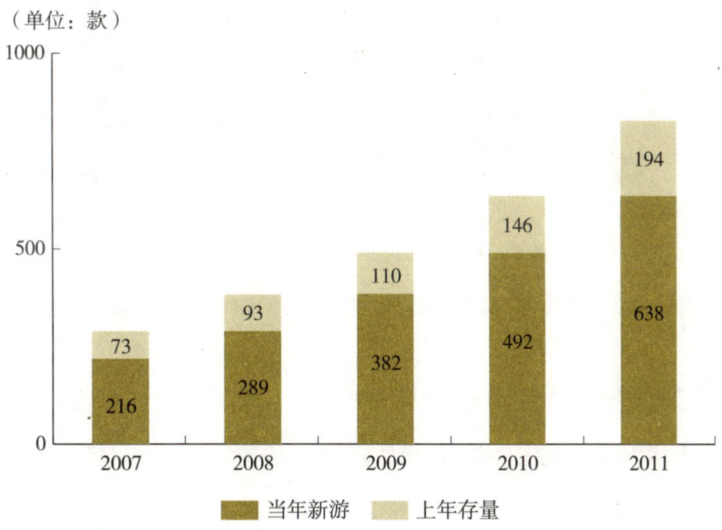

图 36　2007 ~ 2011 年中国互联网客户端游戏数量和增长

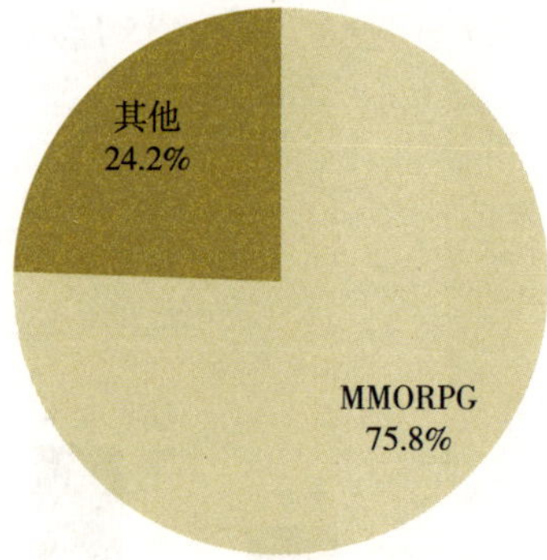

图 37　2011 年中国互联网客户端游戏市场产品结构

(1)客户端大型多人在线角色扮演类游戏(MMORPG)

如图 38 所示,2011 年客户端 MMORPG 游戏的市场规模达 288.4 亿元,同比增长 19.7%,增速有所回升,但 MMORPG 在客户端游戏市场中的占比较 2010 年下降了近 5 个百分点。

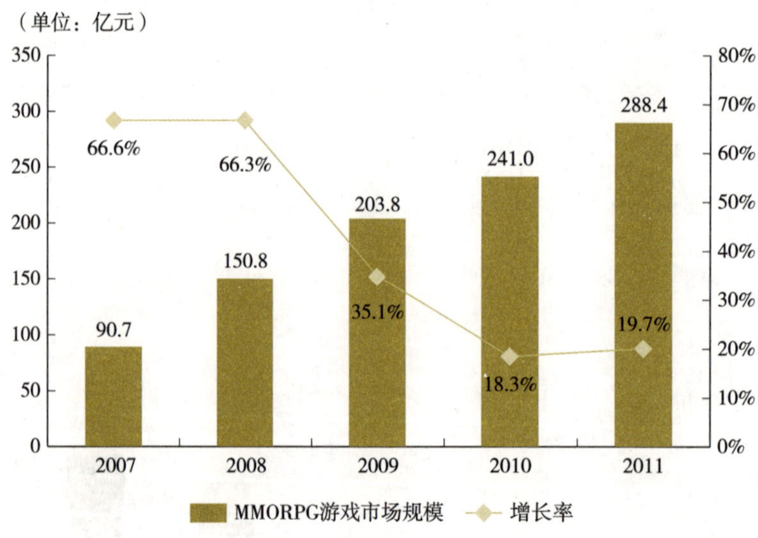

图 38　2007～2011 年中国互联网客户端 MMORPG 游戏市场规模和增长

相较于其他类型客户端游戏,MMORPG 市场规模的增长幅度较为平缓,主要原因在于 MMORPG 市场趋于饱和、产品同质化现象严重、用户流失至其他类型游戏如角色扮演类网页游戏等。2011 年,部分代表性 MMORPG 产品如《征途 2》、《倩女幽魂》研发完成进入市场,其他代表产品如《天龙八部 3》、《剑灵》等仍处于测试或即将测试阶段。

(2)其他类型客户端游戏

其他类型的客户端游戏主要包括射击类、策略类、音乐类、体育类、棋牌类等(以下简称这些游戏类别为“非 RPG”类)。如图 39 所示,2011 年非 RPG 类游戏市场规模达到 92.1 亿元,增速超过 MMORPG 市场 40 个百分点,达 60.2%。

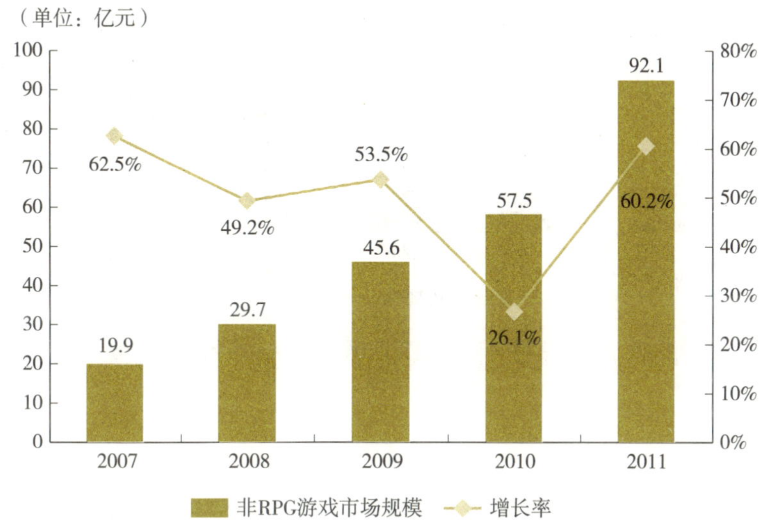

图 39　2007～2011 年中国互联网客户端非 RPG 游戏市场规模和增长

非 RPG 类游戏产品市场规模的大幅增长,主要原因是《穿越火线》的带动。2010 年末至 2011 年初,市场上也出现了一批与《穿越火线》形式类似的射击类网游,但没有精品从中脱颖而出。与 MMORPG 市场不同,2011 年新上线的非 RPG 类游戏产品市场中鲜有反响良好的作品。

2. **网页游戏**

如图 40 所示,网页游戏从 2009 年开始成为市场热点,2011 年延续了前几年的高速增长趋势,市场规模达 49.3 亿元,同比增长 102.1%,增速较 2010 年有所放缓。

如图 41 所示,2011 年,网页游戏(不包括单机 Flash 类的小游戏)数量也持续增长,年度新增网页游戏 343 款,总量达 899 款。

从网页游戏的产品类型看,如图 42 所示,2011 年,角色扮演类网页游戏迅速发展,超越战争策略类成为所占比重最大的网页游戏产品类别。2011 年有《傲剑》、《盛世三国》等大量角色扮演类网页游戏进入市场;相比之下,战争策略类网

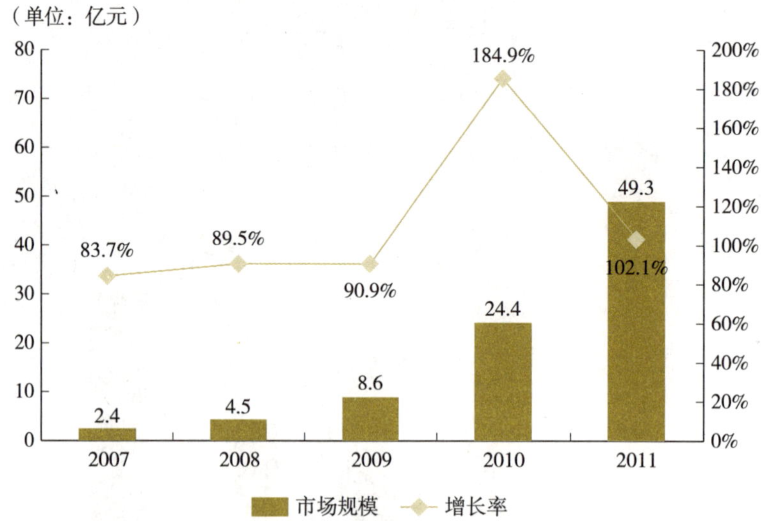

图 40　2007～2011 年中国互联网网页游戏市场规模和增长

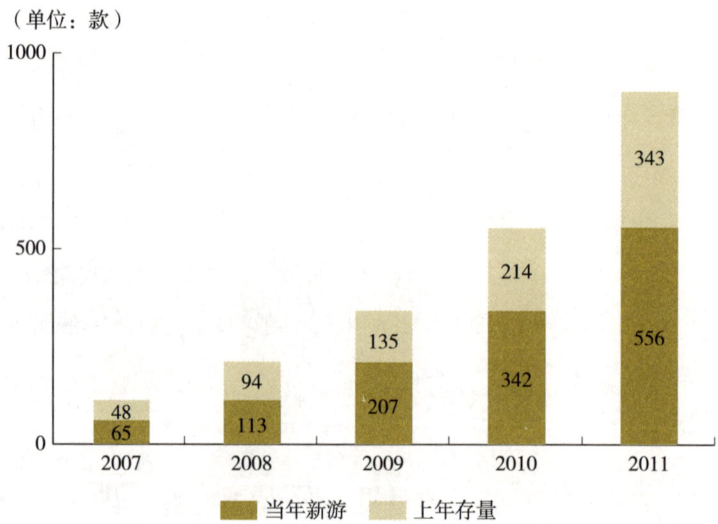

图 41　2007～2011 年中国互联网网页游戏数量和增长

页游戏数量增长放缓。

如表 3 所示，儿童类社区游戏如《洛克王国》、《赛尔号》、《奥比岛》、《奥拉星》等有着较高的用户关注度。表中有近一半 2010 年下半年或 2011 年上市的新游戏，这表明网页游戏的市场产品更新换代较快，已经逐步走向成熟。

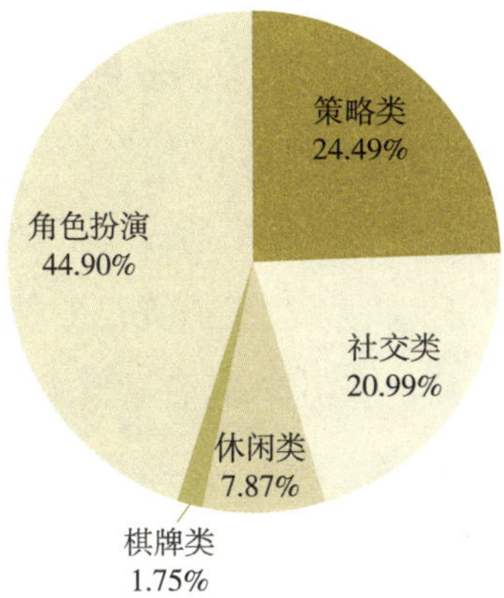

图 42　2011 年中国互联网网页游戏产品结构

表 3　2011 年网页游戏百度搜索排行前 15 名情况

排名	游戏名称	关注度占比①	游戏类型	上市时间
1	洛克王国	18.64%	社区互动	2010 年 7 月
2	赛尔号	14.03%	社区互动	2009 年 6 月
3	弹弹堂	6.16%	休闲竞技	2009 年 8 月
4	七雄争霸	5.50%	战争策略	2010 年 7 月
5	奥比岛	4.87%	社区互动	2008 年 9 月
6	奥拉星	3.28%	社区互动	2010 年 7 月
7	摩尔庄园	2.69%	社区互动	2008 年 4 月
8	功夫派	2.39%	角色扮演	2010 年 7 月
9	傲视天地	2.00%	战争策略	2010 年 5 月
10	小小忍者	1.95%	角色扮演	2010 年 11 月
11	神仙道	1.81%	角色扮演	2011 年 6 月
12	小花仙	1.45%	社区互动	2009 年 12 月
13	帝国文明	1.42%	战争策略	2010 年 6 月
14	家园守卫战	1.24%	社区互动	2011 年 1 月
15	天书奇谈	1.17%	角色扮演	2009 年 7 月

数据来源：百度数据研究中心

3. 市场存在的主要问题

(1)客户端游戏市场高度集中，产品同质化现象突出

① 关注度占比：以百分比表示该类信息的检索量在同类信息中所占的比例。例如，洛克王国的百分比为 18.64%，表示该产品的检索量在所有产品相关的检索量中占 18.64%。

2011年,客户端游戏市场打破了老游戏独霸天下的原有格局,近年推出的新产品如《征途2》、《龙之谷》、《倩女幽魂》等逐步获得了用户的认可。但在这可喜变化的背后,也有隐忧,即这些占领市场的新产品多为龙头企业所研发或运营,市场集中度和垄断性进一步增强,进入门槛不断提高。同时,由于大部分中小型企业不具备打造大型精品游戏的研发实力,也没有充足的资金保证客户端游戏较长的研发周期,只能选择简单的模仿甚至山寨,这就导致同质化现象依然未得到明显的改观。从新游戏数量逐渐下降来看,部分中小型网游企业已经难以为继。

(2)网页游戏内容重复单一,低俗营销屡禁不止

网页游戏开发周期短,进入门槛低,新增产品层出不穷,整个行业高速发展。与此同时,由于网页游戏生命周期较短的特点,导致大量同质化产品充斥市场。为吸引用户眼球,在众多同类产品中胜出,一些网页游戏运营企业不惜牺牲社会效益,突破道德和法律的底线,采用低俗营销手段进行市场推广活动。这种低俗营销虽然在短期内给网游带来了流量和人气,但长此以往将使网络游戏成为"低俗"、"暴力"等的代名词,严重影响整个网络游戏行业形象。

(3)行业人才供需不平衡,流动性大

行业的高速增长需要与之相匹配的人才储备。但就目前的情况看,各方面游戏人才特别是高端人才,无论在质上抑或是量上,都远远未能达到行业需求。加之近年不断涌入的资本又催生了急功近利的情绪,浮躁的企业管理人员与供需极度不平衡的人才环境,引发了无序、恶性的人才争夺,具体表现在两个方面:一是企业盲目高薪挖人,有恶性竞争之嫌;二是从业人员较为短视,频繁跳槽。人才问题又进一步引发了产品创新能力降低、同质化严重、抄袭现象突出等一系列问题。

(二)基于移动网的游戏

如图43所示,2011年国内移动网游戏市场规模达38.7亿元,同比增长51.2%。2011年,包括平板电脑和智能手机在内的智能移动终端的迅速普及,成为移动网游戏迅速增长的重要支撑。App Store、Android Market、运营商推出的移动网应用下载商店以及机锋网、安智网和当乐网等第三方应用下载平台的迅速发展,拓宽了移动网用户获取应用软件特别是游戏的渠道。从本质而言,推动移动网游戏市场规模增长的主要力量还是用户的需求。相对于互联网游戏,移动网游戏

在碎片时间的利用和满足用户的休闲娱乐需求方面做得更好。

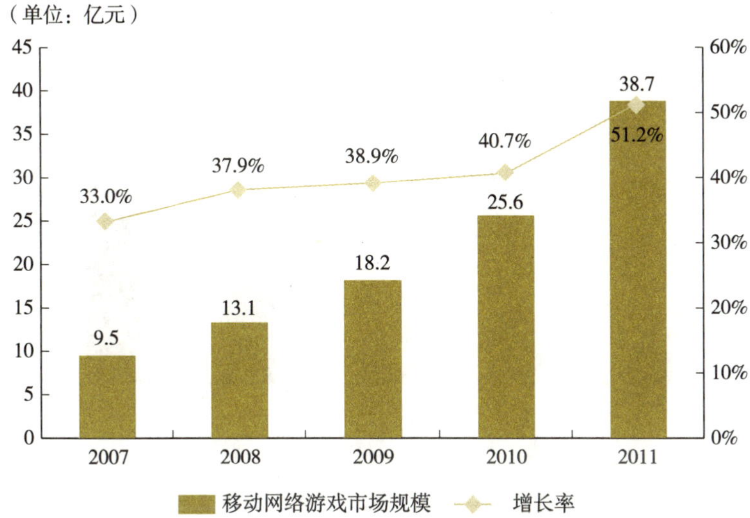

图 43　2007～2011 年中国移动网游戏市场规模与增长

平板电脑作为智能移动终端的重要组成部分，在推动移动网游戏市场增长方面功不可没。7 寸以下的平板电脑市场品牌较为繁杂，其中有相当数量的小屏幕 Mp4，性能与一般的智能手机相当。7 寸以上的平板电脑中市场占有率最高的是苹果生产的 iPad，性能较好，能够运行高品质的游戏；同时，用户消费能力较强，愿意为高品质高价格的游戏付费。在移动网游戏中，一部分游戏存在普通版本和 HD 版本，其中 HD 版本画面更为精致，性能要求也较高，是游戏开发商专门为平板电脑所设计。

相较前几年的高速增长，2011 年移动网游戏市场增速又创新高。虽然，从总体市场规模来看，移动网游戏所占比重依然较低（8.1%），但未来两年随着智能移动终端的进一步普及，各地 3G、Wifi 网络的不断完善，移动网游戏的用户规模也将随之迅速增长，从而延续移动网游戏市场强劲的发展势头，其在总体市场规模中的比重也将逐步增大。

1. **下载单机游戏**

单机游戏一直是移动网游戏市场的主要产品形式。如图 44 所示，2011 年通过移动网下载的单机游戏市场规模超过了 30 亿元，增长速度进一步攀升至 47.4%。

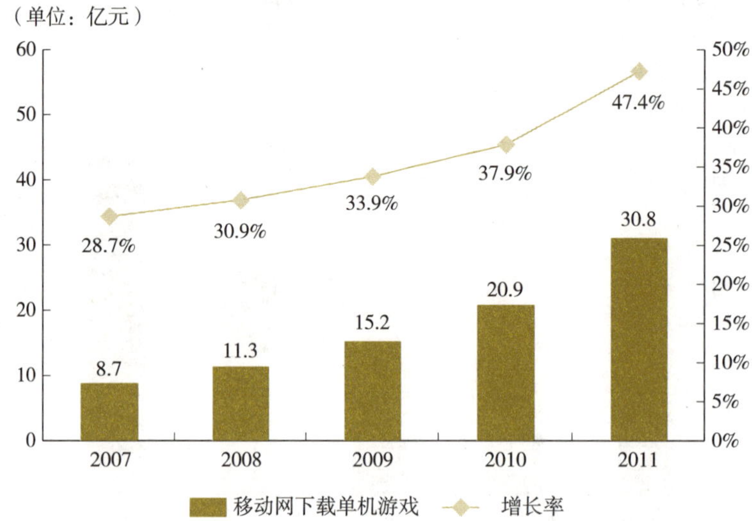

图 44　2007～2011 年中国移动网下载单机游戏市场规模和增长

如图 45 所示，从整体产品结构上看，角色扮演类和休闲益智类游戏的比重超过 60%。

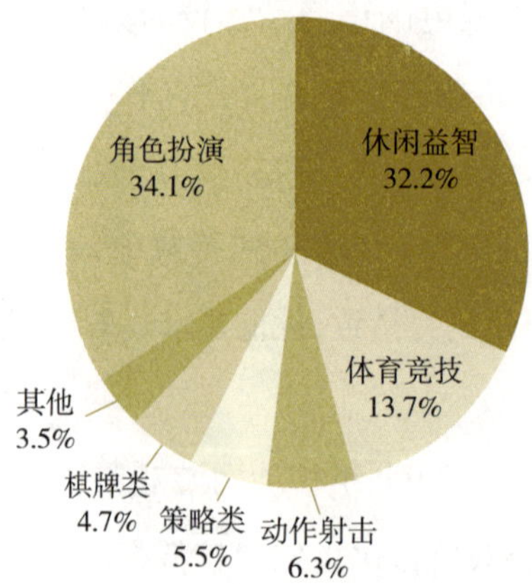

图 45　2011 年中国移动网下载单机游戏市场结构

在智能移动终端的 iOS 和 Android 两大系统中，如图 45 所示，产品结构以休闲益智类游戏为主，动作射击、体育竞技、策略类和角色扮演类游戏为辅。

出现这种现象的原因主要有两个：一是过去移动网游戏的用户通常上网条件较为困难，因此偏好游戏时间较长的角色扮演类游戏。随着智能移动终端的迅速普及，移动网单机游戏休闲和打发碎片时间的用途越来越重要，用户更倾向于在上

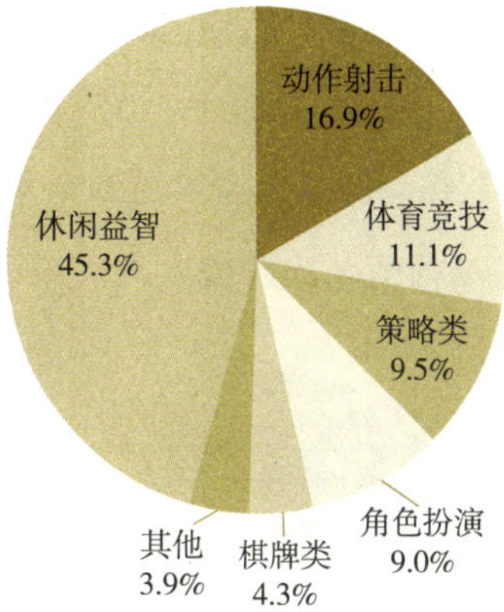

图 46　2011 年中国移动网 iOS 和 Android 系统下载单机游戏市场结构

班途中、工作闲暇之余和睡觉前玩移动网单机游戏，闯关类、单次游戏时间较短的休闲益智类游戏恰好满足了用户的需求而得以迅速发展。二是较为大型、游戏时间较长的角色扮演类单机游戏通常研发门槛较高，并且需要专注在游戏系统设计和游戏玩法上，最终定价也较高，相对于价格较低、画面友好的休闲益智类游戏竞争力并不强。对于移动网游戏开发者而言，开发休闲益智类游戏更容易成功，所承受的风险也较低。

2. **移动网在线游戏**

如图 47 所示，2011 年移动网在线游戏市场规模达 7.9 亿元，同比增长 68.1%。相对于移动网下载单机游戏市场，移动网在线游戏的市场规模较小，仅为下载单机游戏市场的 1/4 左右。

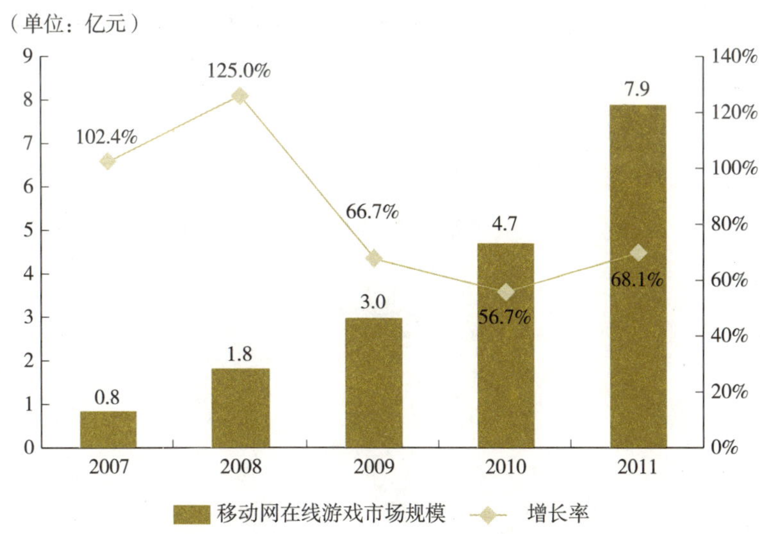

图 47　2007 ~ 2011 年中国移动网在线游戏市场规模和增长

从产品结构看,移动网在线游戏中角色扮演类游戏的市场份额明显高于其在移动网下载单机游戏中的份额。如图 48 所示,角色扮演类游戏占移动网在线游戏市场的 83.9%,大大高于其在移动网下载单机游戏中 46.3%的比例。这样的产品结构与 2 年前互联网游戏市场的情况比较接近。

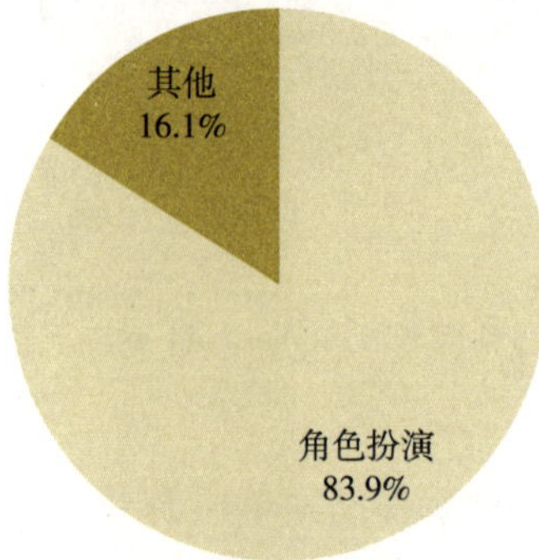

图 48　2011 年中国移动网在线游戏产品市场结构

3. **市场存在的主要问题**

(1)国外平台游离于行业管理之外,形成对我国法律的挑战。

以苹果商店、安卓市场等为代表的国外应用商店,无论其运营主体身份,还是内容平台上的产品,都未经任何形式的资质认定、内容审查或者备案,游离于我国法律监管之外。

(2)海量游戏产品对现有的内容审查备案制度带来挑战。

移动网游戏产品体量小,研发门槛低,开发团队数量众多,使得游戏的数量呈现爆炸式增长态势。现有的内容审查备案方式,已无法适应市场发展的需要。

(3)移动网游戏行业对于暗扣费等侵害消费者权益的行为,缺乏实时技术监管手段。

手机暗扣费、泄露用户信息等是目前常见的移动网领域损害消费者利益的行为。针对这些侵权行为,目前除了消费者举报之外,还没有有效的技术手段能够实现实时监控。

四、网络游戏衍生市场发展状况

（一）互联网游戏虚拟物品交易

1. 虚拟物品市场概况

网络游戏虚拟物品从广义上来说包括网络游戏虚拟货币和网络游戏虚拟道具两大类。网络游戏虚拟货币是指由网络游戏经营单位发行，网络游戏用户使用法定货币按一定比例直接或者间接购买，存在于游戏程序之外，以电磁记录方式存储于服务器内，并以特定数字单位表现的虚拟兑换工具。网络游戏虚拟道具是指以电磁记录的方式存在于网络游戏程序运行的服务器内，由游戏经营单位进行自主命名，可实现游戏程序设定的某项既定功能或体现游戏某项程序运行的特定结果，并在游戏程序内以文字或图形化等数字商品形式表现的一种电子服务凭证。网络游戏虚拟货币和网络游戏虚拟道具的一个重要区别在于：网络游戏虚拟道具存在于游戏程序之内，而网络游戏虚拟货币存在于游戏程序之外。

当前虚拟物品交易的渠道主要有三类：①独立的传统第三方虚拟物品交易平台，包括专业虚拟物品交易平台和具有虚拟物品业务的第三方综合交易平台；②用户间利用各种信息交流渠道，通过公共的支付手段或现金，自主联系的直接交易渠道；③游戏运营商技术支持的新型第三方虚拟物品 API 自动交易平台。

如图 49 所示，2011 年，网络游戏虚拟物品交易市场规模为 204 亿元，相比 2010 年增长 43.6%，其中通过第三方交易平台（包括专业第三方平台和综合第三方平台）产生的交易规模约为 176 亿元，占整体市场总规模的 86.5%，同比增长 47.9%。

就交易类型而言，网络游戏虚拟货币交易的市场规模为 91.8 亿，占市场交易总量的 45%；网络游戏虚拟道具交易的市场规模为 112.2 亿，占总量的 55%。

2. 虚拟物品市场特点

（1）两大第三方交易平台垄断趋势凸现

在 2011 年的虚拟物品交易市场中，第三方交易平台占据了超过 80% 的市场

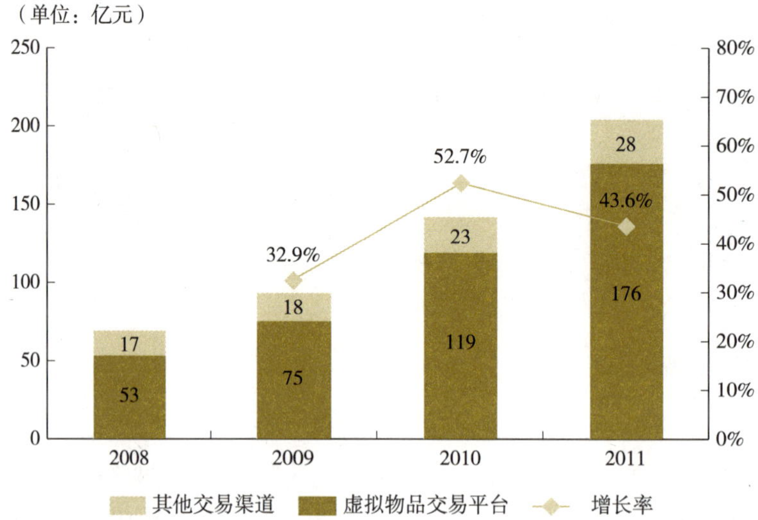

图 49　2008～2011 年中国网络游戏虚拟物品交易市场规模

交易量，已经成为目前网络游戏用户交易虚拟物品的主要渠道。其中，5173 与淘宝两大交易平台所占份额继续保持领先。除获得游戏运营商技术支持推荐的服务平台以外，大多二线交易平台生存环境艰难并逐渐淡出市场，行业领先者对于市场的垄断性愈发明显。

（2）运营商与交易平台协同合作，加大对虚拟物品交易的保护力度

传统的第三方交易服务模式仅仅能够保证虚拟物品的真实性及交易的安全性，并不能约束交易完成后买卖双方的行为。这就使一些网络游戏盗号团伙利用这个漏洞，通过第三方交易平台进行销赃。由于无法判别所购虚拟物品的合法性，如遭遇“赃物”，用户将面临被系统收回的风险，权益将受到侵害，也会引发用户与运营商和第三方交易平台的纠纷。

针对上述问题，2011 年，网络游戏运营商与第三方交易平台开始探索以合作的方式，共同加大对虚拟物品交易的保护力度。一种方式是第三方交易平台试行卖家身份认证系统，通过与公安部身份认证系统的对接实现对虚拟物品卖家的实名认证。同时，在发生用户纠纷和产生盗号嫌疑时，通过与游戏运营商的合作及时追踪协查交易内容，从而保障用户权益。另一种方式是在网游运营商的技术支持下，第三方交易平台将网游账号交易转换为角色交易，促使网游运营商加快开放 API 接口的步伐，逐步开放用户的虚拟货币或是虚拟道具接口，将第三方交易平台

通过绿色通道接入程序内，尝试在游戏内完成现金与虚拟物品的交易。这种方式的好处有二，一是在交易过程中不涉及账号和密码的修改，极大地提高了账号交易的安全性；二是在提高用户体验的同时，运营商也能够监控整个交易过程，便于管理。采用这种方式的企业有与中华网、百游企业合作的第三方交易平台玖易网以及由完美世界提供技术支持的全自动交易平台寻宝网等。

3. 虚拟物品市场发展趋势

由于中国网络游戏用户对虚拟道具交易的需求巨大，未来几年，虚拟物品交易市场将持续增长，增速与网游市场规模趋同。

(1)完善的政策法规将进一步促进市场规范发展

近年来，作为网络游戏的主管部门，文化部联合相关部门相继出台一系列针对网络游戏虚拟货币交易的政策法规，为规范网络游戏虚拟货币交易服务市场秩序提供了法律依据。下一步，文化部还将针对网络游戏虚拟道具的管理，出台相关政策文件，从而实现对网络游戏虚拟物品的全链条管理。因此，在完善政策法规的引导和约束下，虚拟物品市场将沿着健康有序的轨道发展。

(2)大平台竞争优势愈发明显

2011 年，在淘宝和 5173 两大平台营收稳步上升的同时，一些缺乏独特经营模式的中小规模的虚拟交易平台则面临生存压力并逐渐淡出市场。由于在虚拟物品交易过程中，用户对安全性和服务水平有着较高的要求，因此更倾向于选择知名度高的大平台。这对普通中小平台而言，意味着进入和发展的门槛将越来越高，打造大型综合型虚拟物品交易平台的难度也越来越大。

(3)交易平台与网游运营商的合作愈发紧密，垂直化交易平台逐渐崛起

随着虚拟物品交易市场规模的扩大，用户群体也将随之激增，对交易平台的安全性和服务质量也将提出更多更高的要求。

在满足用户体验及打击盗号行为的双重要求下，交易平台与网游运营商的合作将愈发紧密。网游运营商通过技术手段实现在游戏程序内完成虚拟物品的交易过程，第三方交易平台通过卖家认证系统确认用户身份，双管齐下，共同把控交易过程，实时监测用户数据。一方面有利于降低交易难度，完善用户体验；另一方面有利于保障用户权益，打击盗号行为。

随着交易平台与网游运营商合作的不断加强，大型综合类平台的先发整体优势更加难以撼动。在这种情况下，后续进入市场的企业将更倾向于选择专攻某一

款游戏的专业化服务，即为某一家企业所运营的游戏打造专属的垂直化交易平台，提供针对性强、相对集中的交易服务。由于运营商与交易平台之间的关系过于紧密，这一模式仍然存在一定的政策风险。

（二）互联网游戏其他衍生市场

1. 游戏内置广告市场

游戏内置广告（In-Game Advertising，简称 IGA）是一种依托于网络游戏呈现的广告类型，这种广告可以嵌入网络游戏中，结合游戏的场景、情节来进行广告传播。IGA 是网络游戏一种全新的盈利模式，其区别于以往向用户收费的游戏盈利模式，游戏内置广告面向广告客户收费。

游戏内置广告的类型很多，按照广告出现的时间不同，网络游戏内置广告可以分为游戏登陆广告、游戏进行时广告、场景切换广告、游戏退出广告等；按照广告的形式不同，网络游戏内置广告又可以分为以游戏 3D 立体物件、特制场景为主的游戏场景广告，游戏道具冠名，游戏内文字广播，游戏运营商网站广告和游戏形象授权等五种形式；按照游戏内广告是否支持广告的动态更新，网络游戏内置广告还可以分为静态游戏内置广告与动态游戏内置广告。近年来，IGA 出现了以下几个新的特点：

（1）网页游戏迅速发展给 IGA 带来了新的机遇

在大型客户端游戏中嵌入内置广告，通常技术门槛较高，并且需要在游戏开发初期嵌入。相比而言，在网页游戏中嵌入广告的技术难度较低。网页游戏可以在浏览器中直接运行，这一特点使得从网页游戏中打开新的广告链接成为可能。

从用户角度来看，与大型客户端游戏的主体用户是学生和低收入人群不同，网页游戏的用户人群主要是公司白领，他们消费实力相对较强，这也使广告商有更强的意愿进行网页游戏内置广告的投放。

（2）移动网下的 IGA 得到迅速发展

在移动网游戏快速发展的大背景下，移动网下的 IGA 也逐渐得到移动网游戏开发者和广告商的重视。

移动网游戏中的 IGA 有几个特点：一是多利用 SDK（Software Development Kit，即软件开发工具包）将广告植入到游戏中；二是利用智能手机终端具备 GPS 定位能力，能够与用户所处位置相结合；三是由于移动网应用特别是移动网游戏的特点和功能较为专一，能够实现更精准的投放；四是存在“互推行为”，即在一款游戏中投放另一款游戏的广告，这在互联网游戏的 IGA 中极为少见。

（3）IGA 和广告游戏融合愈发紧密

2011 年，广告游戏（Advergame）进一步发展。广告游戏是一种比较特殊的 IGA 形式，也称体验型广告，是指为推广品牌、产品或事件而定制的互动游戏。原先的广告游戏与传统的 IGA 相比有两个不同：一是传统的 IGA 将广告剥离游戏后游戏性能不会受到影响，仍然可以继续运营，而广告游戏中广告是游戏的基础，无法简单地去除；二是传统的 IGA 通常是先进行游戏研发，再植入广告，而广告游戏则把游戏作为广告及营销的一部分，要求游戏研发必须为广告植入和品牌营销服务，且一个游戏通常只为一个品牌或一家企业做营销，游戏模式较为简单，生命周期较短。

在社交游戏迅猛发展的 2009 年至 2010 年年间，IGA 多以社交游戏道具赞助和游戏场景广告为主，通过虚拟场景中品牌 Logo 的长时间曝光以及将品牌与虚拟道具的结合，达到品牌营销的目的。

2011 年，广告游戏出现了新的模式：这一新模式类似于互联网游戏 IGA 与广告游戏的结合，通过以社交游戏或网页游戏为载体，将品牌实物内置于游戏之中作为广告。用户可以通过游戏竞争获取实物的资格，广告主通过提供品牌实物作为奖品，将品牌营销过程贯穿在游戏之中。这一种模式相较于原先单纯 IGA 的模式更为吸引用户，因为用户将得到品牌实物作为回报，并且相对于原先游戏形式较为单一、生命周期较短的广告游戏，新模式的游戏生命周期较长，而且实现了一种游戏类别可为多种品牌或多家企业服务的目的。

未来几年的中国网络游戏内置广告市场，存在着两大挑战：一是技术门槛依然存在，网络游戏运营企业很难在保持游戏性和维持品牌特点上找到合适的平衡点植入内置广告；二是缺乏一个广告商认可的可监测的广告效果评价体系，广告商无法对网络游戏的内置广告进行有效的量化评估。

随着中国网络游戏市场的不断发展、用户规模的不断扩大以及轻网游特别是社交游戏和移动网游戏的迅速壮大，网络游戏内置广告也面临着新的机遇。通过合适的植入方式，社交游戏的内置广告能够通过用户的社交网络有效传播广告商的品牌，达到类似于社会化媒体营销的效果。移动网游戏也能够借助于智能手机的定位功能，将位置信息植入到移动网游戏中，以提高广告的营销效果。

2. **游戏衍生电影、电视剧市场**

游戏衍生电影或电视剧，指以游戏的世界架构为基础，结合对游戏自有剧情的改编拍摄而成的电影或电视剧，或是电影，电视剧与网络游戏都依据于同样的剧本和相似的世界结构，并且在网络游戏研发完成并上线后才推出的一类电影或电视剧。网络游戏衍生出来的电影和电视剧多采用与网络游戏相同或相似的名称，电影或电视剧中的人物形象和场景设置也基本沿用网络游戏中的人物和场景，电影或电视剧的制作方也常与网络游戏运营商有着密切的关系。

近年来，在网络游戏衍生电影方面，较成功的有根据腾讯运营的《洛克王国》改编而成的同名电影，根据淘米网运营的《摩尔庄园》改编的《摩尔庄园冰世纪》、《赛尔号》改编的《赛尔号之寻找凤凰神兽》，搜狐畅游联合上海唐人电影有限公司拍摄的网游主题电影《梦回鹿鼎记》等；在衍生电视剧方面，代表作品有成都金山数字娱乐科技有限公司参与出品的《剑侠情缘——藏剑山庄》、搜狐畅游参与制作的以网游《鹿鼎记》为原型的系列都市情景剧《水煮鹿顶鸡》等。

3. **游戏周边市场**

游戏周边市场主要包括以网络游戏的人物形象和剧情设置为基础，从游戏中衍生出来的玩偶、图书、挂饰等周边道具。整体来看，相对于内置广告市场和电影、电视剧市场，游戏周边市场规模较小。

目前市场上官方生产的游戏产品种类有限，如网易的《大话西游》和《梦幻西游》系列挂饰和玩偶、动视暴雪授权出版的《魔兽世界》系列小说、淘米的《摩尔庄园》系列小说和玩偶、《赛尔号》系列玩偶，以及植物大战僵尸的系列读物等。

其他的游戏周边道具在市场上也有发售，多是其他企业根据网络游戏内的人物形象和道具所制作，并不是网络游戏研发企业或运营企业官方授权制作。这说明网络游戏作为文化的载体，具备文化输出的功能。大多数网络游戏企业对于游戏周边产品这一衍生市场不够重视，一方面由于其相对于网络游戏市场，本身规模较小；另一方面由于网络游戏衍生品市场业态与网络游戏运营差距较大，游戏企业尚未掌握其市场特点。

五、网络游戏进出口状况

(一)游戏出口

1. 出口网络游戏规模

如图 50 所示,2011 年国产游戏出口规模继续维持稳步扩大的态势,收入达到 4.03 亿美元,同比增长 76%。尽管增速有所回落,但出口产品数量明显增加,2011 年新增 66 家公司共计 92 款国产网络游戏出口海外,使这两年产生海外版权收入或海外运营收入的网络游戏累计接近 200 款。更多的中小型网络游戏企业积极开拓海外市场,大型游戏企业还通过投资、并购或是设立海外分公司的形式参与国际竞争。

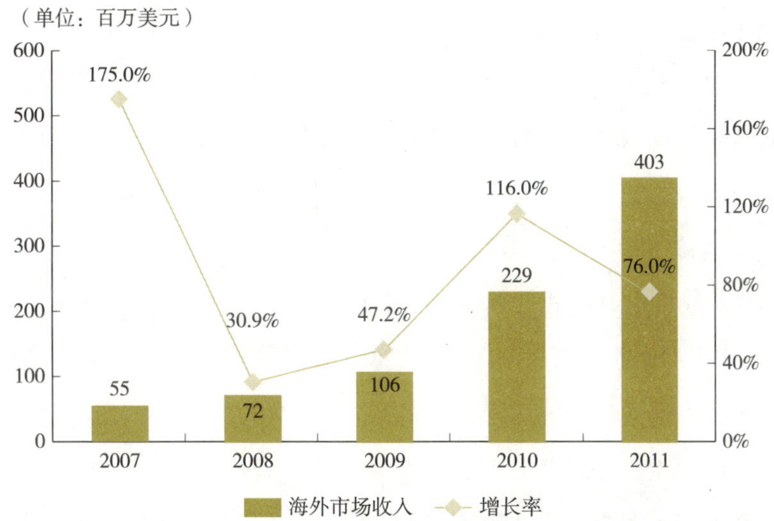

图 50　2007～2011 年国产网络游戏海外市场收入

从各网游企业所占比重来看,完美世界全年海外市场总收入为 1.14 亿美元左右,所占比重为 31.2%,虽较去年有大幅度的下滑,但仍占据网游企业海外市场总收入第一的位置。昆仑万维海外市场收入达 8700 万美元,盛大游戏收入提升明显,达 4500 万美元,这两家企业分列第二、第三位。海外市场收入较高的企业还有第九城市、金山软件、网龙网络等。在网页游戏迅速发展的带动下，北京趣游等页游公司发展迅速，2011 年海外市场收入提升迅速。一些网络游戏企业的海外收入成为营收的重要来源，如苏州游戏蜗牛等。

2. 出口网络游戏产品结构和出口模式

(1)产品结构

2010 年至 2011 年两年间，产生海外版权收入或海外运营收入的网络游戏累计接近 200 款，其中在 2011 年产生海外收入的新增出口游戏共有 92 款。

在新增的 92 款出口网络游戏中，网页游戏 56 款，客户端游戏 33 款，移动网游戏 3 款。

在 56 款新增出口的网页游戏中，角色扮演类和战争策略类是出口的主要类型，其中角色扮演类网页游戏 27 款，战争策略类网页游戏 19 款；新增出口的客户端游戏中，角色扮演类 27 款，占据了主要地位；新增出口的移动网游戏中，角色扮演类、战争策略类、社交类各 1 款。

(2)网络游戏出口模式

综合考虑企业经营策略及出口地的实际情况，目前我国网络游戏公司所采取的网络游戏出口模式主要有 3 种：①版权出口模式，即出口企业和海外游戏运营商签署代理合作协议，获取收益，收益既包括一次性授权金，也涵盖后期运营提成；②在海外设立分公司独立运营游戏，出口企业获取全部游戏运营收益；③与海外游戏运营商联合运营，并进行收入分成。

2011 年，版权出口模式的营收比重有所下滑，但产品数量却有所增多。这主要是因为：①大型企业越来越倾向于通过设立海外分公司的形式，将自研的产品采用联运或独代的形式在国外运营。以完美世界为例，虽然其海外授权收入占海外市场总收入的比重已经降至 1/3 左右，但通过设立海外分公司等方式，其海外市场总收入仍然实现了大幅增长，增幅约 2000 万美元。②在网页游戏迅猛发展的大背景下，催生了一些以研发网页游戏为主要业务的中小型企业，这些企业的自身实力并不足以设立海外分公司进行游戏运营，因此多采用版权出口模式进行网游出口。由于网页游戏授权金等费用比客户端游戏低，导致采用版权出口模式的产品数量增多，而版权出口模式的营收比重下降。

3. 出口网络游戏产品一览

表 4　2010～2011 年中国网络游戏主要出口产品

（注：粗体表示 2011 年新增出口产品）

所属公司	名称	出口国家和地区
完美世界（北京）网络技术有限公司	热舞派对	新加坡、马来西亚、泰国、越南、中国台湾、中国香港、中国澳门
	神鬼传奇	中国香港、中国澳门、中国台湾、越南
	口袋西游	中国香港、中国澳门、中国台湾、韩国
	完美世界国际版	日本、韩国、马来西亚、泰国、菲律宾、印尼、越南、港澳台地区、俄罗斯联邦及其他俄语地区、约四十个欧洲国家
	武林外传	日本、韩国、马来西亚、泰国、中国香港、中国澳门、中国台湾、越南、新加坡
	诛仙	中国台湾、日本、俄罗斯联邦及其他俄语地区
	梦幻诛仙	中国台湾、俄罗斯联邦及其他俄语地区
	神魔大陆	中国台湾
	倚天屠龙记	**新加坡、马来西亚、泰国、越南、中国台湾、中国香港、中国澳门**
	剑灵·诀	**新加坡、马来西亚、泰国、越南、中国台湾、中国香港、中国澳门**
	降龙之剑	**韩国**
	赤壁	**日本、韩国、马来西亚、泰国、中国香港、中国澳门、中国台湾、越南、新加坡**
北京畅游时代数码技术有限公司	天龙八部	韩国、泰国、马来西亚、越南、中国台湾、中国香港、北美、新加坡
	弹弹堂	**越南**
	鹿鼎记	**中国台湾**
北京昆仑万维科技有限公司	**傲剑**	**韩国、中国台湾、东南亚**
	富人国	**韩国、中国台湾、东南亚**
	梦幻昆仑	**韩国、中国台湾、东南亚**
	千军破	**日本、韩国**
	仙境幻想	**日本、韩国**
趣游（北京）科技有限公司	**剑破苍穹**	**东南亚**
	TENKI	日本
	天魔传说	**中国台湾**
	朱武	**中国台湾**
	诛神世界	**中国台湾**
	剑气纵横	**中国台湾**
	传承	**韩国**
	K3 OL	**韩国**

续表

所属公司	名称	出口国家和地区
金山软件有限公司	剑侠情缘	中国台湾、越南、马来西亚
	封神榜	中国台湾、越南
	剑侠情缘二	中国台湾、越南、马来西亚
	反恐行动	泰国、马来西亚
	春秋Q传	马来西亚
	剑网3	**马来西亚、韩国**
北京像素软件科技有限公司	刀剑 Online	中国台湾、中国香港、中国澳门、欧洲及北美部分国家
	寻仙	中国台湾、中国香港、日本、韩国、新加坡、马来西亚、泰国、越南、欧洲及北美部分国家
	刀剑2	**韩国、日本、欧洲、北美**
北京目标在线科技有限公司	MKZ	**北美、南美、土耳其、英国、俄罗斯、中国台湾**
	龙腾世界	**中国台湾**
	傲世 OL	德国等欧洲部分国家
	天骄	东南亚地区、韩国
	天骄2	德国等欧洲部分国家
蓝港在线（北京）科技有限公司	佣兵天下	越南、中国香港、欧洲地区
	东邪西毒	越南、中国香港、欧洲地区
	飞天西游	越南、中国香港、欧洲地区
	倚天剑与屠龙刀	越南、中国香港、欧洲地区
	西游记	越南、中国香港、欧洲地区
	魔神无双	**俄罗斯、德国、土耳其、欧洲**
北京麒麟网信息科技有限公司	成吉思汗	中国台湾、越南、新加坡、马来西亚
	梦幻聊斋	**中国台湾**
	书剑恩仇录	**东南亚**
北京空中信使信息技术有限公司	龙	美国、加拿大、欧洲（三十多个国家）、韩国、日本、港澳台、新加坡、马来西亚、泰国、越南、巴西、俄罗斯
	功夫世界	美国、加拿大、马来西亚、韩国、新加坡、中国香港、中国澳门、中国台湾、日本
	功夫英雄	**马来西亚、台湾**
北京畅思得科技发展有限公司	**乱世隋唐**	**中国台湾**
顽石互动（北京）网络科技有限公司	**二战风云**	**北美、欧洲**
北京呈天时空信息技术有限公司	**诛神 online**	**东南亚**

续表

所属公司	名称	出口国家和地区
北京互联经纬科技开发有限公司	特种部队	韩国
北京辉天盛世科技有限公司	江湖情	中国台湾
北京摩卡世界科技有限公司	升职记	日本
北京趣游天际网络技术有限公司	无限世界	马拉西亚
北京太能沃可网络科技有限公司	开心厨房	日本、韩国、俄罗斯、巴西、东南亚、西欧等国家和地区
	本草仙目	日本、韩国、俄罗斯、巴西、东南亚、西欧等国家和地区
	欢乐伙伴	日本、韩国、俄罗斯、巴西、东南亚、西欧等国家和地区
	拉斯维加斯大转盘	日本、韩国、俄罗斯、巴西、东南亚、西欧等国家和地区
	我的兄弟	日本、韩国、俄罗斯、巴西、东南亚、西欧等国家和地区
	超级德克萨斯扑克	日本、韩国、俄罗斯、巴西、东南亚、西欧等国家和地区
	麻辣教室	日本、韩国、俄罗斯、巴西、东南亚、西欧等国家和地区
北京天成胜境科技有限公司	龙枪	中国香港、中国澳门、中国台湾
北京武神世纪网络技术有限公司	武神	中国台湾
北京中娱在线网络科技有限公司	猎刃	中国香港、中国澳门、东南亚、美国
上海盛大网络发展有限公司	梦幻国度	中国香港、中国澳门
	传奇世界	越南
	疯狂赛车	中国香港、中国澳门、越南、菲律宾、印度、印尼、中东地区
	星尘传说	日本、韩国、中国香港、俄罗斯、美国、中国台湾
	大海战	北美、欧洲
	纵横天下	美国、欧洲、俄罗斯、韩国、中国台湾、中国香港、中国澳门、东南亚(越南等)
	英雄之门	韩国
	风云	俄罗斯、中国台湾
	格子客	欧美
	龙之谷	韩国、日本、美国、中国台湾、东南亚
	特战先锋	韩国、印度尼西亚、泰国、俄罗斯、北美地区、土耳其、巴西、拉美地区
	魔界 II	美国、俄罗斯、泰国、新加坡、马来西亚、日本、韩国、中国台湾
	星辰变	越南、韩国、中国台湾

续表

所属公司	名称	出口国家和地区
上海巨人网络科技有限公司	黄金国度	中国台湾、巴西、土耳其、日本、韩国、泰国、越南、俄罗斯
	征途	中国台湾、巴西、土耳其、日本、韩国、泰国、越南、俄罗斯
	黄金国度	**韩国**
上海久游网络科技有限公司	超级舞者	马拉西亚、新加坡、中国香港、泰国、印尼、美国、加拿大、越南、欧洲(英国、德国、法国、意大利、比利时)等31个国家和地区
	超级乐者	英国、德国、法国、意大利、比利时等31个国家和地区
	梦幻古龙	越南、中国香港、中国台湾
	GT劲舞团2	越南、泰国、马来西亚、新加坡、印尼、俄罗斯、中国香港、中国台湾
	神兵传奇	泰国、马来西亚、印尼、新加坡、中国香港、中国台湾、韩国、日本、俄罗斯
	勇士Online	马来西亚、新加坡、印尼、泰国、俄罗斯、中国香港、中国台湾
	宠物精灵	越南、泰国、马拉西亚、新加坡、印尼、菲律宾、中国台湾、中国香港、日本
	魔力宝贝2	中国台湾、中国香港、泰国、马来西亚
上海第九城市信息技术有限公司	名将三国	越南、韩国、泰国、中国台湾
	八仙封神传	**韩国、中国台湾**
	神仙传	**韩国、中国台湾**
	FireFall	**东南亚、北美**
	热血球球	**中国台湾**
上海淘米网络科技有限公司	**摩尔斗斗**	**中国台湾**
	功夫派	**中国台湾**
上海动石网络科技有限公司	**战三国 Web**	**中国香港、中国澳门、中国台湾**
上海鸿利数码科技有限公司	生肖传说	北美
	魔界 Online	中国台湾、北美
上海骏梦网络科技有限公司	**小小忍者**	**越南、北美**
上海摩力游数字娱乐有限公司	海盗王 Online	印尼、日本
上海天雷网络科技有限公司	蜀门 online	美国、韩国、法国、越南、印度、马来西亚、菲律宾
上海旭游网络技术有限公司	**兄弟篮球**	**中国台湾**

续表

所属公司	名称	出口国家和地区
上海游佳网络信息技术有限公司	哆啦大冒险	巴西、中国香港、中国澳门、中国台湾
上海游奇网络有限公司	卧龙吟	越南、中国台湾、韩国
上海游族信息技术有限公司	十年一剑	越南
上海友齐信息技术有限公司	UDog 优狗	日本
上海云蟾网络科技有限公司	新蜀门	美国、韩国
广州网易信息科技有限公司	天下 3	北美、南美、欧洲、东南亚
	战国风云	中国台湾
广州菲音信息科技有限公司	英雄王座	中国香港、中国澳门、中国台湾
	江湖令	中国台湾
广州要玩娱乐网络技术有限公司	傲视天地	中国台湾、日本
广州多益网络科技有限公司	梦想帝王	中国香港、中国澳门、中国台湾
广州捷游信息科技有限公司	远古封神	新加坡、马来西亚
广州九娱网络科技有限公司	龙将	中国香港、中国澳门、中国台湾
广州市易陆信息科技有限公司	异世神魔	日本
广州网游数码科技有限公司	大话战国	中国香港、中国澳门、中国台湾、越南
	天羽传奇	中国香港、中国澳门、中国台湾
广州维动网络科技有限公司	108·煞	中国台湾
深圳市腾讯计算机系统有限公司	七雄争霸	韩国
	御龙在天	越南、新加坡、马来西亚、菲律宾、中国台湾
	英雄联盟	韩国
深圳中青宝互动网络股份有限公司	末日沙场	欧美
	战争之路	韩国、德国
深圳千峰云起信息科技有限公司	三分天下	越南
深圳淘乐网络科技有限公司	桃花源记	美国
深圳菠萝游戏有限公司	新蜀山奇侠传	中国台湾

续表

所属公司	名称	出口国家和地区
福建网龙计算机网络信息技术有限公司	征服	欧洲、北美、中国台湾、沙特阿拉伯、北非等 12 个国家和地区
福建网龙计算机网络信息技术有限公司	机战	中国香港、泰国、越南
福建网龙计算机网络信息技术有限公司	开心 OL	中国台湾、中国香港、中国澳门
福建网龙计算机网络信息技术有限公司	投名状 OL	北美
福建网龙计算机网络信息技术有限公司	魔域	菲律宾、俄罗斯及其独联体地区、美国、印尼、马拉西亚、巴西
厦门前网科技有限公司	**魔神战纪**	**新加坡、马来西亚、泰国、欧洲、北美**
厦门网游网络科技开发有限公司	秦始皇 OL	中国台湾
成都汉森信息技术有限公司	倾城	中国香港、中国台湾、俄罗斯
成都汉森信息技术有限公司	异闻聊斋	中国香港、中国台湾、俄罗斯
成都汉森信息技术有限公司	八部群侠传	中国香港、中国台湾、俄罗斯
成都汉森信息技术有限公司	**迷失**	**中国香港、中国澳门、中国台湾**
四川九众互动网络技术有限公司	**将魂**	**东南亚、中国香港、中国澳门、中国台湾**
成都锦天科技发展有限责任公司	风云	俄罗斯、新加坡、中国台湾
成都锦天科技发展有限责任公司	盘龙	俄罗斯、新加坡、中国台湾
成都锦天科技发展有限责任公司	功夫小子	俄罗斯、新加坡、中国台湾
成都锦天科技发展有限责任公司	**风云**	**新加坡**
成都魔方软件有限公司	**九刃**	**中国台湾、欧洲、韩国**
成都兴斯普数字媒体软件有限公司	法拉利挑战	欧洲、北美地区
成都炎龙科技有限公司	**神迹大陆**	**中国台湾**
成都炎龙科技有限公司	**影之战**	**巴西、中国台湾**
成都炎龙科技有限公司	**钢魂**	**欧洲、北美**
杭州乐港科技有限公司	热血三国	日本、韩国、马来西亚
杭州乐港科技有限公司	魔晶幻想	日本、韩国、马来西亚
杭州乐港科技有限公司	风云 web	日本、韩国、马来西亚
杭州乐港科技有限公司	新热血三国	日本、韩国、马来西亚
杭州乐港科技有限公司	**魔晶帝国**	**韩国、日本、泰国、中国台湾**
杭州乐港科技有限公司	**热血三国 2**	**新加坡、马来西亚**
杭州乐港科技有限公司	**猛将三国**	**马来西亚**

续表

所属公司	名称	出口国家和地区
杭州泛城科技有限公司	魔力学堂	欧美
杭州无端科技有限公司	逆天诀之降龙十八掌	中国台湾
杭州渡口网络科技有限公司	火力风暴	中国台湾、中国香港、中国澳门、欧洲、东南亚等地区
	魔神争霸	欧洲(德国、法国等欧洲国家)、中国香港、中国澳门、中国台湾
	天机	中国香港、中国台湾、马来西亚、泰国、印尼
浙江冰峰科技有限公司	猎魂	中国香港、中国澳门、中国台湾
浙江缔顺科技有限公司	梦回三国	中国香港、中国澳门、中国台湾
杭州电魂网络科技有限公司	梦三国	中国香港、中国台湾、新加坡、马来西亚
苏州市蜗牛电子有限公司	航海世纪	韩国、欧洲(英国/法国/德国)、北美(加拿大/美国)、南非、泰国、马来西亚、新加坡、菲律宾、澳大利亚等 20 多个国家和地区
	帝国文明	德国、韩国、马来西亚、新加坡、菲律宾、泰国、越南、印度尼西亚、中国台湾等十多个国家和地区
	机甲世纪	日本、北美、德国等欧洲国家
	街舞区	中国台湾、新马泰、菲律宾、泰国、越南、日本、北美、巴西、俄罗斯
	天子	中国香港、中国台湾
	九阴真经	中国台湾、中国香港、马来西亚、越南、泰国、俄罗斯等欧洲国家
	英雄之城	中国香港、中国台湾、北美、欧洲
苏州唐人数码科技有限公司	领主传说	中国台湾、东南亚地区
	宝马 Online	中国台湾、东南亚地区
常州市圣天龙华盛网络科技有限公司	天宫 Online	韩国、中国台湾、中国香港、中国澳门、日本、马来西亚、新加坡、菲律宾
西安乐境动漫创意有限公司	疯狂便利店	新加坡
	Qdooo 奇都世界	新加坡
	三国 Q 战	新加坡
	快乐农庄	新加坡
	痞子兔系列单机 flash 游戏	新加坡
大连思为拓科技有限公司	炮炮王 3D	中国香港、中国澳门、中国台湾

续表

所属公司	名称	出口国家和地区
哈尔滨三六九科技开发有限公司	丝路前传	日本
哈尔滨市天翼网络科技开发有限公司	魔灵 online	俄罗斯
	英雄荣耀	俄罗斯
哈尔滨英立科技有限公司	战国争霸	俄罗斯、中国台湾、中国香港
	魔法之旅	俄罗斯、中国台湾、中国香港
	猎魔战记	俄罗斯、中国台湾、中国香港
	劫后余生	俄罗斯、中国台湾、中国香港
	海神的秘密	俄罗斯、中国台湾、中国香港
	超级连连看	俄罗斯、中国台湾、中国香港
黑龙江龙德天合动漫有限公司	英雄斩	日本
	杜甫	日本
海口动网先锋网络科技有限公司	商业大亨	中国香港、中国台湾、韩国、俄罗斯、日本、新加坡、马来西亚、泰国
Rune 工作室	凯撒之路	北美

(二)游戏进口

1. 进口网络游戏规模及进口国家/地区结构

2011 年文化部共通过了 42 款进口网络游戏(包括网络游戏资料片)的审批,较 2010 年增加了 14 款。

如图 51 所示,在 2011 年进口的 42 款网络游戏中,由韩国公司开发的网络游戏共有 16 款,占总数的 38.1%;由美国公司开发的网络游戏共有 9 款,占总数的 21.4%;由中国台湾公司开发的网络游戏共有 8 款,占总数的 19.0%。除此之外,从日本进口了 4 款网络游戏,从白俄罗斯、俄罗斯、法国、芬兰、瑞典进口了各 1 款网络游戏。

2. 进口网络游戏产品结构

在 2011 年 42 款进口网络游戏产品中,客户端游戏 34 款,网页游戏 7 款,移动网游戏 1 款。从网络游戏载体来看,34 款客户端游戏中,韩国 12 款,美国 7 款,中国台湾 7 款,日本 4 款,白俄罗斯、俄罗斯、法国和瑞典各 1 款;7 款网页游戏中,韩

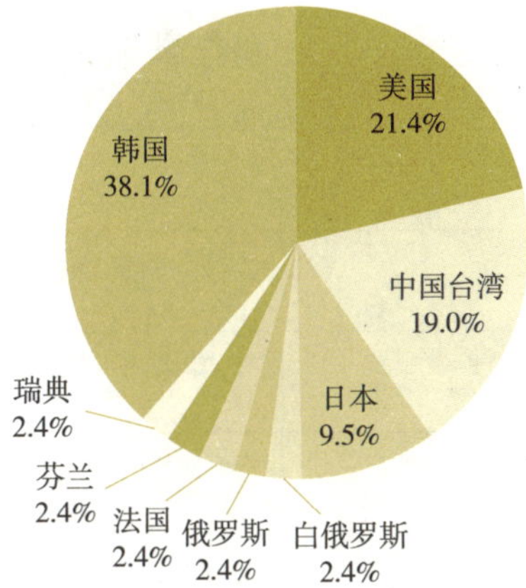

图 51　2011 年进口网络游戏产品生产国家或地区分布

国 4 款,美国和中国台湾各 1 款;1 款移动网游戏来自芬兰。从游戏类型来看,角色扮演类游戏共有 27 款,射击类游戏 5 款,社交类游戏 3 款,体育类游戏、竞技类游戏和休闲类游戏各 2 款,战争策略类游戏 1 款。

整体来看,2011 年我国进口的网络游戏还是以韩国、美国等地区所制作的 3D 画面的角色扮演类客户端游戏为主,表明画面较为精美的网络游戏仍受欢迎,也侧面说明国产网络游戏的画面质量有待提高。相对而言,网页游戏与手机游戏进口量较小,且多为社交类和休闲类游戏。结合 2011 年大量国产网页游戏出口海外来看,我国网页游戏产品质量较高,网页游戏企业开拓海外市场更为积极。

3. 进口网络游戏产品一览

如表 5 所示,2011 年,共有 42 款进口游戏通过了文化部网络游戏内容审查。

表 5　2011 年中国网络游戏主要进口产品

批准文号	游戏名称	制作国家/地区	运营单位
文网进字[2010]021—1 号	魔兽世界—巫妖王之怒 V3.3.5	美国	上海网之易网络科技发展有限公司
文网进字[2011]001—1 号	永恒之塔 2.2 版本	韩国	上海盛大网络发展有限公司
文网进字[2011]002 号	风色群英传 online	中国台湾	上海悠游网软件科技有限公司
文网进字[2011]003 号	星际争霸 II:自由之翼	美国	上海网之易网络科技发展有限公司

续表

批准文号	游戏名称	制作国家/地区	运营单位
文网进字[2011]004号	英雄联盟	美国	深圳市腾讯计算机系统有限公司
文网进字[2011]005号	魔钥	中国台湾	苏州晟丰软件有限公司
文网进字[2011]006号	灵魂战神	韩国	北京光宇在线科技有限责任公司
文网进字[2011]007号	中华英雄—龙虎门	中国台湾	北京畅游时代数码技术有限公司
文网进字[2011]008号	坦克世界	白俄罗斯	北京空中信使信息技术有限公司
文网进字[2011]009号	勇士归来	中国台湾	河北鼎和电子科技有限公司
文网进字[2011]010号	勇者之歌	中国台湾	上海游趣网络科技有限公司
文网进字[2011]011号	卓越之剑2	韩国	九合天下(北京)科技有限公司
文网进字[2011]012号	新破天一剑	韩国	游艺春秋网络科技(北京)有限公司
文网进字[2011]013号	艾米尔编年史 online	日本	南京守望者网络科技有限公司
文网进字[2011]014号	巫师之怒	俄罗斯	上海巨人网络科技有限公司
文网进字[2011]015号	魔兽世界:大地的裂变	美国	上海网之易网络科技发展有限公司
文网进字[2011]0015—1号	魔兽世界:大地的裂变(4.2版本补丁)	美国	上海网之易网络科技发展有限公司
文网进字[2011]015—2号	魔兽世界:大地的裂变(4.3版本补丁)	美国	上海网之易网络科技发展有限公司
文网进字[2011]016号	突击风暴	韩国	上海盛大网络发展有限公司
文网进字[2011]017号	洛奇英雄传	韩国	上海邮通科技有限公司
文网进字[2011]018号	风暴战区	韩国	上海邮通科技有限公司
文网进字[2011]019号	阿凡龙	韩国	北京侠客行网络技术有限公司
文网进字[2011]020号	石器时代	日本	广东胜思网络科技有限公司
文网进字[2011]021号	潘多拉	日本	上海烈风网络科技有限公司

续表

批准文号	游戏名称	制作国家/地区	运营单位
文网进字[2011]022号	圣灵战记	韩国	上海数龙科技有限公司
文网进字[2011]023号	天堂梦	韩国	深圳市梦天堂网络文化发展有限公司
文网进字[2011]024号	露娜2	韩国	福州八爪鱼网络技术有限公司
文网进字[2011]025号	捕鼠达人	美国	上海数龙科技有限公司
文网进字[2011]026号	3D可爱夹娃娃机	芬兰	北京幻方郎睿软件科技有限公司
文网进字[2011]027号	纸片人	日本	上海大承网络技术有限公司
文网进字[2011]028号	第九大陆	韩国	深圳市腾讯计算机系统有限公司
文网进字[2011]029号	NBA2K篮球在线	美国	深圳市腾讯计算机系统有限公司
文网进字[2011]030号	仙境冒险	韩国	上海第九城市信息技术有限公司
文网进字[2011]031号	将魂	美国	深圳市腾讯计算机系统有限公司
文网进字[2011]032号	全民足球	法国	上海碧汉网络科技有限公司
文网进字[2011]033号	战地风云OL	瑞典	北京畅游时代数码技术有限公司
文网进字[2011]034号	新惊天动地	韩国	游艺春秋网络科技(北京)有限公司
文网进字[2011]035号	大富翁OL	中国台湾	上海骏梦网络科技有限公司
文网进字[2011]036号	咖啡恋人	韩国	上海骏梦网络科技有限公司
文网进字[2011]037号	秘密花园	韩国	上海骏梦网络科技有限公司
文网进字[2011]038号	圣境传说	中国台湾	北京昆仑在线网络科技有限公司
文网进字[2011]039号	玄武豪侠传，简称“玄武”	中国台湾	深圳中青宝互动网络股份有限公司

六、2011 年网络游戏行业投融资概要

(一)行业投资

1. 行业投资特点

2011 年,中国网络游戏企业的投资行为仍然活跃,全年公布的投资事件共有 28 起。总体来看,2011 年网络游戏行业投资呈现出了以下两个特点:

(1)投资主体明显集中。网络游戏行业中的龙头企业,特别是腾讯、盛大等大企业成为 2011 年主要的投资主体,28 起投资事件中就有 16 起为腾讯发起或参与的投资。

(2)跨界投资成为主流。网络游戏公司投资社区网站、电子商务和网络服务企业已经成为主流,各大企业纷纷实施多元化战略,以网络游戏业务作为核心,向其他互联网领域进行扩张。

2. 主要投资事件

表 6　2011 年中国网络游戏行业主要投资事件

时间	投资企业	被投资对象	涉及金额	所属领域
2011 年 1 月	腾讯	同程网	约 6000 万元	在线旅游
2011 年 2 月	腾讯	Riot Games	2. 31 亿美元	网络游戏
2011 年 2 月	腾讯	高朋网	未公开	电子商务
2011 年 4 月	畅游	第七大道	约 1 亿美元	网络游戏
2011 年 5 月	腾讯	好乐买	5000 万美元	电子商务
2011 年 5 月	腾讯	华谊股份	4. 5 亿元	影视
2011 年 5 月	完美	Cryptic Studios	3500 万欧元	在线游戏
2011 年 5 月	第九城市	Crowdstar	未公开	网页游戏
2011 年 6 月	盛大	安智网	数千万元	手机游戏
2011 年 6 月	腾讯	创新工场基金	未公开	互联网创业、投资
2011 年 6 月	腾讯	妈妈网	5000 万元	母婴社区
2011 年 6 月	盛大及另外两家公司	御网科技	2 亿元	电子商务

续表

时间	投资企业	被投资对象	涉及金额	所属领域
2011 年 7 月	腾讯	珂兰钻石	未公开	电子商务
2011 年 7 月	腾讯/在线旅游公司 Expedia	艺龙网	8440 万美元	网络服务
2011 年 7 月	腾讯	金山软件	2000 万美元	网络安全/软件服务
2011 年 8 月	腾讯	F 团	6000 万美元	电子商务
2011 年 9 月	完美	风投基金	6. 435 亿人民币	风投
2011 年 9 月	巨人	阿里巴巴	5000 万美元	电子商务
2011 年 10 月	盛大	TalkBox	未公开	软件服务
2011 年 10 月	腾讯	北京开心人信息技术有限公司	1 亿元	社交平台
2011 年 10 月	腾讯	旅人网	未公开	旅行信息服务
2011 年 10 月	人人/IDG	图吧	3000 万	网络服务
2011 年 10 月	腾讯	文化中国传播集团	2. 478 亿港元	影剧制作发行、杂志发行
2011 年 10 月	完美/Nexon Korea Corporation	NGL Co. ,Ltd.	未公开	在线游戏
2011 年 10 月	盛大文学	百阅	未公开	行业网站
2011 年 11 月	腾讯	杭州顺网科技股份有限公司	1. 3 亿元	网吧行业
2011 年 11 月	腾讯	深圳六度人和科技有限公司	未公开	企业管理软件
2011 年 11 月	盛大	豆果网	未公开	互联网

（二）行业融资

1. 上市融资

奇虎 360 公司于北京时间 2011 年 3 月 30 日，在纽约证券交易所登陆上市。奇虎 360 公司创立于 2005 年 9 月，主营以 360 安全卫士、360 杀毒为代表的网络安全平台，同时拥有奇虎问答等独立业务，主要依靠在线广告、互联网增值业务及网页游戏运营创收。

人人公司于北京时间 2011 年 5 月 4 日，在纽约证券交易所登陆上市。人人公司成立于 2002 年，原名“千橡互动集团”，2010 年 12 月更名为人人网。其旗下拥有人人网、人人游戏、糯米网和经纬网，是一家集社交网络，社会化电子商务和网络游戏等业务为一身的综合性互联网集团公司。

淘米网于北京时间2011年6月11日，在纽约证券交易所登陆上市。上海淘米网络科技有限公司成立于2007年10月，是国内领先的儿童娱乐公司。其业务包括网络游戏的运营，儿童社区的建设及网络游戏周边产品的制作。

如表7所示，截至2011年12月31日，中国网络游戏行业上市企业共有17家，市值总和达3332.4亿元。

表7　中国网络游戏行业上市企业

上市企业名称	上市地点	上市时间
中华网	纳斯达克	1999年7月13日
网易	纳斯达克	2000年6月30日
盛大	纳斯达克	2004年5月14日
腾讯	香港联合交易所	2004年6月16日
空中网	纳斯达克	2004年7月9日
第九城市	纳斯达克	2004年12月15日
完美时空	纳斯达克	2007年7月26日
金山	香港联合交易所	2007年10月9日
巨人网络	纽约证券交易所	2007年11月1日
网龙	香港联合交易所创业板	2007年11月2日
搜狐畅游	纳斯达克	2009年4月2日
盛大游戏	纳斯达克	2009年9月25日
中青宝网	深圳证券交易所创业板	2010年2月11日
上海联游	纳斯达克	2010年8月24日
奇虎360	纽约证券交易所	2011年3月30日
人人网	纽约证券交易所	2011年5月4日
上海淘米	纽约证券交易所	2011年6月9日

2. 行业其他融资事件

如表8所示，除了三家上市公司外，2011年全年公布的融资事件还有26起。总体来看，2011年移动网游戏继续获得投资方的青睐，网页游戏特别是社交游戏研发商也收获颇丰。

表 8　2011 年中国网络游戏行业主要融资事件

时间	融资企业	投资方	涉及金额	所属领域
2011 年 2 月	北京麒麟网信息科技有限公司	鼎晖创业投资管理有限公司	数千万美元	网络游戏研发与运营
2011 年 2 月	北京触控科技有限公司	思伟投资/红杉/北极光	1400 万美元	手机游戏
2011 年 3 月	摩卡世界	海纳亚洲	1000 万美元	手机游戏
2011 年 4 月	木瓜移动	凯旋创投和 DCM	1800 万美元	手机游戏与社区
2011 年 4 月	机锋网	3 家 VC	500 万美元	手机游戏
2011 年 4 月	心游科技	创新工场	未公开	网络游戏
2011 年 5 月	喜讯无限	雷军	未公开	手机游戏等
2011 年 5 月	神雕网络	上海华瓴资本	7000 万元	网络游戏
2011 年 5 月	浩基网络	上海文广集团	未公开	网页游戏
2011 年 6 月	炎黄娱动	湖北科华银赛创业投资有限公司	500 万元	网络游戏
2011 年 6 月	联游网络	常州滨湖建设发展集团	2000 万元	网络游戏
2011 年 6 月	昆仑万维	华为	1 亿元	网络游戏
2011 年 6 月	烈火数码	未公开	未公开	手机游戏
2011 年 6 月	上海恺英	凯鹏华盈创业投资基金/经纬创投/清科创投	1500 万美元	网页游戏
2011 年 6 月	华多网络	老虎基金	1 亿美元	网络游戏
2011 年 6 月	51wan	法国 Ventech 基金与集富亚洲联投	未公开	网络游戏
2011 年 7 月	Crowdstar	九城与英特尔投资/时代华纳/NVInvestments 机构	2300 万美元	网络游戏/网络社区
2011 年 7 月	上海梦之游	天使投资	未公开	网络游戏
2011 年 7 月	摩卡世界	未公开	未公开	网络游戏
2011 年 8 月	上海灵禅	GREE	5% 股份	网络游戏
2011 年 8 月	博雅互动	红杉	600 万美元	网络游戏
2011 年 8 月	米游网络	中友集团	2 亿元	网络游戏
2011 年 8 月	涂鸦移动	凯鹏华盈创业投资基金	1000 万美元	网络游戏
2011 年 10 月	乐元素	联想投资、风投基金 DCM	3000 万美元	网络游戏
2011 年 10 月	91 博远无线	祥峰投资等	2000 万美元	手机游戏/软件服务
2011 年 12 月	磊友科技	中经合	1000 万美元	手机游戏

(三)政策变动对网络游戏企业上市融资的影响

2011 年中,VIE(协议控制模式)引发了有关部门的高度重视及行业内的广泛讨论。VIE 全称为可变利益实体,在国内又被称为协议控制模式,指的是境外注册的上市实体与境内的业务运营实体相剥离,而境外的上市实体通过设在境内的外商独资企业以协议的方式控制境内的业务实体的一种股权模式。这一模式能够同时满足外资控股和获得国内相关经营牌照两个目的,但其从诞生之日起就有规避监管的政策风险存在。

VIE 结构模型的一般模式为:

①创始人或管理团队在海外,例如在英属维尔京群岛或开曼群岛设置一个离岸公司。

②该公司再与相关投资商成立一个公司,作为上市主体。

③该主体在香港设立持有 100% 股权的一个壳公司。

④香港公司再设立一个或多个境内全资子公司——外商投资企业。

⑤该外商投资企业与国内运营的实体签订协议,达到享有 VIE 权益的目的并符合 SEC 的法规,而国内的运营实体也能符合在国内经营业务的资质要求。

根据我国现有规定,外商不得在境内投资设立互联网文化经营单位。因此,VIE 结构成为中国互联网企业特别是网络游戏企业在境外上市的主要选择。2008 年以后上市融资的 7 家网络游戏企业中,就有 6 家是在境外上市。因此,政策中针对 VIE 的变动对网游企业未来的上市融资有很大的影响。

2006 年 7 月 13 日,原信息产业部颁布《关于加强外商投资经营增值电信业务管理的通知》。2011 年 8 月 25 日,商务部公布的《商务部实施外国投资者并购境内企业安全审查制度的规定》中第九条明确规定:“外国投资者不得以任何方式实质规避并购安全审查,包括但不限于代持、信托、多层次再投资、租赁、贷款、协议控制、境外交易等方式”,将协议控制纳入监管范围。商务部对协议控制模式出台相应政策进行规范,将会对计划在境外上市的网络游戏企业有一定影响。融资是网络游戏行业内的强烈需求,企业境外上市如受到限制,会影响前期投资商的收益,进而导致投资界对整个网络游戏的热度下降,行业的发展脚步也会受到一定的阻碍。在境外上市难度加大的情况下,部分企业可能会转向国内证券市场寻求融资。

七、网络游戏市场发展趋势

（一）市场趋势影响因素

1. 社会主义文化建设新高潮，为网络游戏市场发展营造良好环境

2011 年 10 月 18 日，中国共产党第十七届中央委员会第六次全体会议通过了《中共中央关于深化文化体制改革　推动社会主义文化大发展大繁荣若干重大问题的决定》（以下简称《决定》），明确提出要“发展健康向上的网络文化”，“认真贯彻积极利用、科学发展、依法管理、确保安全的方针，加强和改进网络文化建设和管理”。

为贯彻落实十七届六中全会精神和《国家“十二五”时期文化改革发展规划纲要》，文化部发布了《文化部“十二五”时期文化产业倍增计划》，提出了“十二五”期间文化部门管理的文化产业增加值年平均现价增长速度高于 20%，2015 年比 2010 年至少翻一番，实现倍增的奋斗目标。

全社会掀起的社会主义文化建设新高潮，将为网络游戏市场的健康发展营造良好的市场环境。

2. 居民可支配收入的持续增长，为扩大网络游戏消费打下了坚实的经济基础

《决定》强调“扩大文化消费。要创新商业模式，拓展大众文化消费市场，开发特色文化消费，扩大文化服务消费，提供个性化、分众化的文化产品和服务，培育新的文化消费增长点”。

根据“十二五”规划，“十二五”期间，城镇居民人均可支配收入将年均增长 7% 以上，农村居民人均纯收入将年均增长 7% 以上。可支配收入的增长，有利于增加文化消费总量，提高文化消费水平，是文化产业发展的内生动力。因此，随着居民可支配收入的持续增长，人民群众对休闲娱乐活动的消费需求也将日益提升，这将是网络游戏行业进一步发展壮大的原生动力。

3. 互联网和移动网用户数量增长进一步放缓，网游用户特征发生变化

如图 52、53 所示，根据 CNNIC 数据，中国网民数量已呈现饱和状态，网民数量增长放缓的态势将进一步延续。

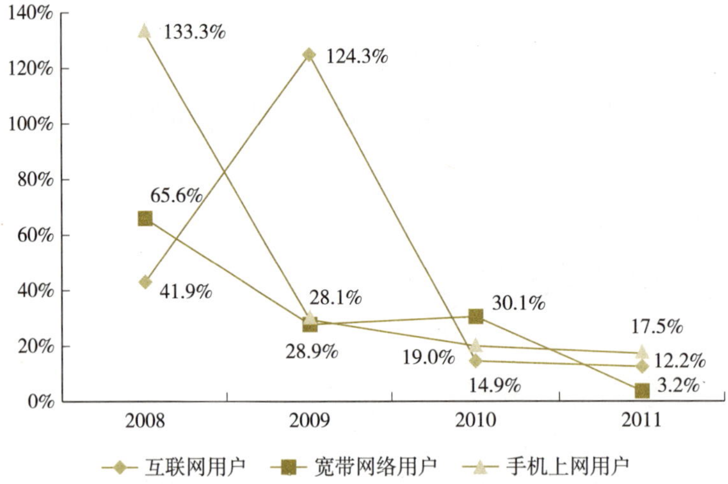

图 52　2008～2011 中国网络用户增长速度变化

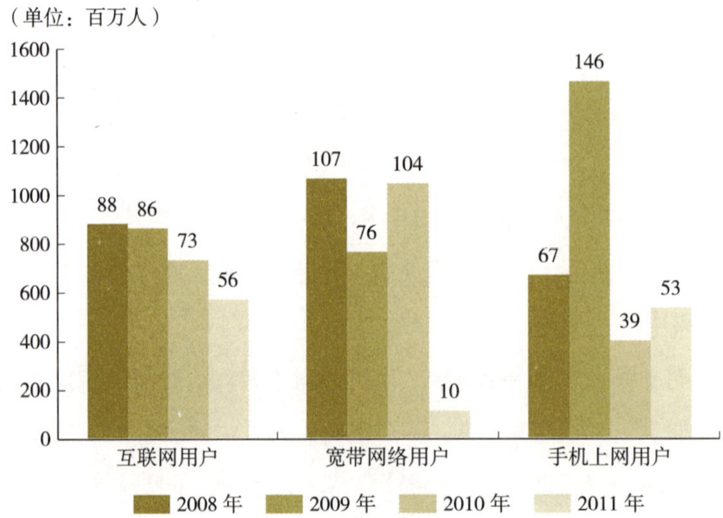

图 53　2008～2011 年中国网络用户增长量变化

从用户结构上看，50 岁以上网民数量增长较为突出，低学历网民数量持续走高。就网络游戏用户而言，虽然近年来网络游戏用户的主力群体始终保持在 18 至 35 岁这一年龄区间，但其主要成员已经由前几年的“80 后”逐渐转变为“90 后”，整体用户特征和行为模式也将随之发生变化。

4. 网络游戏行业相关技术因素

（1）网游研发技术水平不断提升

对客户端游戏而言，研发水平的提升将有助于改善画面质量，打造精美的游戏场景,提升用户体验;有助于进一步缩小客户端的容量,即用户只需花费一两分钟先行下载后即可进入游戏,并在游戏的过程中,通过云技术的辅助在后台继续下载后续内容。

对网页游戏而言,随着 Unity 3D、虚幻 3 等游戏开发引擎的逐渐广泛应用,网页游戏将实现 3D 画面,给用户带来更强的视觉冲击力。

对移动网游戏而言,Html5 语言的广泛运用,使一款游戏适配不同的终端平台变得更加简单易行,为互联网游戏特别是轻型游戏实现跨终端同步运行提供了保障。

(2)智能移动终端数量不断增长

随着智能手机、平板电脑等智能移动终端价位的进一步下滑,以及移动娱乐服务的日趋丰富,终端的普及率将有较大幅度的提升。用户的增长,是市场发展的不竭动力。因此,在用户需求的带动下,移动游戏市场前景趋好。

(3)三网融合继续推进

2011 年末,国务院办公厅发布《国务院办公厅关于印发三网融合第二阶段试点地区(城市)名单的通知》,确定包括天津、重庆等在内的 42 个城市进入了三网融合的第二批试点范围。此举进一步扩大了三网融合的地域范围,为在全国逐步铺开该工程,打下了坚实的基础。

(4)网络环境不断改善

2011 年 12 月 26 日,工信部表示将推动实施"宽带中国"战略,加快推进 3G 和光纤宽带网络发展,扩大覆盖范围;争取到 2015 年末,城市家庭带宽达到 20 兆以上,农村家庭达到 4 兆以上,东部发达地区的省会城市家庭达到 100 兆。

在移动网络建设方面,2010 年工信部等八部委联合发布了《关于推进第三代移动通信网络建设的意见》,要求至 2011 年,3G 网络覆盖全国所有地级以上城市及大部分县城、乡镇、主要高速公路和风景区等。作为 3G 网络的有效补充,WiFi 的建设也同步开展。按照中国电信和中国移动各自的规划,两者未来三年内将新建 155 万个 WiFi 热点,这一数量是 2011 年初所有运营商 WiFi 热点数量总和的 3 倍以上。

(二)市场规模与结构趋势

1. 网络游戏市场规模继续增长,预计 2015 年末规模过千亿

未来几年仍将是中国网络游戏发展的机遇期。预计 2015 年末,网络游戏市场

规模将超过1000亿元，年均复合增长率超过20%。

从产品结构看，未来几年，互联网游戏仍将占主体地位，客户端游戏也将继续保持较为稳固的市场份额；同时，网页游戏和移动网游戏高速增长的态势将进一步巩固，且增长速度远超客户端游戏。

2. **技术水平的提高推动游戏转型，轻载体、跨终端成为趋势**

2011年，客户端游戏市场出现了“微端”形式的产品（即客户端大小小于100MB），用户只需要花数分钟下载客户端，就能够进入游戏进行试玩体验，后续的游戏内容将在后台继续下载。与以前用户需要下载1GB以上大小的客户端相比，“微端”形式大幅降低了用户的进入门槛。预计未来几年，在研发技术、网络环境等多方因素的带动下，客户端游戏将逐步向云端发展，即不需要用户下载客户端即可进行游戏，这将大大改变现有行业内对端游和页游的定位，也为端游重新抢占市场份额打下了良好的基础。

2011年，部分网页游戏实现了在移动终端上的同步运行。相对于客户端游戏，网页游戏具有轻载体、同制式（大多数网页游戏都通过Flash运行）的特点，使其移植至移动网上更为方便，预计未来几年，网页游戏在多终端上同步运行将逐渐成为主流。

3. **大型网游企业逐步向网页游戏和移动网游戏延伸**

近年的网页游戏市场，除腾讯旗下的《七雄争霸》外，其他所占市场份额较大的网页游戏基本都是由新的以网页游戏为主营业务的网络游戏经营单位运营。随着网页游戏和移动网游戏市场的高速发展，一些大型网游企业也开始在这两个市场逐步探索，谋求新的发展。未来几年，大型网络游戏企业可凭借资金、技术等优势，有所突破。

4. **管理政策的进一步完善和优化，促进移动游戏规范化发展**

预计到2013年，手机网民数量将超过电脑网民。同时，移动终端的系统类型也将趋于集中：Symbian系统所占比重不断降低，iOS与Android系统所占比重不断升高。操作系统的集中趋势将降低手机游戏研发的难度。

针对移动游戏市场的特点，作为网络游戏主管部门，文化部将出台相应的管理规范，从主体、内容、运营等环节进行管理，进一步规范市场秩序。在完善的管理政策的引导下，移动网游戏市场将沿着规范化、健康化方向发展。

5. **在广电网游戏的发展带动下，游戏将进一步拓展家庭娱乐活动空间**

随着技术的不断完善，三网融合进程的逐步推进，广电网游戏的发展将迎来一个新的契机。由于电视的普及率远远高于电脑，广电网游戏拥有更加广泛的受众基础。以体感游戏为代表的广电网游戏，可将娱乐与运动有机结合，使用户在娱乐的同时达到锻炼身体的目的，适合全家共同娱乐。未来几年，预计将出现依托游戏业务，以电视为载体的集上网、游戏、视频通话为一体的网络平台。

（三）区域趋势

1. **中部地区和二、三线城市网游用户增长明显**

在网页游戏不断发展的带动下，河北、河南、安徽、山西等中部地区，辽宁和黑龙江等东北地区的用户群体数量增长明显，增速既高于全国平均水平，也高于广东、四川、江苏、浙江、北京等全国排名前列的网游消费大省。

在一线城市网游用户基本趋于饱和的态势下，二、三线城市的网游用户增长速度也较快。随着今后中国网民数量增长逐步放缓，网游用户的增长越来越依赖于对已有网民特别是二、三线城市网民的挖掘。

2. **新增网络游戏企业呈现地区集中趋势**

截至 2011 年年底，具备网络游戏运营资质的企业达 1293 家。如图 54 所示，2011 年新增网络游戏企业以北京、广东、上海、浙江等地为主。这 4 个省份新增的网络游戏企业数量总和占比超过了 70% 。未来几年，网络游戏企业集中化趋势将进一步凸显。

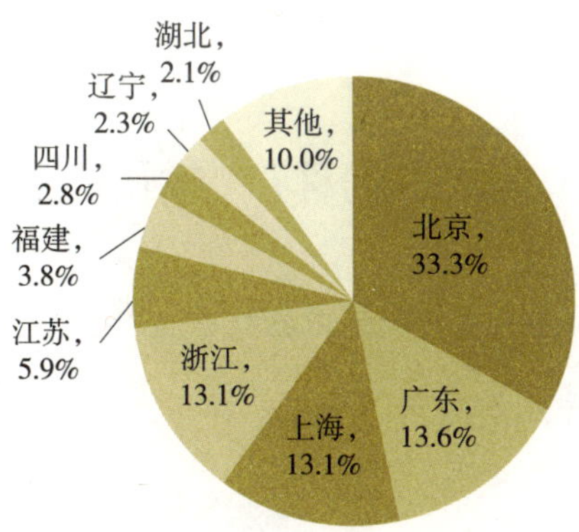

图 54　2011 年新增网络游戏企业各地区分布

附录一

相关定义和专业名词解释

(一)网络游戏

网络游戏是指由软件程序和信息数据构成,通过互联网、移动通信网等信息网络提供的游戏产品和服务。主要包括以客户端、网页浏览器和其他终端形式运行的网络游戏,以及通过信息网络向公众提供的单机版游戏。其他终端,是指移动电话、个人数字处理器、联网的游戏机和接入信息网络的各类信息设备。

(二)基于互联网的游戏(简称互联网游戏)

即狭义上的网络游戏,一般依赖个人计算机终端(PC),通过互联网进行的网络游戏。

(三)基于移动网的游戏(简称移动网游戏)

指运行于手机或其他移动终端上,通过移动网络下载或依靠移动网络进行的网络游戏。

(四)基于广电网络的游戏(简称广电网游戏)

即使用电视终端的游戏,通过广电网络下载或依靠广电网络进行的网络游戏。包括机顶盒游戏和传统家用游戏机游戏。

（五）网络游戏用户

网络游戏的使用者，并不一定为使用游戏而有过消费。

（六）ARPU

Average Revenue Per User，平均每个用户收入贡献，其中的用户基数采用的是付费用户数。ARPU 值是一项重要的运营业务收入指标。

（七）网络游戏活跃用户

每个月至少登录一次的游戏用户。在某些运营商的统计中活跃用户的定义更严格，即定义的登录周期更短。

（八）客户端游戏

基于客户端—服务器软件体系（即 C/S 架构）的一种网络游戏。用户玩任何一款客户端游戏都需要首先在电脑中安装该游戏专用的客户端软件。游戏的客户端软件，就是游戏数据的使用端，主要用来提供本地的数据服务和连接服务端传输数据。C/S 架构的好处是通过它可以充分利用两端硬件环境的优势，将任务合理分配到客户端和服务器端来实现，降低系统的通讯开销。

（九）网页游戏

Web game，是基于浏览器—服务器软件体系（即 B/S 架构）的一种网络游戏。也有称其为无端网游，但实质上其客户端是浏览器这样的通用性客户端。用户玩游戏无需下载专用的游戏客户端，只要使用浏览器打开网页就可以玩网页游戏。B/S 架构的好处在于其主要事务逻辑在服务器端实现，这样就大大简化了客户端电脑载荷和游戏用户下载和维护客户端的工作，减轻了系统维护与升级的成本和工作量,降低了用户的总体拥有成本(TCO)。

(十)角色扮演类(RPG,MMORPG)

角色扮演(RPG, Role-Playing Game)或大型多人在线角色扮演游戏(MMORPG,Massive Multiplayer Online Role-Playing Game),是指由众多用户各自扮演一个或者几个特定角色,在同一个虚拟世界中,根据特定故事情节和场景进行交互的一种网络游戏。游戏中的角色根据不同的游戏情节具有相应的属性。这些属性一般赋有一定的统计数据(例如力量值、灵敏度、智力值、魔法值等),角色则根据这个赋值具有相应的能力,这些赋值会根据游戏规则不断改变以表现角色和情节的演进。

(十一)棋牌休闲类(CBG)

棋牌休闲类(CBG,Chess and Board game)是棋盘、纸牌等桌面游戏的统称,是指传统棋牌等桌面游戏在网络上的实现。

(十二)休闲竞技类(CSG)

休闲竞技类游戏(CSG,Casual & Sports game)包括音乐游戏和体育游戏。

音乐游戏(Music Game),就是跟随音乐的节奏,玩家通过按键,使动作的方位和速度能与音乐节拍保持一致,或使模拟器发出相应的音效能合成特定的乐曲的一种游戏。这类游戏主要考的是用户对节奏的把握,以及身体部位的协调反应能力。

体育游戏,以各类体育比赛为内容,用户通过操作特定参赛者来完成比赛的一种游戏。一般包括赛车竞速、冰雪运动、各种球类比赛游戏。

(十三)模拟策略类(SLG)

模拟策略类(SLG,Simulation Game),是指在模拟现实的场景和事件中游戏用户通过控制和决策使得游戏中模拟事物获得类似现实世界的成长和成就。模拟策略游戏可以分为模拟养成游戏和战争策略游戏。

模拟养成游戏(SIM,Simulation)包括了模拟经营、恋爱和宠物养成游戏。

战争策略游戏(Online Strategy Game)包括了回合制策略游戏(又可以称为战棋策略)和即时战略游戏(RTS,Real-Time Strategy Game)。

(十四)社区互动类游戏(SNG,SG)

社交网络游戏(SNG,Social Network Game)或社交游戏(Social Game),是基于社交网站的一种网络游戏,一般以网页游戏形式呈现。游戏内容大多数为模拟经营或养成,游戏的核心玩法是基于有社交关系的用户之间的互动,通过用户之间的互动操作来影响彼此游戏账号属性的成长。

(十五)网络游戏虚拟物品

网络游戏虚拟物品从广义上来说包括网络游戏虚拟货币和网络游戏虚拟道具两大类。

网络游戏虚拟货币是指由网络游戏经营单位发行,网络游戏用户使用法定货币按一定比例直接或者间接购买,存在于游戏程序之外,以电磁记录方式存储于服务器内,并以特定数字单位表现的虚拟兑换工具。

网络游戏虚拟道具指的是以电磁记录的方式存在于网络游戏程序运行的服务器内,由游戏经营单位进行自主命名,可实现游戏程序设定的某项既定功能或体现游戏某项程序运行的特定结果,并在游戏程序内以文字或图形化等数字商品形式表现的一种电子服务凭证。

附录二

2011年中国网络游戏行业大事记

◆2011年1月

1月4日　联众发布公告，宣布伟德沃富正式完成对联众原控股股东海虹控股和韩国股东NHN集团所持联众股权的收购。

1月8日　18家网游企业发起并成立“中国网络游戏版权保护联盟”。

1月11日　《最高人民法院、最高人民检察院、公安部关于办理侵犯知识产权刑事案件适用法律若干问题意见》发布。

1月12日　因正版授权Flash小游戏被腾讯大量非法盗用，盛大旗下麻球游戏正式向腾讯发出维权公函，要求腾迅停止侵权。

1月18日　2010年度中国游戏产业年会在北京召开。各游戏企业代表共同探讨中国游戏产业未来发展走向。

1月24日　金山软件正式对外发出公告称，完成对旗下最大游戏工作室西山居的股份改制工作，26名核心员工参与MBO。

◆2011年2月

2月7日　腾讯控股发言人表示该公司计划收购《英雄联盟》开发商——美国在线游戏公司RiotGamesInc——的多数股权，目前正等待监管机构批准。

2月11日　动视暴雪首席运营官托马斯·蒂鲍表示，动视暴雪正加速在中国大陆扩展业务，该公司将与网易合作，在中国大陆市场推出一系列的新网游。此外，动视暴雪还将开发免费网游服务。

2月14日　久游公司内部几乎所有在研发中的项目都已终止进行，涉及约十余个产品。久游将此解释为在重点项目上集中优势兵力，并强调将会奉行代理与研发并重的发展策略。

2月21日　全国首笔网络游戏企业知识产权质押贷款——深圳冰川网络技术有

限公司所获取的1000万元在招商银行深圳分行成功发放。

2月24日 大华建设发布公告称已任命邢志新为公司新任CEO,同时邢志新也将加入公司董事会,联游首款产品《雷霆》预计夏天上线。

◆2011年3月

3月1日 “网游未成年人家长监护工程”全面实施。家长可通过经营单位建立的“家长监护工程”实施对未成年人游戏行为的管理。对实施“监护工程”不力并造成恶劣影响的网络游戏经营单位,文化行政部门或文化市场综合执法机构责令改正,并视情节轻重依法处理。

3月3日 九城OpenFeint平台本地运营已经启动,新的九城游戏中心首次对外曝光。这一平台计划三月底上线,先行在Android平台推出。

3月15日 金山软件签约授权韩国IMI公司在韩国境内运营《剑网3》,预计该游戏于今年底或明年初正式在韩国上线运营,沿用国服的时间收费模式。

3月18日 深圳中青宝互动网络股份有限公司以投资3600万元的方式,入资北京天一讯灵科技有限公司,其主要业务是手机游戏及网页游戏的开发、运营,投资完成后中青宝将持有该公司43.3%股份。

3月29日 《星际争霸II》在中国大陆正式开始免费公测。公测期间,玩家将能够免费参与《星际争霸II》的多人游戏模式。

3月29日 久游旗下游戏《侠道金刚》、《超级乐者》、《劲爆篮球》同时宣布停止运营,三款网游同时停运在历史上属首次。

3月30日 巨人网络发布“交易税商业模式”,在《征途2》中实现,其主要特点为:既取消了时间模式的门槛,又消除了道具模式的不公平问题,只靠收取交易手续费盈利。

3月30日 奇虎360公司在纽约证券交易所上市,主营以360安全卫士、360杀毒为代表的免费网络安全平台,同时拥有奇虎问答,360游戏中心等互联网业务。

◆2011年4月

4月1日 修订后的《互联网文化管理暂行规定》于2011年4月1日起施行。新

《规定》明确了网络文化发展的原则和方向。要求各级文化行政部门要以积极的态度、创新的精神,不断深化对网络文化特点和规律的认识,探索开创网络文化发展管理新局面。在网络文化建设和管理中大力弘扬社会主义核心价值体系,贯彻新的文化发展理念,促进文化与科技结合,鼓励网络文化企业与传统文化企业双向进入和资源整合,推动文化大发展大繁荣。

4 月 6 日　《星际争霸 II》国服正式开始运营,单人战役部分也将随之开放。玩家每月支付 20 元,即能兑换 30 天连续游戏时间。

4 月 7 日　国内新兴网游企业神雕网络对外确认,公司获得上海华瓴资本领投总额近 7000 万联合投资,首期资金已到账。这是今年首个公布的大额游戏企业融资案例。

4 月 15 日　腾讯游戏在 2011 年发布会上宣布《穿越火线》最高同时在线已突破 270 万,并现场公布了 4 款 FPS 新品以巩固 FPS 游戏市场。

4 月 25 日　畅游正式发布公告,收购国内领先的网页游戏厂商第七大道 68.258% 的股份,获得其知名网页游戏《弹弹堂》的同时,第七大道所属的 300 名左右资深网页游戏研发专项人才也加入到畅游公司。

◆2011 年 5 月

5 月 4 日　人人公司在纳斯达克上市,旗下拥有人人网、人人游戏、糯米网和经纬网,是一家集社交网络,社会化电子商务和网络游戏等业务为一身的综合性互联网集团公司。

5 月 17 日　腾讯宣布与 NCsoft 达成战略合作,获得《剑灵》的大陆运营权。

5 月 17 日　上海文广传媒注资巨人网络子公司浩基网络,为浩基网络第二大股东,进入网游市场。浩基网络是巨人网络一家子公司,主攻网页游戏市场。

5 月 18 日　人人网宣布将与宝开公司联手开发社交版《植物大战僵尸》游戏。与单机版相比,社交版的游戏中注入了更多本土化和社交化元素。

5 月 27 日　由孩之宝授权、网龙公司研发的 3D TPS 网游《变形金刚在线》官网正式上线。

◆2011 年 6 月

6 月 1 日　搜狐畅游宣布，以 100% 股权收购上海晶茂文化传播有限公司及其关联公司。

6 月 8 日　腾讯对外宣布，将对创新工场人民币基金投资 7 亿元，以扶持创新工场所孵化的初创期互联网科技公司。

6 月 19 日　中国儿童娱乐与媒体公司淘米网正式登陆纽交所，交易代码为“TAOM”。

6 月 27 日　由南京军区组织开发的中国人民解放军第一款具有自主知识产权的大型网络军事游戏《光荣使命》新闻发布会在北京举行。此款游戏的发布，标志我军网络军事游戏开发应用取得了突破性进展。

◆2011 年 7 月

7 月 5 日　金山软件发布消息称，公司董事长兼 CEO 求伯君计划在未来半年内正式退休，董事长一职将由雷军担任。

7 月 6 日　金山软件与腾讯联合宣布，双方已经达成了战略投资合作，将建立长期战略关系，并在应用软件和游戏领域展开更广泛、更深度的合作。

7 月 12 日　魔兽世界最新资料片《大灾变》正式开启运营，国服魔兽版本滞后现象得到根本改变。

7 月 14 日　腾讯手机 QQ 浏览器 Flash 游戏开放平台正式发布，此外，腾讯也将对游戏开发者提供广告 API、支付 API 接口，遵循业内普遍规则与开发者进行分成。

7 月 14 日　盛大游戏宣布成立轻网游工作室，定名为“万游引力”工作室（UUGame）。

7 月 19 日　新浪微博游戏平台——微游戏，与支付平台——微支付——同时上线。

7 月 26 日　社交游戏开发商 Zynga 与腾讯共同宣布，风靡全球的社交游戏《CityVille》的中文版本《星佳城市》测试版正式登陆腾讯开放平台，双方的合作拉开序幕。

7 月 28 日　第九届中国国际数码互动娱乐展览会（ChinaJoy 2011）在上海新国际展览中心召开。

◆2011 年 8 月

8 月 2 日　盛大游戏董事长兼 CEO 谭群钊称，盛大游戏一直在关注国内中小游戏开发团队，并且手握 5 亿美金，将扩大投资范围，随时愿意将这笔钱投资出去。

8 月 9 日　网易宣布将投资 2 亿元拓展版权视频内容，大力发展视频业务。

8 月 9 日　巨人董事会通过每股 3 美元现金股利发放计划，巨人 CEO 谈及这一计划时表示，希望这项股利支付将再次让投资者们相信巨人业务实力。

8 月 11 日　"盛大云"开放公测后推出一款新产品盛大云硬盘，可为盛大云主机（Compute Cloud）提供一个基于块设备的存储卷，能实现高可用和性能兼顾的存储设备。

8 月 11 日　网页游戏企业昆仑万维接受了华为 1 亿元的战略注资，并达成战略合作协议。

8 月 21 日　第二届"完美世界国际锦标赛"于中国北京隆重开启，其搭建了一个跨越全球数十个国家及地区的开放式竞技平台，为全世界的玩家们提供了一个交流及沟通的渠道。

◆2011 年 9 月

9 月 1 日　Android 腾讯应用中心客户端全新上线，其前身是"QQ 手机软件管理"。Android 客户端用全新的 UI 和架构，利用的是腾讯应用中心的社区化和开放平台理念，同时每款应用都经专业的 QQ 手机管家认证。

9 月 6 日　文化部与韩国文化体育观光部共同在江苏省常州市举办中韩游戏产业合作协调机制第三次会议。同期还举办了中韩严肃游戏论坛，来自中韩两国文化主管部门、游戏行业协会及企业界、文化贸易和投融资促进机构、专业服务机构以及有关研究机构代表和一些严肃游戏产学研专家共 120 余人参加论坛。

9 月 7 日　腾讯正式发布了其基于移动网的应用平台——腾讯应用中心，邀请开发者和广告主加入其中。开发者可以在多个渠道推广自己的应用。

9 月 13 日　盛大 CEO 陈天桥在对 Q2 财报作出解读的同时透露出欲重金备战云计算，引发业内关注。

9 月 13 日　网易游戏巨资打造全新用户体验实验室，其作为用户体验研究和评估的重要工具，能够获取玩家行为和态度，为游戏开发提供第一手资料和有力的支持。

9 月 16 日　网易 iTown 游戏平台开启了百万资助基金计划，将针对有实力的第三方开发团队，进行团队无偿资金援助。

9 月 22 日　巨人网络集团宣布，承诺向云峰电子商务基金投资 5000 万美元，参与阿里巴巴集团员工股权回购计划，即用以购买阿里巴巴集团股份。

9 月 30 日　韩国网游运营商网禅与 Red5 达成调解协议，相互撤销赔偿要求，作为 Red5 控股方，第九城市副总裁 Tonny 表示，Red5 将拥有《FireFall》全球发行权。

◆2011 年 10 月

10 月 17 日　盛大网络宣布，陈天桥向董事会提交非约束性建议函，拟以每美国存托凭证（ADS）41.35 美元的回购价向股东收购全部盛大股票，进行私有化退市。

10 月 18 日　网易 10 月 17 日宣布，将投资 1 亿元为旗下网游《梦幻西游》拍摄同名动画片，同时开启动画制作团队的招募。

10 月 27 日　巨人网络确认，已正式成立“海外运营中心”主攻海外网游的代理运营业务。

10 月 28 日　第九届中国国际网络文化博览会在北京举行，以“网络世界·博览中国”为主题，吸引了数十家文化企业参展，包括网络游戏企业、棋牌文化企业、动漫企业和移动网企业等数个类别。

◆2011 年 11 月

11 月 3 日　九城旗下的中国版 Tapjoy“桔子平台”正式上线。桔子平台是一个基于手机虚拟货币支付系统的广告激励平台。“桔子”是九城设计的虚拟货币或积分，提供的广告形式主要是“桔子墙”和 banner 广告等。

11 月 11 日　网络游戏行业规范大会在上海召开，以“反低俗、扬正气、促和谐”为主题，着重讨论了网页游戏行业低俗营销泛滥的现象，未来将通过主管部门加强监管及游戏企业加强自律的方式进行改善。

11 月 14 日　PopCap（宝开游戏）宣布与中国移动达成合作，进驻中国移动安卓游戏平台。

11 月 16 日　腾讯与网吧平台服务商顺网科技联合宣布,腾讯对顺网科技进行战略投资已完成,涉及金额约 1.3 亿元,交易完成后,腾讯持有顺网科技约 4.0% 的股权。

11 月 28 日　淘米网于美国当地时间 28 日宣布公司已经通过董事会批准,将在未来 12 个月内通过公开市场或私下的协商交易回购最多 1000 万美元的流通 ADS 股份。

11 月 28 日　国内网游运营商与开发商第九城市宣布,旗下全资子公司 Red 5 多人在线射击游戏《Firefall》在东南亚和台湾地区的独家运营权,以 2300 万美金签约给 Garena Online,授权期为 6 年,涵盖的区域包括中国台湾、中国香港、新加坡、马来西亚、越南、泰国、印度尼西亚和菲律宾。

◆2011 年 12 月

12 月 13 日　盛大调整旗下产品,关停麻球游戏平台。

12 月 13 日　中国移动游戏基地表示,HTML5 将成为中国移动游戏基地未来发展的重要方向。

12 月 20 日　北京磊友信息获千万美元融资。磊友专注于 HTML5 游戏在移动设备上的研发和运营。

12 月 20 日　“2011 第六届移动游戏产业高峰论坛”在四川成都凯宾斯基饭店召开。

附录三

中国网络游戏行业主要企业

目前中国网络游戏企业主要有五类:(1)综合游戏企业。其业务覆盖多种类型的网络游戏研发和运营;(2)互联网网页游戏研发和运营企业;(3)网络游戏研发企业;(4)移动网游戏研发和运营企业;(5)广电网游戏开发企业。

以下收录了这5类企业中2011年业绩较为突出的22家,介绍其过去一年的主要变化和成绩(企业排名不分先后)。

(一)深圳腾讯

企业全称	深圳市腾讯计算机系统有限公司
企业组织和业务简介	腾讯提供多种互联网增值服务和无线增值服务,为互联网用户带来丰富的网络互动体验。通过即时通信工具QQ、门户网站腾讯网(QQ.com)、腾讯游戏旗下QQ游戏休闲平台、多媒体社交网络服务QQ空间和无线门户等网络平台,腾讯服务于中国最大的网络社区,满足互联网用户在线沟通、资讯、娱乐和电子商务等方面的需求。
企业2011年总体表现	2011年是中国互联网行业充满竞争和蓬勃生机的一年。面对日新月异的技术和变幻莫测的资本市场,腾讯通过优化核心的用户体验而取得了收入和盈利的增长,并通过持续创新而站在产业演进的前沿。开放平台战略缔造了一个健康、安全的在线生态系统,让用户、应用开发者和广告主都从中受益。腾讯也做好了准备迎接移动互联网时代的到来。
主要产品2011年的运营/开发情况	2011年,腾讯网络游戏业务再次获得丰硕成果,主要的几款游戏《穿越火线》、《地下城与勇士》、《QQ炫舞》和《QQ飞车》,均取得大幅增长,并各据第一人称射击、动作类、音乐类和赛车类细分市场最高同时在线账户数第一名。此外,《英雄联盟》深受用户欢迎,并在中国取得强劲的最高同时在线账户数增长。中国最大的小型休闲游戏平台"QQ游戏"稳健增长,其最高同时在线账户数于2011年第四季度创下新高达到840万。
2012年企业运营的目标和思路	2012年腾讯将以加强现有游戏、渗透到新游戏类型的方式专注于进一步提升在中国网络游戏市场的市场份额,也将继续在全球寻求机遇。在社交通信、手机娱乐、手机浏览器等领域的业务继续抓住移动互联网的机遇。大力拓展开放平台,以更多的第三方应用提升用户活跃度和使用度。

（二）广州网易

企业全称	广州网易计算机系统有限公司
企业组织和业务简介	网易是中国领先的互联网公司，自1997年6月创立以来，凭借先进的技术和优质的服务，深受网民欢迎。2001年12月，网易推出首款自主研发的MMORPG《大话西游》，2002年8月，在原作的基础上开发了《大话西游Ⅱ》，成为国内率先成功运营的国产网络游戏。2010年7月，旗下大型Q版网络游戏《梦幻西游》最高同时在线人数超过260万，注册人数超过2.5亿。网易作为国内少数几家拥有自主开发和运营能力的游戏运营商，多次获得行业评选奖项，并受玩家好评。
企业2011年总体表现	2011年是网易公司业务强劲增长的一年。网易坚持向其忠实且日益增长的用户群提供高质量的内容服务，这一方针进一步巩固了网易在业界的地位。2011年网易总收入增长32.0%，在线游戏服务收入增长32.5%，广告服务收入增长25.6%。
主要产品2011年的运营/开发情况	2011年，玩家对代理自暴雪的《魔兽世界》热情不减。 网易自主研发的游戏广受欢迎，《梦幻西游Online》分别于1月和9月推出了新的资料片；9年历史的《大话西游Online II》在5月1日创下最高同时在线119万新高；《倩女幽魂》通过4月的精英内测和9月的全面内测，成为年度最流行的2.5D MMORPG游戏之一；6月成功开启公测的《大唐无双》在收入和用户数据上双双创下历史新高；10月，全面换代产品《天下3》，进一步提升网易在3D游戏市场的领先地位。
2012年企业运营的目标和思路	以用户需求为导向进行科技创新和产品多元化，是网易2012年发展的核心策略。上半年计划为提升旗下游戏组合推出一系列资料片，包括《大唐无双》、《天下3》、《梦幻西游Online》、《战歌》、《新飞飞》以及《精灵传说》，并展开《倩女幽魂》和《天下3》的公测。此外，还计划在年中对两款新自主研发游戏进行测试。为用户提供高质量、创新的产品和服务仍是网易2012年工作的重中之重。

（三）盛大网络

企业全称	盛大游戏有限公司
企业组织和业务简介	盛大游戏有限公司（NASDAQ：GAME）是中国领先的网络游戏开发商、运营商和发行商，致力于打造国际化的网游平台。盛大游戏有限公司拥有两千多名研发和运营人员，并与两万多名游戏开发者展开合作，一直勇于创新和开放，坚持优秀和丰富多样的产品线，向用户提供基于PC客户端、浏览器以及智能移动终端等多平台的70多款大型网络游戏产品，以及四万余款Flash休闲游戏，连续多年赢得金翎奖、金凤凰奖等重量级行业奖项。

续表

企业全称	盛大游戏有限公司
企业 2011 年总体表现	2011 年盛大游戏有限公司全年净营业收入较去年同期增长 17.3% 至历史新高 52.82 亿元人民币。主要游戏产品保持稳健增长,并不断向页游、手机游戏等领域拓展。
主要产品 2011 年的运营/开发情况	盛大游戏有限公司旗下有众多类型的游戏产品。在 2011 年,《热血传奇》、《传奇世界》及《龙之谷》进行了多次更新,收入实现增长。《永恒之塔》年底推出 Aion 2.0,年中推出 Aion 2.5,年末推出 Aion2.7,收入稳定。《星辰变》于 4 月进行开放性测试,后期进行了多次更新,2012 年将推出更多新版本。
2012 年企业运营的目标和思路	继续发展多形态娱乐产品,并加大整合力度。与业内外企业进行多种形式的合作,联合运营游戏。更积极拓展海外市场,从利用海外研发资源,到进军海外市场,系统推进盛大国际化。

(四)搜狐畅游

企业全称	北京畅游时代数码技术有限公司
企业组织和业务简介	畅游公司(NASDAQ:CYOU)是中国领先的在线游戏开发和运营商,于 2009 年 4 月在纳斯达克全球精选市场上市。畅游拥有领先的自主研发技术平台和顶尖运营团队,其自主研发的《天龙八部》是中国最受欢迎的 MMORPG 之一,畅游目前正在运营的游戏还有《鹿鼎记》、《古域》、《刀剑英雄》、《九鼎传说》(原《刀剑英雄 2》)、《大话水浒》、《东海奇谭》、《中华英雄》、《剑仙》。此外,《霸者无双》、《战地风云 OL》等多款游戏正在测试中。
企业 2011 年总体表现	2011 年畅游公司的总收入达 4.846 亿美元,较 2010 年增长了 37%。剔除 17173 业务的收入,总收入为 4.464 亿美元,同比增长 36%。其中网络游戏收入达 4.355 亿美元,较 2010 年增长了 33%,增长主要是由于《天龙八部》2011 年在国内持续受到玩家欢迎,从 2011 年 6 月 1 日起合并了第七大道的收入,并且推出新游戏《鹿鼎记》。在线广告收入为 3,820 万美元,同比增长了 42%,主要是由于 2011 年广告客户推出的游戏数量增多,因此营销和推广活动相应增加。
主要产品 2011 年的运营/开发情况	《天龙八部》作为畅游公司的旗舰作品,继续贡献强劲的收入。畅游公司不断地进行创新和提高游戏品质,以吸引游戏玩家。2011 年 7 月,最新续作《天龙八部 3》正式曝光,推出全新沙盘式"天外江湖"体系,力求打造一款划时代的、更符合新生代玩家喜好的后武侠网游。最新推出的大型资料片《天龙八部 3》再创佳绩,是公司第四季度以及全年创纪录业绩的重要原因。
2012 年企业运营的目标和思路	2011 年,公司进行了战略升级,在继续发展大型多人在线游戏业务的基础上,建立了向网页游戏、手机和社交游戏、玩家平台以及国际市场发展的蓝图,并且组建了多个专业团队。公司期望本次战略升级将推动畅游步入下一个发展历程,以更加新颖的游戏设计和技术创新满足不断变化的玩家偏好,通过网络游戏为中国乃至全球的用户带来更愉悦的体验。

（五）完美世界

企业全称	完美世界（北京）网络技术有限公司
企业组织和业务简介	完美世界是中国领先的网络游戏开发商和运营商。公司成立于2004年，一直致力于创造优质的互动娱乐产业品牌，倾力打造拥有自主知识产权的高质量网游精品。完美世界现主要基于自主研发的Angelica 3D游戏引擎、Cube引擎以及Eparch 2D引擎为平台开发各类网络游戏，陆续推出了《完美世界》、《诛仙》等十余款精品网游。目前，完美世界已在北美、欧洲、日本等地成立了全资子公司，并将旗下10余款游戏出口至海外100多个国家和地区，很好地传播了中国文化。
企业2011年总体表现	在2011年中，完美世界延续了良好的发展势头，营收再创新高，连续5年蝉联中国网游海外营收第一。公司旗下网游产品保持了稳健的发展势头，推出多款资料片，反响良好。公司与产品多次获得政府权威奖项，跻身“文化企业30强”，优秀的研发实力、运营模式和运营思路多次获得媒体的深度报道。
主要产品2011年的运营/开发情况	2011年，完美世界旗下网游通过游戏内容的不断推陈出新，保持了稳健的发展。《完美世界国际版》、《诛仙》、《武林外传》等十余款大作都陆续推出了新的资料篇，反响强烈。《神魔大陆》、《完美世界国际版》、《神鬼世界》等数款游戏出口海外数十个国家和地区，成绩卓越。2011年，在研发方面，完美世界公布了旗下数款网游新作，包括《倚天屠龙记》、《梦幻神雕侠侣》、《笑傲江湖》、《圣斗士星矢Online》等，得到了大家的关注与期待。
2012年企业运营的目标和思路	2012年，完美世界会延续全球化的策略，通过更多的方式和手段，不断整合优质资源，进一步扩大中国网游在全球网游市场中影响力。同时，完美世界也会延续精品化路线，进一步拓宽网游产业链，打造更多精品网游带给玩家，进一步丰富大众的文化生活。

（六）巨人网络

企业全称	上海巨人网络科技有限公司
企业组织和业务简介	上海巨人网络科技有限公司成立于2006年9月6日，是一家以网络游戏为发展起点，集研发、运营、销售为一体的综合性互动娱乐企业。公司拥有雄厚的资本实力、强大的研发能力、熟稔的运营能力、完善精湛的技术支持能力、人性化的客户服务能力，以及强大的销售能力。
企业2011年总体表现	公司2011年净营收为人民币17.922亿元（约合2.848亿美元），较上年同期的人民币13.328亿元增长34.5%；净利润增长8.5%至人民币8.800亿元（约合1.398亿美元）。在保持客户端游戏研发核心竞争力的同时，巨人正积极向页游领域拓展，以把握新的成长机遇。

续表

企业全称	上海巨人网络科技有限公司
主要产品 2011 年的运营/开发情况	截至 2011 年,公司主要自主研发的游戏产品《征途》、《征途怀旧版》、《绿色征途》、《巨人》、《仙途》、《黄金国度》、《征途 2》,进口游戏《艾尔之光》、《巫师之怒》等。由于《征途 2》的非凡表现,公司营收同比增长超过 34%,并保持了过去八个季度营收连续增长。
2012 年企业运营的目标和思路	巨人对丰富的产品线充满信心和期待,除了现有的游戏之外,还将有迎合玩家口味与习惯变化的数款新游戏上线,这其中有高品质的 MMO 游戏,有网页游戏的精品大作,以及备受玩家期待的自研第一人称射击游戏等。不管是何种游戏类型,在何种平台上运营,巨人都将聚焦产品品质,最终目标是开发出有创新元素、可玩性高的游戏来吸引玩家。

(七)光宇华夏

企业全称	北京光宇在线科技有限责任公司
企业组织和业务简介	北京光宇在线是光宇国际集团(HK0143)下属子公司,于2004 年进入国内网游市场,两年后,凭借回合制游戏《问道》跃升为国内十大顶级运营公司之一。2009 年,《问道》同时在线突破百万后,光宇在线跻身百万在线运营平台行列。
企业 2011 年总体表现	2011 年,光宇在线业绩稳中有升,《问道》依旧稳据回合制市场前列,凭借《问道》的优异表现,及其续作《问道外传》的成功推出,光宇在线在回合制市场继续占据霸主地位,全年营收达到 8.7 亿,同时,《天骄 3》、《蜀山剑侠传》等一系列网游大作的研发和运营筹备也进入尾声,蓄势待发。
主要产品 2011 年的运营/开发情况	1.《问道》依旧占据国内回合制市场霸主地位。其同品牌续作《问道外传》于 2011 年 10 月份内测后,获得回合制玩家的喜爱和热捧,人气一路走高。 2. 处于筹备运营中的《天骄 3》、《蜀山剑侠传》经过前期和玩家的接触,获得玩家的一致好评,被评为高期待大作。 3. 自主研发方面,光宇旗下北京、沈阳、深圳、成都四大研发基地,同时开发《巨龙》、《侠客情缘》、《蜀山剑侠传》、《创世 2》等 8 款游戏。
2012 年企业运营的目标和思路	1. 客户端网游产品,在确保回合制市场的核心优势基础上,稳中求突破,将发布《天骄 3》、《天魔传说》、《灵魂战神》等多款 PK 类、休闲类、RTS 竞技类产品以丰富产品线,满足玩家多样化需求; 2. 2012 年光宇将试水 WebGame,力图切入新兴市场以满足企业长远发展的需求; 3. 考虑到手机游戏的良好发展前景,2012 年光宇将尝试性进入手机游戏领域,自行开发、运营手机端网络游戏产品。

（八）网龙网络

企业全称	福建网龙计算机网络信息技术有限公司
企业组织和业务简介	网龙网络有限公司（NetDragon Websoft Inc.），成立于1999年，是中国网络游戏与移动互联网应用的开发商和运营商的领导者之一，总部位于中国福建省福州市。网龙于2008年6月24日至港交所主板上市（主板股票代码：00777.HK）。网龙凭借先进的研发核心技术、敏锐的市场洞察力和广阔的国际视野，推出一系列具有自主知识产权的原创网络游戏产品以及无线软件产品，成为中国民族网络游戏、移动互联网应用的领跑者和海外市场拓展的先行者。
企业2011年总体表现	2011年是网龙具有重要意义的一年。2011年第四季度，公司的总收益超过2.17亿，连续七个季度实现营利上的增长。同时，全年总收益突破7.61亿，创历史最高。全年网游业务总收益约为人民币701.6百万元，比去年增加31.9%；全年无线业务总收益约为人民币59.4百万元，比去年增加792.6%。更为显著的是，全年净利率接近上一年的三倍。凭借合理的资源分配和成本控制措施，网龙在业务增长的同时也实现了盈利的增长。
主要产品2011年的运营/开发情况	2011年，网龙旗下产品《魔域》、《征服》和《地下城守护者》等网络游戏运营情况良好。《征服》在阿拉伯语市场受到用户欢迎。《魔域》和《征服》不断推出新的资料片，市场反响良好。移动互联网方面，《征服》的iPad英文版正式公测，登陆App Store。
2012年企业运营的目标和思路	展望未来，网龙具有增长潜力的核心游戏产品将继续提供稳定的收入来源。与此同时，网龙的无线业务也将在2012年迈上全新的台阶。公司将在继续扩大用户规模的基础上加大对品牌建设的投入，树立更大的行业影响力，并通过积极兑现销售和分发渠道的价值，实现无线业务收入更为显著的增长。

（九）世纪天成

企业全称	上海邮通科技有限公司
企业组织和业务简介	世纪天成是上海邮通科技旗下专注于在线娱乐相关业务的全民娱乐平台。自2005至今已成功运营了如《洛奇》、《跑跑卡丁车》、《反恐精英OL》、《洛奇英雄传》等数款超人气网游，并接连推出了《风暴战区》、《EVE Online》等一系列各具特色的全新网游力作，为广大中国玩家呈现了一大批风格迥异、品质精良的网络游戏作品。而近年，除了备受期待的线上精品力作外，网页游戏平台以及SNS互动社区，也体现出世纪天成多元化的运营思路。
企业2011年总体表现	2011年世纪天成总注册用户达到3.5亿；随着游戏产品线的不断扩大，付费用户也不断增加，公司整体收益呈稳定增长趋势，2011年公司整体收益同比增长30%。同时，2011年公司推出诸多更具人性化的服务项目，公司与玩家群之间保持较为良好的互动关系。

续表

企业全称	上海邮通科技有限公司
主要产品 2011 年的运营/开发情况	2011 年世纪天成运营的主要产品依然为《洛奇》、《跑跑卡丁车》、《反恐精英 OL》，随着版本不断更新，三款产品均保持稳定增长趋势；同时，在 2011 年底推出的新产品《洛奇英雄传》，也取得了不错市场成绩。
2012 年企业运营的目标和思路	2012 年，世纪天成的运营目标是进一步扩大产品线，丰富产品类型；同时进一步完善公司内部项目运营机制，优化客户服务流程，加强世纪天成社区化，形成真正的产品运营和平台运营一体化。

（十）麒麟游戏

企业全称	北京麒麟网信息科技有限公司
企业组织和业务简介	北京麒麟网信息科技有限公司（简称“麒麟游戏”）成立于 2007 年 7 月 7 日，是中国极具影响力的以网络游戏研发和运营为核心业务的综合性互动娱乐企业。自成立以来，麒麟游戏迅速成长为广受欢迎和业内尊敬的企业。通过强调创新理念的游戏设计和弘扬民族文化精神，麒麟游戏一直走在国产原创游戏的潮流前端。麒麟游戏拥有自主研发的引擎、游戏开发平台、雄厚的资金实力和强大的研发和运营团队，在业内具有一定的地位。
企业 2011 年总体表现	2011 年，麒麟游戏继续专注于武侠题材的客户端游戏，推出了由金庸授权的《书剑恩仇录》、《水浒传》等武侠产品。2011 年，麒麟游戏入选了北京市“四个一批”工程企业名单，获“清科—第六届中国最具投资价值企业 50 强”，并被纳入中关村“十百千工程”重点培育企业。在第八届中国国际网络文化博览会上，麒麟游戏蝉联了“中国网络游戏人气奖”；在 ChinaJoy“金翎奖”2011 年优秀游戏评选大赛上荣获“2011 年度互联网游戏行业年度最佳研发团队奖”。
主要产品 2011 年的运营/开发情况	2011 年，麒麟游戏旗下多款产品获得业界肯定。《成吉思汗Ⅱ》荣获“金翎奖—玩家最喜爱网游奖”，《水浒传》获得“金翎奖—最佳原创网络游戏奖”，《书剑恩仇录》获得“金翎奖—玩家最期待网游奖”及“中国游戏风云榜—十大新锐网络游戏奖”。旗下正处于研发阶段的游戏产品还包括 3D 客户端游戏《画皮Ⅱ》及其 Web 版等。同时，麒麟游戏于 2011 年成立了子公司麒麟互动，专门从事移动互联网游戏的自主研发与运营，积极拓展多元化的游戏产业。
2012 年企业运营的目标和思路	2012 年，麒麟游戏将进行一系列的调整，以面对网络游戏行业的变化。在游戏形式上，麒麟游戏除了大型端游，还将在页游、移动互联网游戏上发力，并考虑制作社交游戏；麒麟游戏将加强与影视业的合作，将利用《画皮 2》上映的契机打造“三屏合一”的概念，即在电影上映同时推出端游、手游和桌游。通过这一方式，麒麟将不同形式的产品进行深度融合，在全新的合作理念引导之下，为广大影迷、玩家呈现出独一无二的《画皮 2》系列品牌产品。

（十一）蓝港在线

企业全称	蓝港在线（北京）科技有限公司
企业组织和业务简介	蓝港在线（北京）科技有限公司成立于2007年3月，专注于网络游戏的研发、运营与发行。目前蓝港在线已成功发行了《佣兵天下》、《西游记》、《魔神无双》等多款自主研发产品。在市场开拓上，蓝港在线以国内市场和海外市场并重，旗下多款产品已经实现中国大陆与海外的同步运营，产品已签约欧洲、美国、台湾、越南及东南亚等多个国家和地区。蓝港在线还组建了多支网页游戏团队和手机游戏团队，为页游和移动游戏储备了足够的技术力量。
企业2011年总体表现	蓝港在线是一家以自主研发为主的网游企业，目前旗下运营有《西游记》、《火影世界》、《佣兵天下》等多款游戏产品。2011年，《火影世界》占据网页游戏前三名，在线人数超过10万人次。同时，由120名设计人员耗时四年时间研发的3D MMORPG《佣兵天下》正式发布，并在海外市场开拓方面取得了良好的成绩，与海外80多个国家联合运营。预计2012年将密集发布4～5款页游新作。
主要产品2011年的运营/开发情况	《火影世界》占据网页游戏前三名，在线人数超过10万人次。《佣兵天下》是由120名设计人员耗时四年时间研发的3D MMORPG，并在海外市场开拓方面取得了良好的成绩，与海外80多个国家联合运营。
2012年企业运营的目标和思路	专注于线上游戏及娱乐产品服务，致力于将蓝港在线打造成为成功的在线娱乐企业。公司旗下将拥有多家优秀的游戏工作室，培养出来一大批出色的中国游戏制作人。坚持自主研发和研发运营一体化是蓝港坚持的方向。

（十二）昆仑万维

企业全称	北京昆仑万维科技股份有限公司
企业组织和业务简介	北京昆仑万维科技股份有限公司是一家全球化的综合互联网公司。旗下平台昆仑在线（www. kunlun. com）是国内最大的网页游戏和社交游戏研发/运营平台之一，提供多款全球运营的领先游戏产品，市场占有率居行业前茅；旗下平台快乐游（www. klyou. com）是国内领先的客户端游戏研发/运营平台。门户网站 Brothersoft（www. brothersoft. com）为全球网站排名前200位的综合下载平台，用户遍布世界各个角落，目前是众多知名公司的全球战略合作伙伴。
企业2011年总体表现	昆仑万维2011年完成了企业营收目标，不仅在国内市场上巩固了原有的优势地位，也更进一步扩张了自身在海外市场的影响力。在网页游戏市场上发力的同时，也推出了一些客户端游戏产品，扩充客户端游戏产品线。

续表

企业全称	北京昆仑万维科技股份有限公司
主要产品 2011 年的运营/开发情况	昆仑万维 2011 年推出了《水果堂》、《帝国荣耀》、《梦幻昆仑》等网页游戏和客户端游戏,市场反响良好。
2012 年企业运营的目标和思路	昆仑万维 2012 年计划推出 4 款国内发行的客户端游戏,5 款海外发行的客户端游戏,6 款全球发行的网页游戏,4 款移动互联网游戏与 1 款社交游戏。2012 年昆仑万维将加大资本投入到客户端游戏市场,并且致力于发展全球化、平台化的发展模式,在全球化的道路中,昆仑万维将继续加大海外市场投入,也意味着明年预期海外营收将有希望更进一步增加。

(十三)北京趣游

企业全称	趣游(北京)科技有限公司
企业组织和业务简介	趣游(北京)科技有限公司成立于 2008 年 12 月,总部位于北京市,是中国领先的网页游戏运营商,专门从事 RPG、SLG 等网页游戏运营,致力提供互联网即时娱乐内容。旗下拥有 Game2、牛 A、聚游、游戏多、7711、真武、573、2667 等多个国内知名游戏平台,及《仙域》、《傲剑》、《诛神》等国内知名网页游戏产品。
企业 2011 年总体表现	2011 年,趣游国内市场与海外市场并重。先后上线了《传承》、《凡人诛仙传》等网页游戏产品。在国内推出了西游网游戏平台。海外平台方面,推出了日本平台 game11,北美平台 yeepgame,马来西亚平台 voomga,台湾平台天天玩 tt-play 以及欧洲平台 now2play。网络游戏注册用户突破 1.4 亿,运营产品超过 40 款,2011 年集团收入达 7 亿元。
主要产品 2011 年的运营/开发情况	2011 年,趣游旗下产品获得业内肯定,其中《天纪》(又名《天兵传奇》)获"金翎奖—玩家最喜爱的十大网页游戏"。《傲剑》服务器组数突破 1000,作为国产网页游戏率先突破千服。
2012 年企业运营的目标和思路	2012 年,趣游将全面实现全球化战略,全面推进海外分公司和网页游戏运营平台的建立。推动趣游网页游戏运营的全部实地部署和网络架构,坚持多平台精品发展道路,为打造国内第一的网页游戏品牌而不懈努力。

（十四）厦门游家

表企业全称	厦门游家网络有限公司
企业组织和业务简介	厦门游家由中国互联网知名人士蔡文胜、李兴平先生投资创办，总部设于厦门，在北京和广州设有分支机构。作为一家现代高科技信息技术企业，现已拥有一支几千人的高效协作、技术领先的专业技术团队。 秉承“坚持自主创新、发展民族游戏”的宗旨，厦门游家倾力打造拥有自主知识产权的高质量游戏精品，促进游戏艺术传播。现已成长为集研发、运营、销售、服务于一体的网络游戏平台服务提供商。旗下的4399平台已成为国内最大的休闲娱乐平台之一。
企业2011年总体表现	2011年实现总收入5.34亿，同比增长2.5倍。 4399休闲娱乐平台拥有全国最庞大的游戏用户群体，目前用户规模达到3.4亿，单日游戏访客达到5000万，单日页面浏览量达到3亿，并保持着高速发展趋势。 2011年谷歌全球网络排行27名，百度网页游戏平台搜索榜首。2011年自主开发游戏三十余款，联合运营游戏百余款。 4399休闲娱乐平台荣获“2011最被研发商看好的运营平台奖—金竹奖”。
主要产品2011年的运营/开发情况	自主研发运营游戏《神魔遮天》月收入超过2000万，并荣获“2011年度优秀网页游戏（自主研发运营）—金手指奖、“玩家最期待的网页游戏”、“2011最具实力页游产品奖—金竹奖、荣获“2011年度中国最具运营价值WEBGAME（网页游戏）TOP10”。
2012年企业运营的目标和思路	4399产品包括Flash游戏、网页游戏、客户端游戏、手机游戏以及游戏社区。4399平台以游戏最全、最新、影响力最大为依托为用户提供全方位服务。4399游戏以运营稳定，访问快速等优势领跑游戏行业同类站点，用户发展完全通过口碑传播，用户构成较为全面，特别是在学生群体中具有较强的影响力。 2012年预计完成股份制改革，逐渐成为一家有上百亿市值的游戏公司。

（十五）奇虎360

企业全称	奇虎360科技有限公司
企业组织和业务简介	360是中国领先的互联网和手机安全产品及服务供应商，按照用户数量计算，是中国第三大互联网公司。360是“免费安全”的首创者，作为中国第一大互联网安全公司，秉承“用户利益至上”的原则，通过产品技术创新、用户体验创新和商业模式创新，全面颠覆了传统互联网安全概念，改变了市场格局，旗下主要有360安全卫士、360杀毒等系列安全产品。同时，360开发了技术领先的云安全体系，全方位保护用户的上网安全。

续表

企业全称	奇虎 360 科技有限公司
企业 2011 年总体表现	2011 年,360 在各主要业务线的发展明显加快。网页游戏方面,360 旗下拥有 360 游戏中心这一网页游戏平台,为广大网民提供安全、健康的免费游戏娱乐产品。目前 360 游戏中心已上线游戏超过 80 余款,涵盖市场中大部分最新最热的免费网页游戏,位居国内网页游戏平台前列,注册用户过亿。 360 并不自己开发游戏产品,360 网页游戏中心对开发商的接入完全开放、流程顺畅。2011 年,360 以网页游戏为主的互联网增值业务收入约为 4,357 万美元,同比增长 194.9%。
主要产品 2011 年的运营/开发情况	截至 2011 年底,360 拥有近 4 亿用户,用户渗透率逾 90%,360 安全浏览器的用户数量达到 2.55 亿,用户渗透率超过 50%,稳居国产浏览器榜首。2011 年 360 年度营业收入为 1.68 亿美元,相比去年同期增长幅度约 191.1%。除去相关期权费用,非美国准则下,净利为 6,359 万美元,与去年同比,增长幅度为 408.2%。
2012 年企业运营的目标和思路	自 2012 年起,360 的战略发展目标是实现"321"工程计划,即:3 大平台(包括安全桌面开放平台、云技术开放平台、移动终端开放平台);2 个第一(全球第一的互联网安全公司,用户数第一的中国互联网公司);1 个百亿(未来 5 年,营业收入将突破 100 亿人民币)。

(十六)心动游戏

企业全称	上海心动企业发展有限公司
企业组织和业务简介	上海心动企业发展有限公司成立于 2011 年 7 月,总部位于上海市,是中国领先的网页游戏研发、运营商之一,在网页游戏领域内专门从事 RPG 等网页游戏研发与运营,致力提供互联网即时娱乐内容。目前,旗下拥有的心动游戏平台(www.xd.com)注册用户量达千万级。
企业 2011 年总体表现	公司在 2011 年主要推广和运营的网页游戏有《神仙道》、《盛世三国》和《天地英雄》,其中《神仙道》为独代产品,创下了 2011 页游市场开服数量之最。《盛世三国》、《天地英雄》在 2011 年页游市场开服数也名列前茅,深受用户喜爱。公司在 2011 年调整了战略方向,加大了游戏研发投入,提升了游戏服务质量,树立了良好的行业口碑;游戏产品的运营收入有大幅度提升,员工人数也跃升至上一年度的数倍。同时,保持了良好的财政状况。
主要产品 2011 年的运营/开发情况	公司 2011 年的运营产品线,是以保持传统习俗和文化的仙侠类、三国类题材为主,以产品精品化为发展策略。同时,加大平台运营和研发力度,继续推行游戏联运模式,增强游戏产品的市场影响力,同时继续开发具有特色的页游产品。
2012 年企业运营的目标和思路	第一、继续推行页游产品精品化战略;第二、继续增加页游产品的研发投入,深度推广联合运营模式,从单纯的盈利分成转化为承担更多社会责任,提高页游企业在网游市场的地位,在游戏用户间树立积极、健康、正面、向上的良好形象。

（十七）广州菲音

企业全称	广州菲音信息科技有限公司
企业组织和业务简介	广州菲音信息科技有限公司，是一家拥有自主知识产权的网页游戏研发运营企业。公司 2004 年成立，2008 年开始专注网页游戏的研发，致力于打造精品网游。广州菲音不断增强企业核心竞争力，大力拓展业务，成功研发并运营了多款风格迥异的大型网页游戏，其中包括《明朝时代》、《凡人修真》、《洪荒神话》、《九天仙梦》等。菲音旗下产品不仅获得国内用户的广泛认可，同时在韩国、日本、东南亚、港澳台等海内外市场也深得广大玩家的青睐。
企业 2011 年总体表现	2011 年菲音公司总营收为 2.45 亿元人民币，成功推出多款月充值营收过 2000 万的产品，建立了优良产品品质的延续性，继续巩固在国内 WEBGAME 研发厂商的领先地位。在办公环境上有比较大的提升，员工数量也快速增加，财务状况稳定，游戏运营收入平稳增加。
主要产品 2011 年的运营/开发情况	2011 年产品以传统古典文化的仙界题材为主，以武侠类、历史类题材为辅。2011 年菲音旗下共有 15 款游戏在线运营，主题丰富多样。其中《凡人修真》、《洪荒神话》、《九天仙梦》、《凡人修真 2》等运营情况良好，收入稳定。 2011 年《九天仙梦》荣获金翎奖“玩家最喜爱的十大网页游戏”，合作平台近 40 家。 2011 年菲音旗下多款产品走出去，包括新加坡、马来西亚、越南、日本、韩国、美国等国家和中国港澳台地区。
2012 年企业运营的目标和思路	跨终端产品布局试水，产品类型丰富多样化。打造更多精品游戏，加大海外市场拓展力度。

（十八）上海淘米

企业全称	上海淘米网络科技有限公司
企业组织和业务简介	上海淘米网络科技有限公司（以下简称淘米公司）成立于 2007 年 10 月，是领先的儿童娱乐公司。 淘米公司以儿童互联网产品的策划、研发、运营起步，推出国内第一个儿童网络虚拟社区。目前，淘米公司旗下运营多款面向 6～14 岁儿童的互联网产品，拥有近两亿注册用户，其中儿童虚拟社区《摩尔庄园》于 2010 年获得了由新闻出版总署颁发的中国政府出版奖。 上海淘米网络科技有限公司所属的集团公司于 2011 年 6 月 9 日在美国纽交所成功上市。
企业 2011 年总体表现	2011 年 6 月 9 日，淘米公司在纽约证券交易所上市。淘米确定了以互联网、无线互联网为核心的数字出版、传统图书出版以及电视、电影出版的全媒体发展从而打造卡通品牌的公司发展战略，致力于成为立足上海的受中国家庭喜爱的儿童娱乐公司。

续表

企业全称	上海淘米网络科技有限公司
主要产品 2011 年的运营/开发情况	在数字出版领域,淘米保持在儿童虚拟社区的领先位置,推出了《卜克环游记》等多款全新的产品。淘米的原创儿童虚拟社区产品也成功走出国门,出口海外。移动互联网也成为淘米发展的新增长点。到目前为止,淘米已经发布了两款移动互联网产品,其中的《摩尔庄园》在发布后第一个周末即登上 App Store 榜首。在传统动漫领域,暑期推出的《赛尔号之寻找凤凰神兽》和《摩尔庄园冰世纪》两部动漫电影,分别获取 4700 万和 1800 万票房。
2012 年企业运营的目标和思路	在 2012 年,淘米将巩固旗下 7 款儿童虚拟社区的领先优势,持续开发绿色健康高品质的儿童网络虚拟社区。预计 2012 年会推出 3 款左右的新品。淘米 2012 年业务开拓的重点还有移动互联网领域,目前计划开发 10 款左右的新品。此外,电子化出版和海外市场的拓展也是淘米在 2012 年业务布局的一个重要分支。 《摩尔庄园》和《赛尔号》的第二部动漫电影将在今年暑期再次登录电影屏幕。在传统动漫这个领域,未来 5 年里淘米计划加大投入,制作 1000 集动画片和 10 部动漫电影。

(十九)当乐网

企业全称	北京当乐信息技术有限公司
企业组织和业务简介	当乐网(D. CN)于 2004 年 2 月在北京创立,并于 2010 年获得启明创投投资 1200 万美金。当乐网是中国领先的移动游戏门户和互动社区,长期致力于为中国接近 10 亿的移动用户提供包括单机游戏、手机网游、社交游戏及游戏互动社区等在内的移动娱乐游戏服务。
企业 2011 年总体表现	2011 年当乐网实现打造全平台的手机游戏垂直运营门户,为智能手机和平板电脑提供全方位专业的手机游戏服务,包括 Android/iOS/WinPhone/Symbian/Java 等,通过 wap、web 门户网站,以及客户端地瓜游戏中心,全方位向玩家提供手机游戏娱乐体验服务。在安卓垂直手机游戏平台领域,尤其是手机网游运营平台,获得行业领先地位。2011 年当乐网获"2011 年最具投资潜力公司"、"年度文化产业最具投资价值企业 50 强",并入选福布斯中国最具潜力企业榜。
主要产品 2011 年的运营/开发情况	智能新平台领域,Android 平台,实现 wap/web 门户,自主研发客户端地瓜游戏中心,实现活跃用户 600 万;WinPhone 平台与微软合作,正式运营内容;iOS 平台,实现 wap/web 门户,为苹果玩家提供多样化的内容服务。
2012 年企业运营的目标和思路	企业运营目标:当乐网打造全平台手机游戏运营的领先门户,为智能手机和平板电脑,提供全方位专业的手机游戏服务。 企业运营思路:当乐网 2012 年将主力运营手机网游平台,独家代理或联合运营优质手机网络游戏。

（二十）掌上明珠

企业全称	北京掌上明珠信息技术有限公司
企业组织和业务简介	北京掌上明珠信息技术有限公司成立于2003年7月，由三个独立运营的公司组成，是国内最早一批进入移动网络游戏开发领域的企业之一。 公司开发并成功发行运营了超过200款手机游戏及应用产品。其中大型知名的手机网络游戏有《明珠三国》、《明珠幻想》、《明珠西游》、《明珠轩辕》、《明珠侠》及2012最新推出的《明珠传奇》等。产品覆盖多个题材，目前为止共成功自主开发运营7款手机网络游戏，目前6款正在运营的游戏累积拥有接近8000万注册玩家。
企业2011年总体表现	2011年公司快速发展，在职员工达到近400人，游戏工作室也增加至6个，海外业务发展顺利。相继推出了《明珠西游》、《明珠轩辕》、《明珠侠》三款手机移动客户端游戏，获得业界人士、媒体及玩家的关注和推崇。
主要产品2011年的运营/开发情况	2011年公司成功运营了4款产品。《明珠三国》已成为国内手机网游的经典之作，收入也是国内最高产品之一，同时《明珠三国》已成功在海外多个地区进行运营。公司还成功开发《明珠轩辕》、《明珠西游》2款手机客户端游戏，启动了3款新产品的研发。
2012年企业运营的目标和思路	2012年公司重点以开发手机客户端游戏为主，基于Android、iOS系统平台开发产品，不断培养iOS平台玩家的操作和付费习惯，在新产品中加入更多元素。

（二十一）呈天游

企业全称	呈天游（北京）信息技术有限公司
企业组织和业务简介	T4GAME〔呈天游（北京）信息技术有限公司〕成立于2008年，是多平台网络游戏开发商和运营商。公司通过自身完善的原创开发团队，整合国内外优秀产品资源，倾力于打造拥有自主知识产权的高品质互动娱乐产品，为用户提供互联网、移动网互动娱乐服务。T4GAME正全面拓展海外市场，为向全球用户提供优质的互联网娱乐服务而努力。
企业2011年总体表现	2011年，呈天游推出了手机游戏《醉江湖online》与网页游戏《诛神》。此外，呈天游在2011年获得了多个奖项，如"最具投资价值移动互联网50强"，"第七届中国手机游戏10强"，并在2011年度中国游戏产业年会上获得"2011年度中国十大新锐游戏企业"。
主要产品2011年的运营/开发情况	《醉江湖online》获"金翎奖—最佳移动平台网络游戏"；《诛神》页游获"金翎奖—玩家最喜爱的网页游戏"；《醉江湖online》获"金手指—2011年度优秀手机游戏"；《诛神online》获"中国游戏产业年会—中国十大最受欢迎民族手机游戏。

续表

企业全称	呈天游(北京)信息技术有限公司
2012 年企业运营的目标和思路	2012 年,呈天游将加大对智能移动终端市场的投入,并全面拓展海外市场,致力于为全球用户提供优质的互联网娱乐服务。

(二十二)联合绿动

企业全称	北京联合绿动科技有限公司
企业组织和业务简介	联合绿动于 2010 年 7 月成立,系联想控股成员企业,其前身是联想集团 idea 全球软件与外设事业部的新兴产品项目。致力于为消费者提供数字互动产品和在线服务,使人们的生活更健康、更快乐。 联合绿动历时近 3 年开发,推出全球领先的在线多媒体运动娱乐机及 OMMS 平台,并进行产品市场化开发。主要以 3D 全身交互技术为特色,开拓中国家庭互动娱乐市场,引起业界和海内外媒体的广泛关注。公司目前共有员工 160 余人。
企业 2011 年总体表现	2011 年 5 月公司举行了产品策略发布会。 2011 年 9 月,联合绿动参展“中关村国家创新示范区展示中心”,反响强烈,获得领导肯定。 2011 年 11 月,在北京市海淀区支持下,作为科技与文化的创新企业代表参展北京“第六届北京国际文化创意产业博览会”。 2011 年 12 月,受国家体育总局文化发展促进中心邀请,参加首届北京体育文化博览会。
主要产品 2011 年的运营/开发情况	完成 8 款单机游戏的策划、开发及测试工作。 完成 OMMS 在线多媒体运动娱乐平台的基础开发。
2012 年企业运营的目标和思路	实现“OMMS 在线多媒体运动平台”与游戏、网络应用(共 8 款)的系统整合,并与终端设备无缝连接。 2013 年 3 月前,实现“OMMS 在线多媒体运动平台”终端设备中国市场销量 10 万台,收入 2.5 亿元。

附录四

研究补充说明

（一）研究范围

1. 报告研究对象——网络游戏的定义与分类

网络游戏是指由软件程序和信息数据构成，通过互联网、移动通信网等信息网络提供的游戏产品和服务。网络游戏产品类型众多，主要可以从网络平台、终端形式和游戏内容3个维度进行划分。

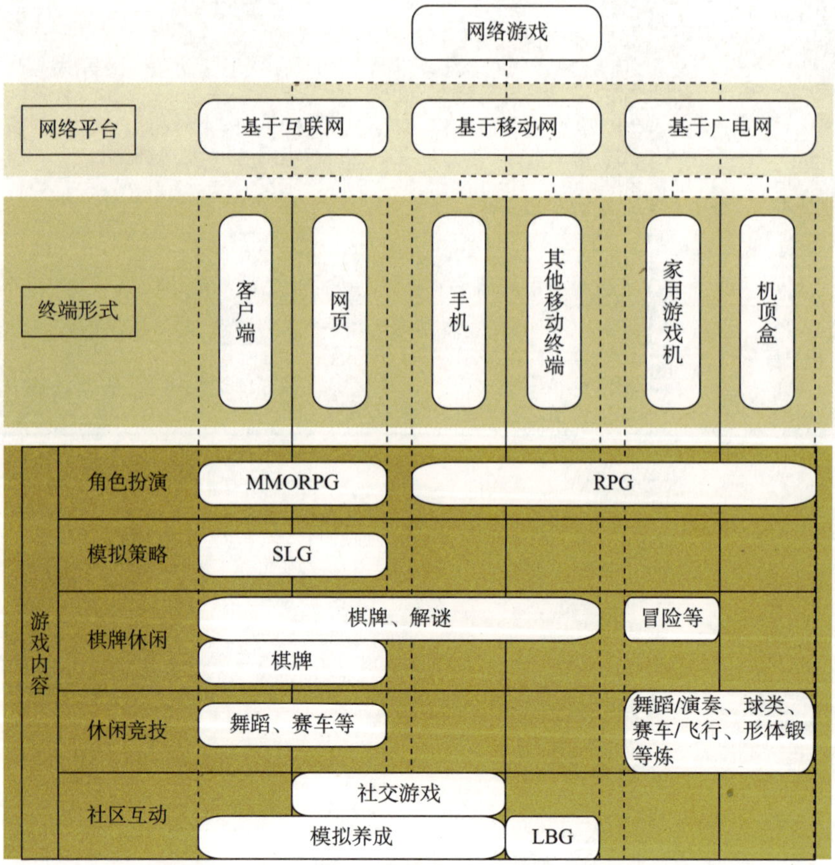

图55 网络游戏分类结构

2. 报告研究主题——网络游戏市场、网络游戏行业与网络游戏产业

中国网络游戏市场,是指在中国境内(不含港澳台地区)网络游戏产品销售和消费形成的市场。其规模是以所有境内用户的网络游戏消费额总和来计算。

中国网络游戏行业,是指在中国境内(不含港澳台地区)从事网络游戏业务的企业集合。其规模是以所有境内企业网络游戏收入总和来计算。一般情况下,市场规模不等于行业规模。

中国网络游戏产业,包括了网络游戏行业以及相关配套行业,如电信行业、交易支付服务行业等。他们共同为中国网络游戏用户提供服务,形成一个相互关联共生的产业。

(二)研究方法

1. 数据来源

本报告所统计的数据主要来自以下途径:

●游戏企业向文化部报备的各类项目信息。

●文化部对游戏企业进行的专项调查。

●第三方行业研究机构的独立调查。

在本报告中,除以“资料来源”、“数据来源”等标记说明采自第三方行业研究机构的数据和研究成果外,其余数据和成果的来源均为前两个途径,在报告中不再一一标示。

2. 调查说明

2011 年文化部为本报告的研究进行了样本调研。调查同时针对企业和网络游戏用户。

针对企业的调查以定性观点为主。调查方式主要是针对企业特定人员的访问,以面访为主,辅以电话和邮件访问。共有 24 家企业的 51 位业务负责人接受了研究小组的访问。调研内容分为四个部分。一是企业主要业务负责人对市场和行业的认识;二是企业在 2011 年的业务表现、产品技术情况、组织策略情况等;三是企业在 2011 年感受到的困难或困惑;四是企业对政府政策和管理行为的意见或建议。

针对网络游戏用户的调查以定量数据为主。调查主要以问卷方式进行。调查采用了在主要的网络游戏用户信息和交易平台投放调查广告、调查邮件人际传播、典型用户电话回访等3种形式。调查共收到有效问卷19467份。调查内容主要分为5个部分:①用户背景信息;②(PC)网络游戏用户调查;③手机游戏用户调查;④未玩游戏用户调查;⑤游戏市场管理态度调查。用户调查问卷提纲样例参见“三、游戏用户调查问卷样例”。

3. **主要数据说明**

(1)现状数据的产生

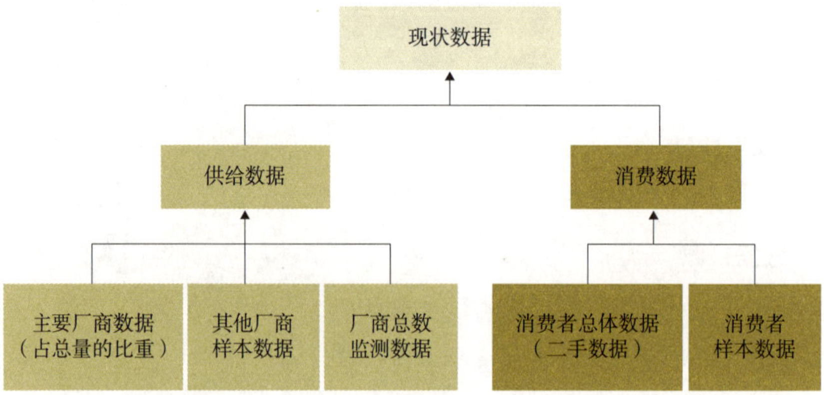

图56　本报告现状数据统计分析方法示意

(2)趋势数据的预测

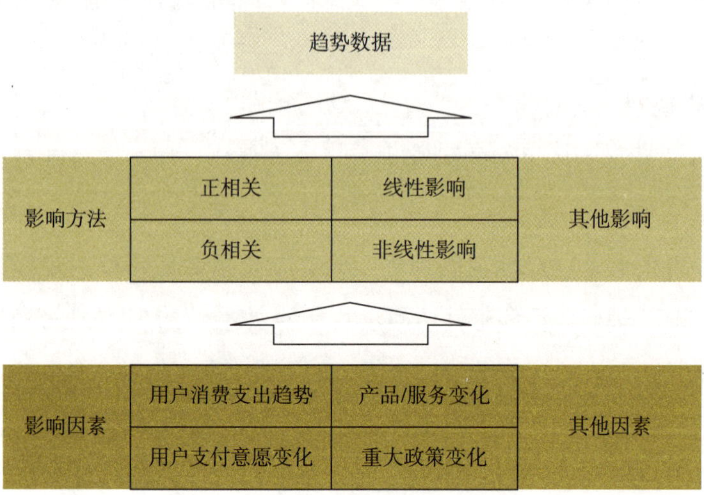

图57　本报告趋势数据分析方法示意

（三）游戏用户调查问卷样例

第一部分　用户背景信息

1.【☞单选】您的性别？（　　）

1）男

2）女

2.【☞单选】您的年龄？（　　）

1）12 周岁下

2）12～17 周岁

3）18～24 周岁

4）25～34 周岁

5）35～44 周岁

6）45～54 周岁

7）55 周岁以上

3.【☞单选】您当前的最高学历？（　　）

1）初中及以下

2）普通高中/中等职业/中等技校/中等专科

3）大学专科/高等职业

4）大学本科

5）硕士研究生

6）博士研究生

4.【☞单选】您的职业？（　　）

1）国家公务员

2）事业单位工作人员/教师

3）企业中办公室工作人员

4）企业中非办公室工作人员

5）个体工商业者

6）离退休人员

7）农民

8）学生

9）自由职业者

10）无职业

11）其他________（请填写）

5.【☞单选】您目前居住的省份？（　　）

省份	序号	省份	序号	省份	序号	省份	序号
北京	1	黑龙江	9	湖北	17	贵州	25
上海	2	湖南	10	广西	18	广东	26
天津	3	安徽	11	甘肃	19	青海	27
重庆	4	山东	12	山西	20	西藏	28
河北	5	新疆	13	内蒙古	21	四川	29
河南	6	江苏	14	陕西	22	宁夏	30
云南	7	浙江	15	吉林	23	海南	31
辽宁	8	江西	16	福建	24	港澳台及其他地区	32

6.【☞单选】您目前的月均收入（不含投资收益）？（　　）

1）无收入

2）1000 元及以下

3）1001 ~ 1500 元

4）1501 ~ 3000 元

5）3001 ~ 4500 元

6）4501 ~ 6000 元

7）6001 ~ 9000 元

8）9001 ~ 12000 元

9）12001 ~ 20000 元

10）20000 元以上

7.【☞多选】您主要玩什么类型的游戏（多选题，选出一个月内至少有一次游玩经历的类型）？（　　）

1）电脑网络游戏（打开第二部分网络游戏用户调查问卷）

2)局域网联机游戏

3)家用视频游戏

4)电脑单机游戏

5)手机游戏(打开第三部分手机用户调查问卷)

6)大型电子游戏机(街机)

7)从未玩过任何电子游戏(打开第四部分未玩游戏的用户调查问卷)

第二部分　网络游戏用户调查

一、消费行为

A1.【☞单选】您平均玩游戏的时长?(　　)

1)平均每天 2 小时以上

2)平均每周 5 ~ 14 小时

3)平均每周 2 ~ 5 小时

4)平均每周 2 小时以下

A2.【☞多选】您玩游戏通常会在哪些方面付费?(　　)

1)不支付任何费用

2)游戏点卡(包括月卡、季卡和年卡等)费用

3)游戏道具费用

4)游戏周边购买费用

5)其他________

A3.【☞单选】您是从哪一年开始上网的?(　　)

1)2011 年

2)2010 年

3)2009 年

4)2008 年

5)2007 年

6)2006 年

7)2005 年

8)2004 年

9)2003 年

10)2002 年

11）2001 年

12）2000 年

13）2000 年以前

A4.【☞单选】您是从哪一年开始玩网络游戏的？（　　）

1）2011 年

2）2010 年

3）2009 年

4）2008 年

5）2007 年

6）2006 年

7）2005 年

8）2004 年

9）2003 年

10）2002 年

11）2001 年

12）2000 年

13）2000 年以前

A5.【☞单选】您目前同时在玩几款大型网络游戏？（　　）

1）1 款

2）2 款

3）3 款

4）4 款

5）5 款

6）6 款及以上

A6.【☞多选】您通常玩什么类型的客户端游戏（不玩客户端游戏可跳至下一题）？（　　）

选项—1	选项—2	编号
客户端游戏	大型角色扮演(MMORPG,如《魔兽世界》、《梦幻西游》等)	1
	高级休闲游戏(ACG,如《跑跑卡丁车》、《劲舞团》等)	2
	射击类游戏(STG,如《穿越火线》、《CS online》等)	3
	棋牌类游戏(如《联众世界》等)	4
	策略类游戏(如《三国志 OL》等)	5
	其他游戏	6

A7.【☞多选】您通常玩什么类型的网页游戏(不玩网页游戏可以不用回答)?(　　)

选项—1	选项—2		编号
网页游戏	单机网页游戏		1
	大型网页游戏	角色扮演	2
		高级休闲	3
		射击类	4
		棋牌类	5
		策略类	6
		其他游戏	7
	社交网页游戏		8

A8.【☞多选】您通常会选择什么地方玩游戏?(　　)

1)家里

2)学校

3)网吧

4)单位

5)游戏厅

6)其他

A9.【☞单选】您平均每月花在玩游戏上的费用是?(　　)

1)无

2)1 ~50 元

3)51 ~100 元

4)101～200元

5)201～500元

6)501～1000元

7)1000元以上

A10.【☞单选】您通常玩一款游戏会持续多长时间？(　　)

1)半个月以内

2)半个月～三个月

3)三个月～半年

4)半年～一年

5)一年～两年

6)两年以上

A11.【☞单选】您喜欢什么类型的游戏画面？(　　)

1)2D

2)2.5D

3)3D

A12.【☞多选】您通常通过哪种方式了解游戏相关信息？(　　)

1)专业游戏资讯网站

2)游戏官方网站

3)综合性门户网站

4)朋友的介绍

5)网吧宣传推广

6)报纸、杂志和广告介绍

二、消费心理

B1.【☞填空】您经常玩的游戏名称是？

1)最经常玩的游戏名称________；

2)第二经常玩的游戏名称________；

3)第三经常玩的游戏名称________。

B2.【☞单选】对最经常玩的游戏是否满意？(　　)

1)非常满意(选此选项,跳转B3题)

2)满意(选此选项,跳转B3题)

3）一般

4）不太满意（选此选项，跳转 B4 题）

5）非常不满意（选此选项，跳转 B4 题）

B3.【☞多选】您对最常玩的网络游戏满意的原因是？（ ）

1）游戏画面制作精美

2）找到成就感

3）结交朋友

4）锻炼智力

5）通过探索游戏中新的东西（如地图、怪物等）满足好奇感或求知欲

6）在游戏中获得金钱的收益

7）其他________（请填写）

B4.【☞多选】您对最常玩的网络游戏不太满意或者不满意的原因是？（ ）

1）速度慢

2）收费高

3）外挂多

4）副本任务耗时太长

5）游戏平衡性较差

6）游戏更新太慢

7）游戏性差

8）游戏安全性问题（如盗号等）

9）客户服务差

10）其他________（请填写）

B5.【☞多选】您选择离开一款网络游戏的原因是？（ ）

1）游戏内消费太高

2）游戏内朋友的离开

3）新游戏的吸引

4）游戏时间占据了太多的生活时间

5）游戏平衡性较差

6）游戏更新太慢

7）外挂的影响

8）游戏安全性问题（如盗号等）

9）客户服务态度差

10）其他________（请填写）

第三部分　手机游戏用户调查

C1.【☞单选】您平均玩游戏的时长？（　　）

1）平均每天 2 小时以上

2）平均每周 5～14 小时

3）平均每周 2～5 小时

4）平均每周 2 小时以下

C2.【☞多选】您玩手机游戏通常会在哪些方面付费？（　　）

1）不支付任何费用

2）手机流量费用

3）游戏下载专项费用

4）游戏道具费用

5）游戏版本更新费用

C3.【☞单选】您是从哪年开始用手机上网的？（　　）

1）2011 年

2）2010 年

3）2009 年

4）2008 年

5）2007 年

6）2006 年

7）2005 年以前

C4.【☞单选】您是从哪年开始玩手机游戏的？（　　）

1）2011 年

2）2010 年

3）2009 年

4）2008 年

5）2007 年

6）2006 年

7)2005 年以前

C5.【☞单选】您是从哪一年开始玩付费手机游戏的?(　　)

1)没玩过付费游戏

2)2011 年

3)2010 年

4)2009 年

5)2008 年

6)2007 年

7)2006 年

8)2005 年以前

C6.【☞多选】您通常会选择什么地方玩手机游戏?(　　)

1)家

2)学校

3)单位

4)路上

5)公交车上

C7.【☞多选】您通常从什么地方下载手机游戏?(　　)

1)手机内自带

2)手机厂商网上服务商店(如 Nokia、iPhone、三星等网上服务平台)

3)运营商服务平台(移动、电信、联通)

4)其他

C8.【☞单选】您平均每月花在玩手机游戏上的费用是?(　　)

1)无

2)1 ~50 元

3)51 ~100 元

4)101 ~200 元

5)201 ~500 元

6)501 ~1000 元

7)1000 元以上

C9.【☞单选】您通常玩一款手机游戏会持续多长时间?(　　)

1）半个月以内

2）半个月～三个月

3）三个月～半年

4）半年～一年

5）一年以上

第四部分　未玩游戏用户调查

D1.【☞多选】您不玩游戏的原因是？（　　）

1）玩游戏的费用太高

2）对网络游戏没有兴趣

3）没有时间去玩游戏

4）不懂游戏

5）家人朋友反对

6）其他________（请填原因）

D2.【☞多选】您平时的主要娱乐活动是？（　　）

1）上网聊天

2）网上闲逛、网购

3）在网上看电影、视频

4）看电视

5）跟家人朋友聊天

6）玩桌游

7）户外活动

8）其他________（请填活动名）

D3.【☞多选】在什么情况下您可能会玩游戏？（　　）

1）在公共场所等人、候车、乘坐交通工具等时候

2）一个人在家时

3）在家空闲时跟家人一起玩

4）跟朋友聚会时

D4.【☞多选】你可能会通过什么设备玩游戏？（　　）

1）通过移动设备（手机、平板电脑或上网本等）

2）通过电脑

第五部分　游戏市场管理态度调查

E1.【☞单选】您是否了解《网络游戏管理暂行办法》?(　　)

1)知道出了这个《办法》,但不了解内容

2)了解《办法》内容

3)不知道

E2.【☞多选】您对《网络游戏管理暂行办法》中游戏注册实名制的看法?(　　)

1)是好事,有利保护消费者权益

2)担心个人信息泄露

3)估计实行起来很困难,发挥不了实际作用

4)不了解,没看法

5)其他________(请发表您的其他看法)

E3.【☞单选】您对《网络游戏管理暂行办法》中要求不得进行强制 PK 的看法?(　　)

1)是好事,给玩家选择的权利,净化游戏环境

2)没必要,降低了游戏的流畅性

3)不了解,没看法

4)其他________(请发表您的其他看法)

E4.【☞多选】您对《网络游戏管理暂行办法》中以下哪些措施表示肯定?(　　)

1)规范对游戏运营企业的经营许可

2)规范游戏产品的审查和备案制度

3)规范游戏内各项标识

4)加强规范游戏内容

5)加强保护未成年人

6)规范游戏推广行为

7)规范虚拟货币发行和交易

8)规范纠纷处理机制

9)规范游戏服务格式化合同

10)规范游戏企业信息安全保障机制

11）不了解，没看法

12）其他________（请发表您的其他看法）

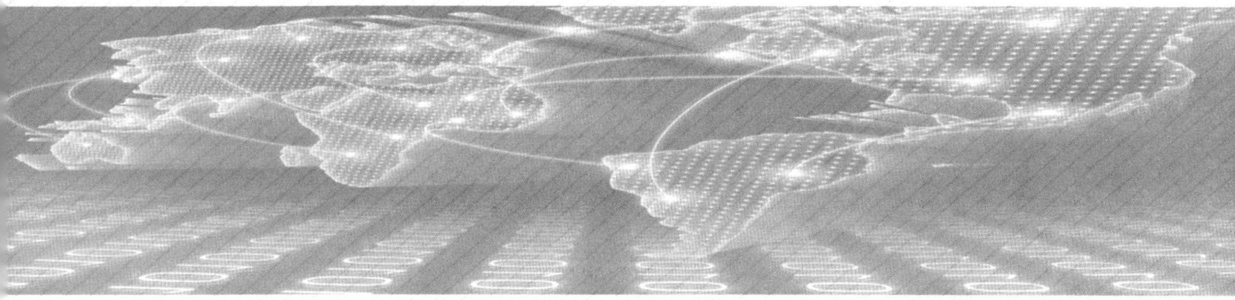

2011中国网络音乐市场年度报告

CHINA DIGITAL
MUSIC MARKET ANNUAL
REPORT 2011

文化部文化市场司

人民出版社

总　论

上世纪九十年代末以来，我国互联网快速发展。网络化使社会经济和文化生活形态发生了重大变化，形成了新的文化形态——网络文化，并已成为主流文化的重要组成部分。中央领导同志多次指出，要“用新的视角、新的理念认识文化的地位和作用，把握方向，加强引导企业创作生产高质量、高水平、高品位的文化精品，充分发挥文化引导社会、教育人民、推动发展的重要功能，更好地满足人民群众多样化多层次多方面的精神文化需求”；党的十七届六中全会再次重申要“发展健康向上的网络文化”，要“加强和改进网络文化建设和管理”，“实施网络内容建设工程，推动优秀传统文化瑰宝和当代文化精品网络传播，制作适合互联网和手机等新兴媒体传播的精品佳作”。这就要求我们坚持以社会主义核心价值体系引领网络文化发展，使网络文化不仅成为科技创新、产业升级的重要手段，也成为传播社会主义核心价值观、推动文化事业和文化产业大发展、增强中华文化软实力的重要阵地。

从 2002 年开始，文化部以网吧管理为切入点，开始了网络文化的管理工作。十余年来，按照中央的统一部署，各级文化部门紧紧抓住网络文化市场的特点和发展规律，从单一的终端管理，发展到对源头内容和运营环节的全方位管理。在网络文化市场的发展中，逐步从被动走向主动，使变化迅速、矛盾尖锐、领导高度关注、社会热点丛生的网络文化市场，逐步向健康繁荣的方向发展。

为了全面掌握网络文化市场发展现状、科学把握市场发展规律，文化部文化市场司从 2009 年开始编撰网络游戏、网络音乐和网吧市场年度报告，从市场现状、行业管理、细分特征、衍生领域、发展趋势等角度进行深度剖析，以严谨求实的态度还原行业原貌，为行业了解自身、为社会了解行业提供理论支撑及视野空间，也为市场管理工作的进一步加强和改善提供科学的依据。

回顾过去十余年的网络文化管理工作，主要有以下几方面的成果：

（一）网络文化管理的政策法规框架初步建成

自2002年《关于加强网络文化市场管理的通知》印发以来，为顺应市场发展和管理需要，文化部出台了一系列旨在规范市场秩序、促进行业发展的规章制度、规范性文件，逐步构建起较为完善的网络文化市场立体化管理体系。

1. 网吧管理制度

2002年3月，文化部从信息产业部接手网吧管理。当年6月，北京蓝极速网吧纵火案后，由国务院法制办和文化部牵头，迅速起草并于当年9月发布《互联网上网服务营业场所管理条例》。在总结近几年来网吧管理工作经验和解决突出问题的基础上，文化部先后下发了《关于进一步深化网吧专项整治工作的意见》（文市发[2004]38号）、《关于进一步深化网吧管理工作的通知》（文市发[2005]10号）、《关于进一步加强网吧及网络游戏管理工作的通知》（文市发[2007]10号）、《关于网吧管理工作有关问题的通知》（文市发[2008]25号）、《关于进一步净化网吧市场有关工作的通知》（文市发[2009]9号）、《网吧连锁企业认定管理办法》（文市发[2009]35号）、《关于加大对网吧接纳未成年人违法行为处罚力度的通知》（文市函[2010]458号）等文件。《互联网上网服务营业场所管理条例》确定了网吧管理的基本制度，一系列文件又丰富和完善了各项规定和措施。

2004年，经国务院同意，由文化部牵头，会同工商总局、公安部、信息产业部、教育部、财政部、广电总局、法制办、中央文明办、共青团中央，成立了全国网吧等互联网上网服务营业场所专项整治工作协调小组，研究全国专项整治工作的重大问题，加强督导、检查；2007年，调整为14个部门参与的全国网吧及网络游戏管理工作协调小组，文化部任牵头单位，增加监察部、卫生部、中国人民银行、新闻出版总署、中央综治办为成员单位。各地也根据实际，成立了相应的机构，以加强网吧和网络游戏管理。近年来，在各地区、各部门的共同努力下，分工负责与齐抓共管、条块结合与以块为主、日常巡查与技术监管、宏观调控与市场机制、行业自律与社会监督相结合的网吧管理长效机制已基本构建。

2. 互联网文化市场管理制度

2002年5月，文化部下发了《关于加强网络文化市场管理的通知》，首次明确了网络文化的管理范围。

2003 年 5 月，文化部以部令形式发布《互联网文化管理暂行规定》。该规定首次确立了互联网文化管理的概念与范围，设置了互联网文化经营单位主体许可制度、内容审查制度，基本建立了网络文化管理的制度规范。为顺应市场的发展和管理的需要，文化部分别于 2004 年 7 月、2011 年 2 月对《规定》进行了修订。2011 年新修订的《规定》坚持“积极利用、科学发展、依法管理、确保安全”的方针，明确了网络文化发展的原则和方向，进一步确立了主体准入、内容管理、运营监管、执法监督四个环节环环相扣的一整套网络文化市场管理体系，强化了县级以上特别是省级文化行政部门的职责、权限和义务。

2010 年 8 月，为进一步简政放权，文化部将设立互联网文化经营单位的审批权限下放至省级文化行政部门；为加强文化部的宏观调控，采取全国统一编码形式。

网络游戏管理方面，文化部自 2003 年开始对从事网络游戏经营活动的企业实施主体准入制度；并于同年，开始探索进口网络游戏内容审查和国产网络游戏备案工作。

2004 年 5 月，文化部下发了《关于加强网络游戏产品内容审查工作的通知》，成立了游戏内容审查委员会，进一步完善内容管理工作。

2005 年，文化部联合信息产业部印发《关于网络游戏发展和管理的若干意见》（文市发[2005]21 号），提出以科学发展观指导和检验网络游戏工作，坚持堵疏结合、发展与管理并重。

2007 年，文化部等 14 个部门印发《关于进一步加强网吧及网络游戏管理工作的通知》（文市发[2007]10 号），明确要求加大对网络游戏的管理力度，实现监管关口前移；同时，严厉打击和防范网络游戏经营活动中的违法犯罪行为。

2009 年，文化部、商务部印发《关于加强网络游戏虚拟货币管理工作的通知》（文市发[2009]20 号），首次明确了网络游戏虚拟货币的定义，根据市场行为缺乏监管、用户权益缺乏保障、使用范围缺少限制等突出问题，从依法行政的角度为网络游戏虚拟货币的管理提供了依据。同年，文化部印发《关于改进和加强网络游戏内容管理工作的通知》（文市发[2009]46 号），要求通过建立网络游戏经营单位自我约束机制、完善网络游戏内容监管、强化网络游戏社会监督与行业自律等途径，切实改进和加强网络游戏内容管理，落实网络游戏管理责任。

2010 年，文化部颁布了我国第一部针对网络游戏进行管理和规范的部门规章

《网络游戏管理暂行办法》(文化部令第49号)。《办法》首次系统地对网络游戏的娱乐内容、市场主体、经营活动、运营行为、管理监督和法律责任做出明确规定,确定了从事网络游戏活动的基本原则、相关概念和适用范围,进一步强化了网络游戏内容管理,制定了网络游戏经营活动的制度规范。

网络音乐管理方面,在《互联网文化管理暂行规定》确立的基本框架下,2006年11月文化部印发《关于网络音乐发展和管理的若干意见》(文市发[2006]31号),明确了网络音乐的内涵、特点和组成部分,向社会表明了国家关于网络音乐的发展和管理政策。

2009年8月,文化部印发《关于加强和改进网络音乐内容审查工作的通知》(文市发[2009]31号),对网络音乐内容审查制度进行了细化和完善,加大了知识产权保护力度,兼顾了市场繁荣和权益保护。

(二)网络文化市场秩序进一步规范

1. 以遏制未成年人进入问题为重点,以推进连锁为抓手,网吧市场走向稳定

2002年《互联网上网服务营业场所管理条例》颁布实施后,文化部联合相关部门开展了一系列专项整治工作,并取得了明显成效,特别是未成年人进入问题得到了较好的遏制。防止未成年人进入问题始终是网吧管理的头等大事。为切实做好此项工作,文化部逐步严格量化标准,加大处罚力度,严厉打击网吧违规接纳未成年人行为。通过坚持不懈的努力,目前,大中城市的网吧未成年人进入问题已得到较好解决。

为提升网吧行业整体实力,促进网吧的规范化、规模化、主题化、品牌化,文化部于2003年开始推行网吧连锁化政策。经过近些年的努力,在各级文化行政部门的共同努力和协调小组各有关部门的大力支持下,全国网吧连锁工作稳步推进。据统计,截至2011年底,我国共有网吧14.6万家,终端台数1152万台,从业人员107万,各级网吧协会922个,"五老"义务监督员近14万人。从市场占有率看,目前全国网吧连锁率已近40%,较2011年年初增加了10个百分点;从门店数量看,网吧直营门店数量1万多家,加盟门店数量4.8万多家,直营门店比例略有上升;从连锁企业数量看,经认定的全国网吧连锁企业4家,省级连锁企业232家,区域性连锁企业343家。

推进行业自律，成立全国性的网吧行业协会一直是文化部改善行业管理的举措之一。2007 年 3 月，在文化部指导下，全国 20 家网吧行业协会在山东联合召开了全国网吧行业自律大会，700 多人参会，发布了网吧行业自律宣言，并以此为基础在全国范围内开展行业建设与自律活动。2009 年 9 月，在文化部指导下，北京、上海、陕西等 14 个省级网吧行业协会，大连、厦门、广州等 16 个计划单列市、省会城市的网吧行业协会，于西安召开了净化社会文化环境网吧行业自律大会，共同发表了《净化网吧行业自律宣言》。2011 年，在文化部的主导下，全国网吧行业协会筹备工作取得突破性进展。

2. 服务企业发展，管理重心下移，完善网络文化市场主体准入机制

按照《互联网文化管理暂行规定》和《网络游戏管理暂行办法》，省级文化行政部门负责互联网文化经营单位的设立审批。主体准入工作主要包括设立、续延、变更和注销四个环节。据统计，截至 2011 年 12 月 31 日，全国共审批网络文化经营单位 2473 家，其中仍具备网络文化经营资质的 1729 家。从经营项目划分，从事网络游戏运营、动漫产品及音乐美术娱乐产品的企业数量较多。其中，从事音乐美术娱乐产品的企业 455 家，网络游戏运营 1293 家（其中含网络游戏虚拟货币发行 925 家），网络游戏虚拟货币交易 37 家，艺术品 171 家，演出剧（节）目 201 家，动漫产品 483 家，展览比赛活动 355 家，为网吧提供网络文化内容产品 24 家。从区域划分，北京、广东、上海的互联网文化经营单位数量位列前三。

3. 疏堵结合，网络游戏市场在发展中规范

（1）加强网络游戏内容管理

内容管理是网络游戏管理工作的重点之一，主要包括“十不准”原则、进口游戏内容审查、国产游戏备案及其自审制度建立四个方面。文化部依据法定职责，认真把好内容准入关。截至 2011 年底，经文化部内容审查的进口网络游戏共有 217 款，经文化部备案的国产网络游戏共有 955 款。同时，开通“网络游戏内容审查申报及进度查询系统”，实现了产品材料的网上申报及实时查询功能。

（2）重点解决未成年人保护问题

一是文化部联合教育部、团中央发布未成年人使用网络游戏的专家指导意见，引导未成年人“玩健康的游戏”和“健康地玩游戏”。二是文化部指导上海、北京开展了“适龄提示”工程试点。三是文化部等 8 部门联合实施“网络游戏未成年人家长监护工程”，要求自 2011 年 3 月 1 日起，做到全网络游戏行业覆盖。四是积极、

稳妥地推行网络游戏实名注册制度,采取技术措施加强对未成年用户的注册指导和游戏时间限制。五是完善文化产品评价体系,成立网络游戏评论联盟,调动学术界、教育界、新闻媒体、开发运营商、用户的力量,开展网络游戏文化评论,加强对网络游戏内容的引导,引导网络游戏健康发展。六是加强对网络游戏研发环节的引导,推出中国网络游戏原创技术引导研发项目成果“游创精灵”,供社会免费使用,降低网络游戏生产企业的技术门槛,促进原始创意向产品原型的转化。

(3)加强行业自律,建立网络文化企业自我约束机制

在文化部的指导下,2010 年网页游戏行业自律联盟成立;2012 年移动游戏发展联盟成立。这些行业自律组织充分发挥桥梁与纽带作用,组织业内企业签署《网络游戏行业规范自律公约》、《移动游戏发展联盟宣言》等,在建立网络游戏行业健康发展机制、规范行业经营行为,依法促进和保障网络游戏行业健康发展等方面起了十分重要的作用。

(4)积极开展海外交流活动,为网络游戏走出去创造良好环境

2009 年,中国文化部与韩国文化体育观光部共同签订中韩游戏合作协调机制,双方商定在机制框架下,积极推进两国网络游戏行业合作。此外,文化部还加强了与美国、日本、越南以及香港、台湾地区主管部门和行业的交流合作。

近几年,在主管部门的大力推动下,游戏出口形势进一步趋好。2011 年,国产游戏出口规模明显扩大,收入达到 4. 03 亿美元,同比增长 76. 0% 。出口产品数量增加明显,2011 年新增 66 家公司共计 92 款网络游戏产品出口海外,出口产品总数超过 150 款。

4. 加强管理,促进网络音乐市场健康发展

(1)加强网络音乐内容管理

具有健康内容的网络音乐对网络文化传播具有重要意义。作为网络音乐的主管部门,文化部注重加强源头管理,通过严格审查标准,对内容低俗、格调低下等含有不良内容的网络音乐产品予以禁止。同时通过实践和探索改进管理手段,创新审查方式,投入使用网络音乐网上报审系统,提高了审查效率,加快了审查进度,方便了企业报审,有效推进了网络音乐审查工作的顺利开展。通过加强对网络音乐内容的管理,网络音乐市场环境得到进一步的净化。

(2)成立网络音乐行业发展联盟

联盟成员覆盖了网络音乐运营商、网络音乐的内容提供商等产业链的各环节。

通过建立一个有效的沟通机制和对话平台，加强产业链条各环节的协商合作，强化网络音乐行业自主管理，共同探寻网络时代音乐行业的合理发展道路和创新商业模式，以推动网络音乐行业健康发展。

（三）搭建网络文化发展平台

通过中国国际网络文化博览会、中国国际动漫游戏博览会等展会搭建行业交流平台，打造网络文化市场品牌。自2003年起，文化部会同有关部门在北京共同举办了九届中国国际网络文化博览会及论坛。李长春、刘云山、陈至立同志参观了博览会并作重要指示。李长春同志2004年、2006年两次参观中国国际网络文化博览会并给予高度评价。网博会在业界产生了巨大影响，目前是国内统一的网络文化综合性会展平台。自2005年起，文化部与上海市政府在上海共同主办了7届中国国际动漫游戏博览会，经过七年的发展，年度性的CCG EXPO已形成专业化、国际化、高层次、大规模的特点，并且确立了以商家对商家（B to B）为主、商家对终端用户（B to C）为辅的特色定位，获得了较好的社会与经济效益。此外，文化部还联合有关部门和地方政府举办手机动漫游戏大赛，开展网络演出试点工作，促进网络与传统文化艺术的融合发展。

（四）加强网络文化市场的调研和培训

自2009年起，文化部开始以年度报告的形式向社会权威发布网吧、网络游戏、网络音乐市场的基本状况、行业管理、发展趋势。年度报告分析了一年来我国网络文化市场发展总体情况及管理工作成效，并在宏观把握网络文化市场发展趋势的基础上，明确下一年度网络文化市场管理思路。

由于网络文化发展变化迅速，为给政策制定提供科学的依据，文化部十分重视调研工作。2002年至今向中央提交有关网络文化市场方面的调研报告达10多份。2007年，联合财政部共同委托华中师范大学、北京邮电大学就中国网吧及网络游戏问题进行专题研究；2011年，委托清华大学、北京邮电大学分别就“网络文化建设与管理”与“移动网络文化管理规制”开展专项调研；2012年，委托华中师范大学开展“网络游戏暴力底限与表现形式”课题研究，为内容审查细化工作提供依据。

（五）严格执法，维护网络文化市场健康有序发展

各级文化行政部门和文化市场综合执法机构严格按照《互联网文化管理暂行规定》和《网络游戏管理暂行办法》的要求，加强网上巡查，严厉打击违法网络文化产品和违规网络文化活动。近年来，共发布了十五批违法违规互联网文化经营活动的查处工作，查处500余家存在未要求用户使用有效身份证件实名注册、擅自从事网络游戏经营活动以及违法推广和宣传游戏产品等问题的网络游戏企业；办理了300余起涉嫌从事违规经营活动的网络音乐网站案件；清理了300首未经内容审查或备案的违规网络音乐作品。

网络文化市场的建设与管理要深入贯彻党的十七届六中全会精神，以社会主义核心价值体系引领网络文化发展方向，加大内容建设力度，从立法、监管、标准等多方面入手，以技术、内容、机制的创新改进管理，进一步提升我国网络文化竞争力，繁荣和规范网络文化市场。

二○一二年七月

目　录

图 目 录

表 目 录

前　言

根据近几年中国互联网信息中心发布的《中国互联网络发展状况统计报告》相关数据，网络音乐一直在网络应用排名中位列前三位之一。

2011年网络音乐行业主管部门加大了管理力度，多次对违法经营行为进行严厉打击，进一步规范了市场经营秩序。网络音乐企业加强了行业自律和行业沟通，不断探索符合用户需求和市场发展规律的业务形式，整个网络音乐市场朝着规范、有序的方向发展。

在线音乐方面，通过应用融合、技术创新和个性化服务，使用户体验得到了提升，吸引了越来越多的用户使用网络音乐产品。融合是2011年在线音乐的主题词。音乐与其他娱乐应用具有天然的结合性，技术的不断发展使音乐的应用空间增大，音乐和微博、在线演出、网络游戏、移动互联网的融合进一步加强，使网络音乐获得了新的生机。

无线音乐方面，移动互联网和智能终端的日益普及，为中国的网络音乐发展创造了良好的机遇。2011年，一些基于移动互联网和智能终端的网络音乐形式开始受到用户的推崇，无线音乐成为网络音乐市场中最有活力的细分领域。

中国网络音乐市场在过去的2011年保持了平稳发展态势。截至2011年底，我国拥有网络音乐相关企业452家，相对2010年增加28.7%；网络音乐总体市场规模已达27.8亿元（以网络音乐服务提供商、内容提供商收入计，其他非音乐业务收入不计算在内），比2010年增长约20.8%；在线音乐市场收入规模为3.8亿元，比2010年增长35%；无线音乐市场规模已达24亿元（以内容提供商收入计，不包含运营商功能费），较2010年增长18.8%。

中国网络音乐整体市场状况虽然趋于好转，但依然面临着众多挑战，除盗版和非法经营等行业顽疾外，还存在以下问题：一是核心商业模式未能突破，企业经营困难。以流量换广告的媒体模式依然是主流，由于盈利方式单一和后续资金有限，部分网络音乐企业经营困难。二是行业内部沟通机制、分配机制有待建立。版权方和渠道方在结算机制和版权费用方面分歧较大，彼此怨言颇多，需要建立良好的沟通渠道,完善利益分配机制。三是网络音乐缺乏相关行业标准。标准的缺失是网络音乐市场秩序混乱的另外一个诱因。四是消费者付费习惯有待培养。中国的广大网民已经养成了免费使用网络资源的习惯,这一习惯在网络音乐市场中进一步延伸,短时间内难以改变。

在版权方、渠道方以及政府主管部门的共同努力下,中国网络音乐市场正在从无序逐步走向有序,市场正沿着行业自律不断加强、版权合作逐步规范、原创内容稳步增加、应用融合和创新加速涌现的方向发展,网络音乐也必将对音乐产业的发展起到进一步的推动作用。

展望2012年,我国网络音乐行业主管部门将一如既往地履行行业管理职责,为市场健康发展保驾护航,通过行政、技术等各种行之有效的手段引导网络音乐市场逐步走上规范发展的轨道,为中国网络音乐产业尽快跃上新台阶而努力。

一、网络音乐市场现状概述

随着互联网应用和硬件不断普及,我国在 2011 年拥有了全世界数量最大的互联网用户和移动通信用户。在行业企业的努力下,在政府的引导下,作为最主要的网络应用形式,网络音乐在整体市场调整中获得了平稳发展,市场环境得到改善,用户规模和市场规模进一步提升。

(一)用户规模

网络音乐市场的发展首先体现在用户规模上。根据中国互联网信息中心(CNNIC)发布的《中国互联网络发展状况统计报告》(以下简称《报告》)显示,截至 2011 年 12 月底,中国网民数量突破 5 亿,达到 5.1 亿,全年新增网民 5580 万。互联网普及率较上年底提升 4 个百分点,达到 38.3%。最引人注目的是,大部分娱乐类应用使用率有所下滑,包含网络游戏和网络音乐,其中网络音乐的使用率为 75.2%,较 2010 年底下降了 4 个百分点,但用户规模增加为 3.86 亿,较 2010 年增长了 6.5%,在整个网络应用中依然排在第三位。如表 1 所示。

表 1　2011 年网络音乐用户规模

		2011 年		2010 年		
排名	应用	用户规模(万)	使用率	用户规模(万)	使用率	增长率
1	即时通讯	41510	80.9%	35258	77.1%	17.7%
2	搜索引擎	40740	79.4%	37453	81.9%	8.8%
3	网络音乐	38585	75.2%	36218	79.2%	6.5%
4	网络新闻	36687	71.5%	35304	77.2%	3.9%
5	网络视频	32531	63.4%	28398	62.1%	14.6%
6	网络游戏	32428	63.2%	30410	66.5%	6.6%
7	博客空间	31864	62.1%	29450	64.4%	8.2%
8	微博	24988	48.7%	6311	13.8%	296.0%
9	电子邮件	24577	47.9%	24969	54.6%	-1.6%
10	社交	24424	47.6%	23505	51.4%	3.9%

来源:中国互联网信息中心

《报告》显示截至2011年12月底，中国手机网民规模达到近3.6亿，同比增长17.5%，与前两年相比，增长速度开始放缓。2009年，手机网民规模增速高达98.5%，主要原因是运营商为了抢夺用户，大幅降低无线网络流量资费，刺激手机网民规模出现爆发性增长。

智能手机的普及、迅速增长的手机网民规模为移动互联网应用的爆发提供了基础，各大互联网服务商也开始纷纷布局移动互联网，而激烈的竞争必将催生能够满足细分人群需求的创新应用，引爆了手机即时通讯、手机搜索、手机音乐等应用，进一步推动手机网民进入下一轮高速增长周期，无线音乐应用成为重要的选择。2011年底，中国无线音乐用户规模达7亿，在移动用户中渗透率为45.7%，使用率仅次于手机即时通讯、手机搜索和手机新闻阅读。如图1所示。

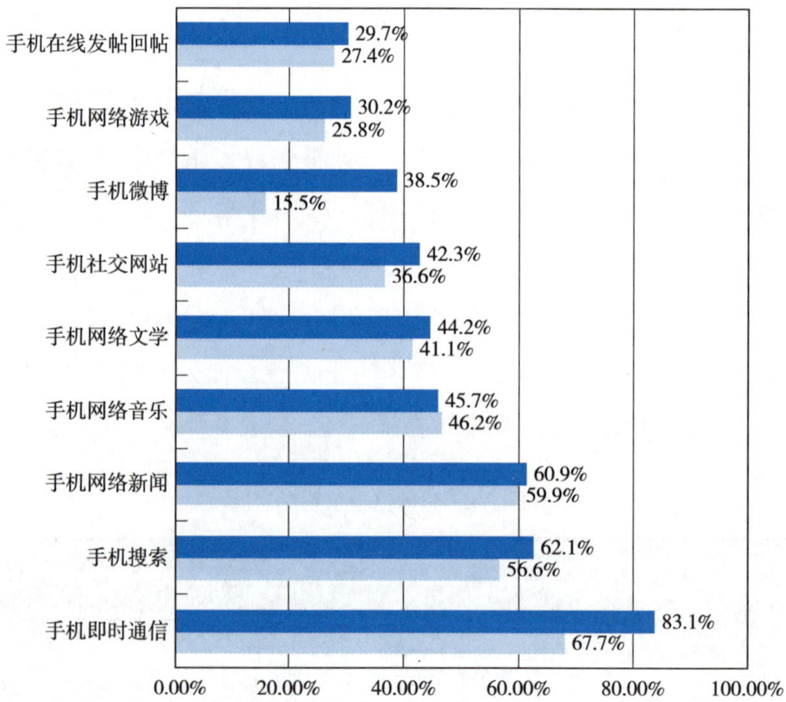

图1　无线音乐应用排名

来源：中国互联网信息中心

（二）市场规模

受行业政策的推动及经营环境的好转等因素影响，作为网络音乐市场经营主体的网络音乐企业数量在 2011 年保持平稳增长。截至 2011 年底，获得网络音乐相关业务经营资质的企业有 452 家，比 2010 年增长 28.7%。网络音乐经营主体的增加体现了行业对网络音乐市场信心的提升。如图 2 所示。

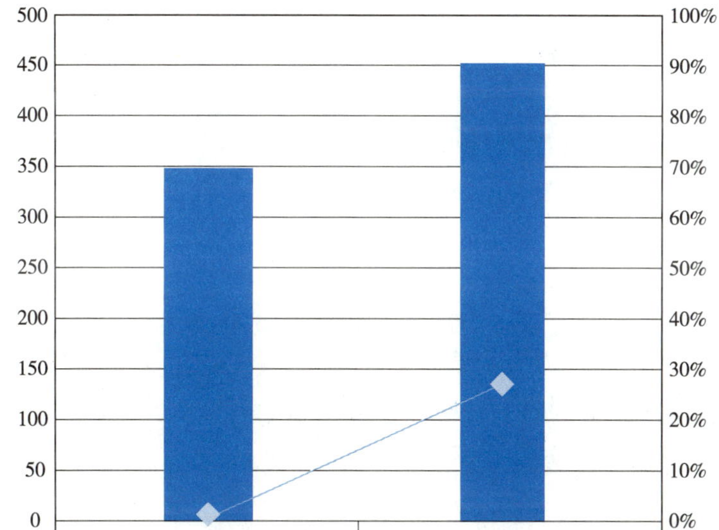

	2010 年	2011 年
企业数量	351	452
增长率	0	28.70%

图 2　网络音乐相关业务企业数量

在线音乐方面：受政府监管力度加大、版权规范等因素的影响，再加上技术和硬件的不断普及，在线音乐应用和创新层出不穷。以虾米网、音悦台、豆瓣电台为代表的新兴专业音乐网站和以酷我、酷狗为代表的音乐客户端，通过应用融合、技术创新和个性化服务，使用户体验得到了提升，吸引了越来越多的用户使用网络音乐产品。市场环境的逐步改善，以及用户数量的不断增加，推动了部分网络音乐服务提供商广告价值的提升，促使其营收状况趋向好转。在线音乐 2011 年收入规模达到 3. 8 亿元，比 2010 年增长 35. 0% 。如图 3 所示。

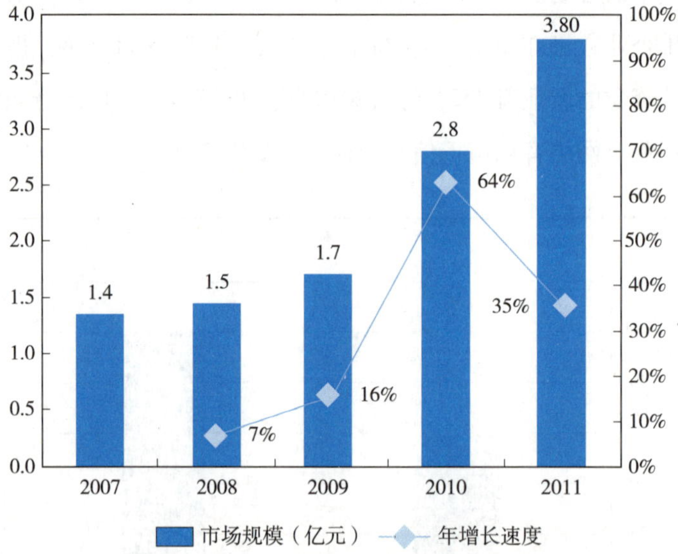

图 3　2011 年在线音乐市场规模发展状况

无线音乐方面：随着智能手机、平板电脑等移动终端设备的逐步普及，以及移动网络带宽的改善，移动互联网用户群体持续增长。此外，各类移动应用商店的出现使无线音乐客户端下载和安装量获得了快速增长，使用户对无线音乐的获取更加便捷。在以上因素的推动下，无线音乐市场规模达到 24 亿元（内容提供商总收入计），比 2010 年增长 18. 8% ，而电信运营商无线音乐相关收入达到 282 亿元（包含功能费）。如图 4 所示。

我国无线音乐整体发展势头良好，应用商店模式激发了一批新的应用出现，同时诞生了一些优质的无线音乐服务提供商，比如多米音乐、天天动听等。区别于其他行业竞争残酷的新生阶段，无线音乐行业并未出现白热化竞争，门槛较高、运营商占主导地位以及碎片化为主要特征的移动互联网用户习惯是导致以上结果的主要原因。对于市场的新进入者，如果没有优质的音乐内容以及强大的技术驱动力，很难在市场上立足。

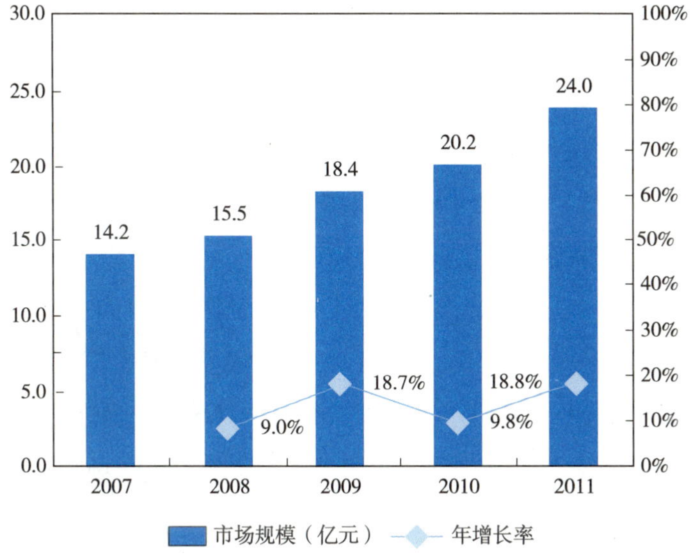

图 4　2011 年无线音乐市场规模发展状况

（三）网络音乐的产品供应

网络音乐主要来源为唱片公司和版权方的正版音乐、网民自发原创的网络歌曲等。网络音乐整体市场状况虽然趋于好转，但依然面临着众多挑战，除去盗版和非法经营、用户消费习惯、商业模式亟需突破等困扰行业多年的难题外，原创作者和厂商的减少，产品供应量的萎缩，直接影响产业的可持续性发展。

网络音乐的内容来源中，来自唱片公司和其他版权方的正版音乐占据了主导地位，这也为传统的唱片公司和版权方提供了一个唱片推广和销售的新渠道，一些唱片公司专门成立了新媒体部门或数字音乐部门，独立运营网络音乐或与实力雄厚的服务提供商进行合作。唱片公司和各版权方通过与网络音乐服务提供商或服务平台进行合作，实现了在网络时代的双赢。2011 年，百度和三大唱片公司达成协议以及行业主管部门加大打击盗版侵权的力度，使版权环境得到了改善，为唱片公司版权营收的增加创造了条件，但同时，由于经营模式的问题，一些唱片公司遇到了困难，正面临转型的选择。

2011 年，传统唱片业继续下滑，2011 年 11 月，日本规模最大的唱片公司爱贝克思，宣布解散，该公司运营了 5 年，曾签约过江一燕、阿兰、关喆、风云组合等歌手，由于支出始终大于收入，导致资不抵债。因此，在传统唱片市场状况不佳的情况下，唱片公司转型是必然的。

为了增加内容供应，保持后续发展，一些网络音乐服务提供商加快了在原创产品方面的布局。在香港上市的 A8 音乐 2011 年从音乐内容购买、艺人合作、唱片出品等方面发力建设全方位音乐产业链，瞄准音乐产业上游，成立了布拉琪唱片公司，并与多个原创作者合作推出新作品，凭借 2011 年全年 130 首产量的音乐版权作品，成为国内全年音乐产量最高的唱片公司，从创作源头上保证作品质量。滚石移动推出了子品牌——美妙音乐，签约了孙燕姿、郁可唯等著名歌手。

随着互联网的普及和发展，网民自发原创的网络歌曲成为流行歌曲的新形式。从雪村的《东北人都是活雷锋》开始到刀郎的《2002 年的第一场雪》，从《猪之歌》、《老鼠爱大米》、《丁香花》、《两只蝴蝶》等到《后舍男生》、《犯错》、《月亮之上》，2011 年因微博“咆哮体”，网络歌曲《伤不起》迅速风靡，其他如《爱情买卖》、《异地恋》等，网络歌曲如雨后春笋般层出不穷。大多数网络歌曲的歌词通俗直白，所表达出的感情真挚动人。

网民原创歌曲从词曲的编排和内容表达来看，音乐创作者不需要专业音乐知识的培训和积累，只要歌曲容易理解，并且琅琅上口就有可能成为网络流行歌曲。音乐是一种流行文化，人们都有趋同性，这也让更多人接受并喜欢网络歌曲。

网络歌曲也存在一些问题，比如同质化严重，缺乏文化底蕴。而且网络歌手门槛低，任何人都可以通过网络发表音乐作品，淘汰速度过快，受众群体又缺乏购买能力，这些成为网络音乐发展前景不明朗的原因。

二、网络音乐用户研究

(一)在线音乐用户

根据年度报告调查数据显示,中国在线音乐用户呈现出女性比例比男性高、年龄层次较年轻、文化程度高、用户喜欢的音乐类型广泛、付费率低、获取音乐产品途径多样等特点。

1. 用户规模

据中国互联网信息中心发布的第 29 次《中国互联网络发展状况统计调查报告》显示,大部分网络娱乐类应用的使用率在 2011 年延续下降势头,网络音乐、网络游戏和网络文学用户规模在 2011 年增长幅度较小,使用率也分别下滑至 75. 2% 、63. 2% 和 39. 5% ,在线音乐用户规模 3. 86 亿,与 2010 年相比增长幅度为 6. 5% ,见前文表 1。

2. 用户性别

根据调研数据显示,因女性网民数量增加以及网络终端的普及等因素,2011 年女性用户在在线音乐用户中的占比较 2010 年有了进一步提升,增长 6. 7% ,占到了网络音乐使用比例的 52. 3% 。见图 5。

3. 用户年龄

此次年度报告调研数据显示,在线音乐的用户中,22 ~ 30 岁人群占据比例最大,达到 65. 2% ,是网络音乐的用户的主力军;其次是 19 ~ 22 岁的人群,占 16. 6% ;18 岁以下的人群仅占 2. 8% 。这说明年轻人在在线音乐用户中占绝大比例。相比之下,30 岁以上的人群占 15. 4% ,这一数字比 2010 年增加了 1. 9 个百分点,说明网络音乐用户随着年龄的增长,年龄结构开始变化和拓展,年龄呈现全面分布的态势。

总体来说,在线音乐用户年龄较轻,以青少年人群为主,如图 6 所示。

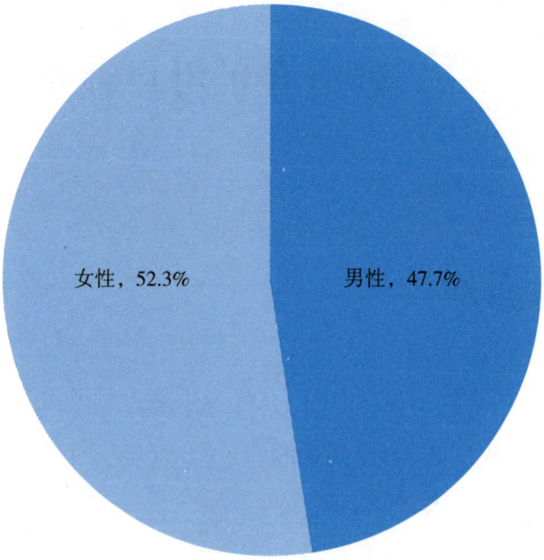

图 5　2011 年在线音乐用户性别分布

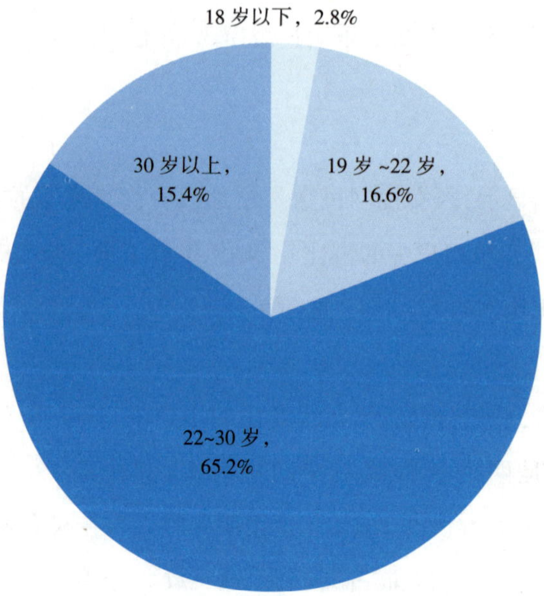

图 6　2011 年在线音乐用户年龄分布

4. **用户受教育程度**

如图 7 所示，在线音乐用户群中，大学本科文化水平的用户占比为 52%，大学专科文化水平的用户占比为 25%，还有 7% 的用户拥有硕士及以上学历，大学及高等教育水平的音乐用户比例达到了 84%，可见在线音乐用户整体受教育水平较高。

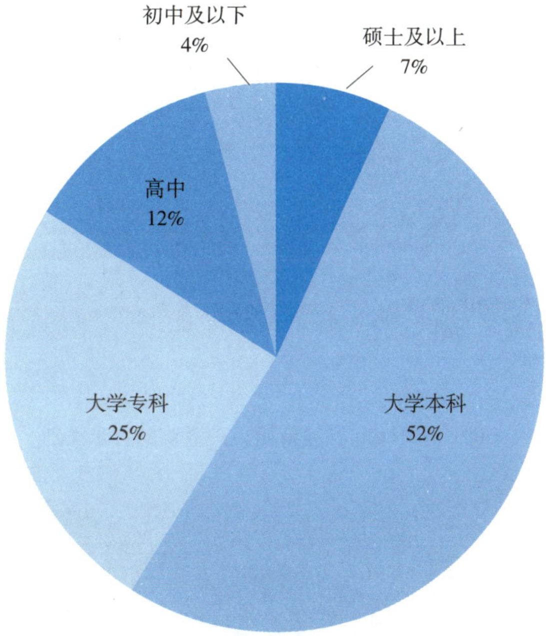

图 7　2011 年在线音乐用户受教育情况分布

5. **用户喜好**

在线音乐用户最喜欢的音乐类别是流行音乐，占比为 26%，与 2010 年调查数据相比，有 5.8% 的增长，明显高于其他音乐类别。与 2010 年调查数据相比，古典、摇滚、乡村音乐、R&B、HIP-POP 等音乐类别依然有其特定的用户，分布相对来说比较均衡，不如流行音乐的用户群体那样庞大。

以上数据表明，中国在线音乐用户的音乐喜好比较分散，各种音乐类别在互联网上都有其特定的用户群体，呈现出需求多样化的特征。可以预见，在线音乐用户的喜好短时间不会发生太大变化。如图 8 所示。

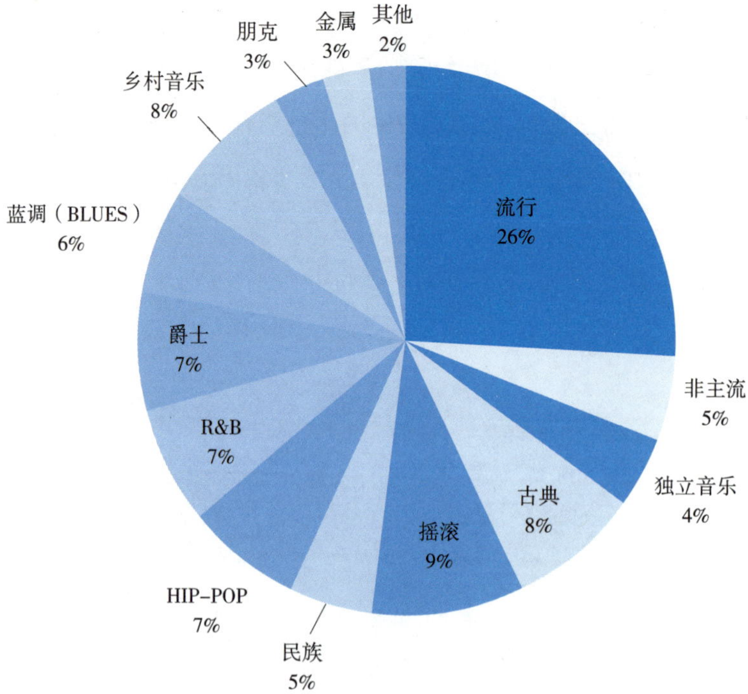

图 8　2011 年在线音乐用户喜欢的音乐类别

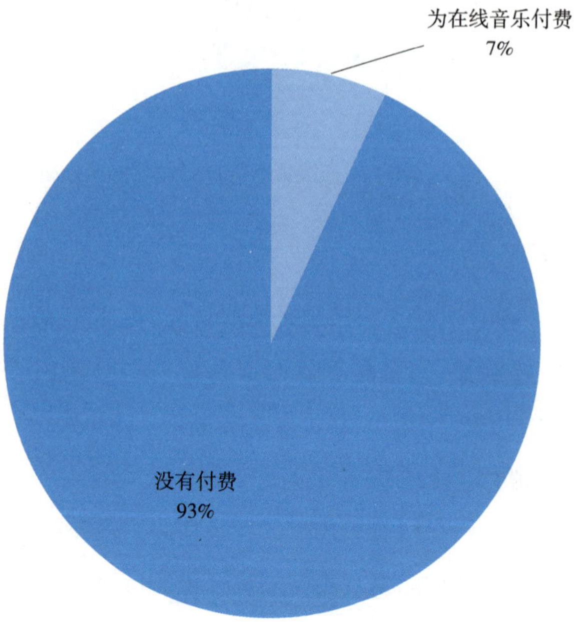

图 9　2011 年在线音乐用户获取音乐付费情况

6. **用户付费习惯**

因为用户消费习惯等多种原因,免费下载是在线音乐用户在互联网上获取音乐的主要方式。如图 9 显示,2011 年有 93% 的中国在线音乐用户在互联网上获取音乐时没有为音乐内容付过费。仅有 7% 的用户因为找不到免费的内容,为了第一时间获得偶像新歌、加载游戏或 QQ 空间背景音乐,用已付费的虚拟货币(例如 QQ 币)支付下载音乐等,整体付费率较低。

曾有网络音乐企业在 2011 年尝试直接向用户收费,后因多种原因,主要考虑用户习惯和用户感受,未能实施。由此可见,中国在线音乐用户尚未形成为在线音乐内容付费的消费习惯,用户付费习惯的培养需要各方面进行积极的引导。

7. **用户获取音乐渠道**

2011 年,在线音乐用户在获取音乐的渠道方面呈现出多元化趋势,在线音乐用户最经常访问的含有音乐内容的网站包括百度 MP3 等音乐搜索网站、虾米网等在线音乐网站、酷我等音乐盒软件、音悦台等音乐 MV 网站、豆瓣等音乐社区网站。

与 2010 年相比,用户获得音乐的渠道了有了一定变化,音乐客户端软件以个性化的服务、曲库多样、本地化收听等特点受到用户的青睐,在网络音乐用户中使用音乐客户端软件获得音乐的比例有了大幅度提升,占被调查用户的 21%,成为仅次于百度 MP3 搜索等音乐搜索类的应用。数据显示,百度 MP3 和搜狗音乐等音乐搜索依然是使用最多的网络音乐应用,占比较 2010 年有所下降,但依旧保持 37% 的高占有率。

门户网站音乐频道由于创新乏力、版权问题等原因,在 2011 年出现流量下降、用户流失的情况,在用户中的占比相对于 2010 年的 15.9%,下降了 3.9 个百分点。

视频音乐网站和音乐类社区较 2010 年保持平稳发展,分别有 8% 和 6% 的在线音乐用户经常访问这两类网站。如图 10 所示。

(二)无线音乐用户

随着移动互联网和移动应用终端的普及,特别是移动应用商店模式的出现,引爆了各类娱乐应用,音乐的表现形式和传播方式日益丰富多彩。基于手机和移动网络的无线音乐代表着一种全新的音乐消费形态,不但使手机成为人们 24 小时不离身的音乐终端,而且也使音乐爱好者能以一种全新的方式去创造、欣赏和传播音

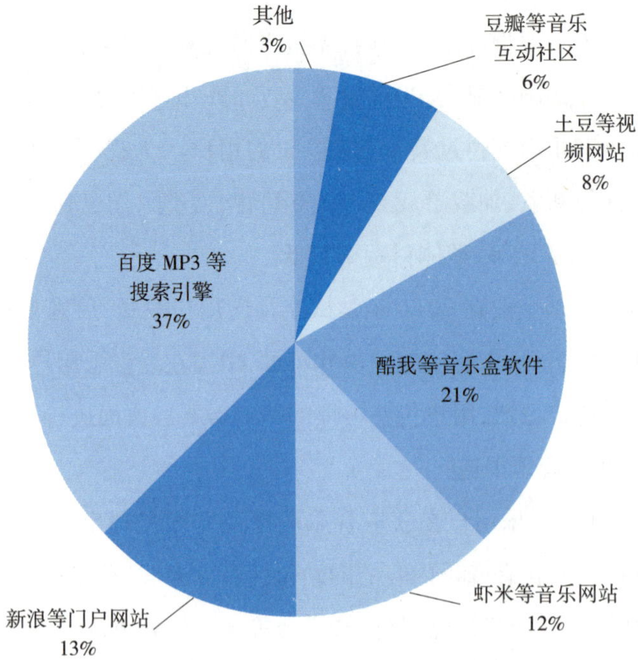

图 10　2011 年在线音乐用户获取音乐的渠道

乐，为用户带来了一种空前便捷和独特的音乐体验与享受。

1. **用户规模**

据工业和信息化部的统计数据显示，截至 2011 年 12 月底，我国手机用户接近 10 亿户。文睿研究分析 2011 年底，中国无线音乐市场用户数规模接近 7 亿，在移动用户中渗透率高达 70%。2011 年无线音乐用户数的持续增长一方面归因于我国手机和其他移动终端用户数的增长，另一方面归因于各类应用商店的兴起对于无线音乐业务的持续推动，尤其是无线音乐客户端软件的广泛应用，大大提高了用户的渗透率。

2. **用户性别**

数据调查显示，2011 年无线音乐用户性别比例男性居高。男性用户比例为 63%，女性用户比例只有 37%。如图 11 所示。随着移动互联网时代的到来，加上移动终端的越发普及，女性使用手机音乐的需求将会大大增加。基于此，手机音乐的女性用户日益受到厂商的重视，有关厂商将会针对女性用户的需求开发新的手机音乐产品，吸引女性用户的使用。可以预见，在不久的将来手机音乐男女用户比例将会逐渐平衡。

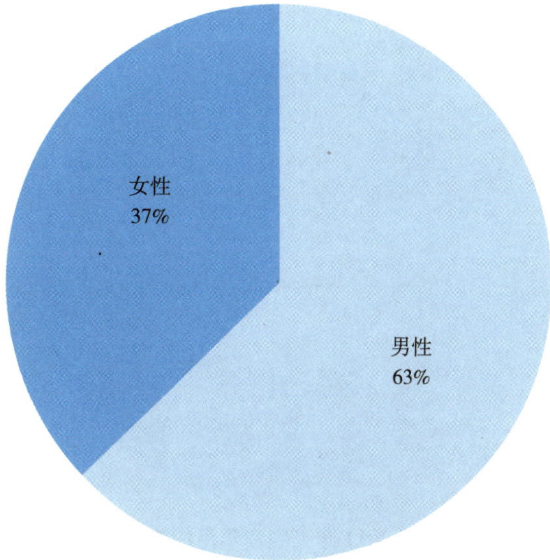

图 11　2011 年无线音乐用户性别占比

3. **用户年龄结构**

数据显示,从 2011 年无线音乐用户年龄分布上看:无线音乐用户整体偏年轻化,年龄在 16 ~ 24 岁的用户为第一大使用主体,其比例达 46%,这部分用户多为学生和农民工。22 ~ 30 岁年龄段的手机用户对手机音乐服务也表现出较大兴趣,在所有用户中占据 29% 的比例,这部分用户多为公司职员、政府工作人员等。如图 12 所示。

综合数据表明,手机音乐用户以年轻群体为主,年轻化是用户主要特征,但是随着智能手机、Pad 等无线音乐使用终端的普及,无线音乐逐步呈现向其他年龄段扩展的趋势。

4. **用户受教育程度**

数据显示,从学历层次上看,手机音乐用户以低学历人群为主,其中高中及其以下学历用户占比 68%,在整个用户中占绝大部分,这是因为手机在低学历人群中的普及性较高,相对于高学历人群,低学历人群获取音乐的渠道有限、娱乐方式相对单一,促使其对无线音乐的使用率较高。如图 13 所示。

5. **用户使用频率**

在手机音乐用户使用手机上网找音乐或听音乐的频率分布中,"没有规律,但经常使用"的用户占比 30.4%,在所有用户中占据最多数;"每天至少使用一次"的用户比例为 32.2%,位列第二;14.6% 的用户"每 2 ~ 3 天使用一次",位列第三,如图 14 所示。

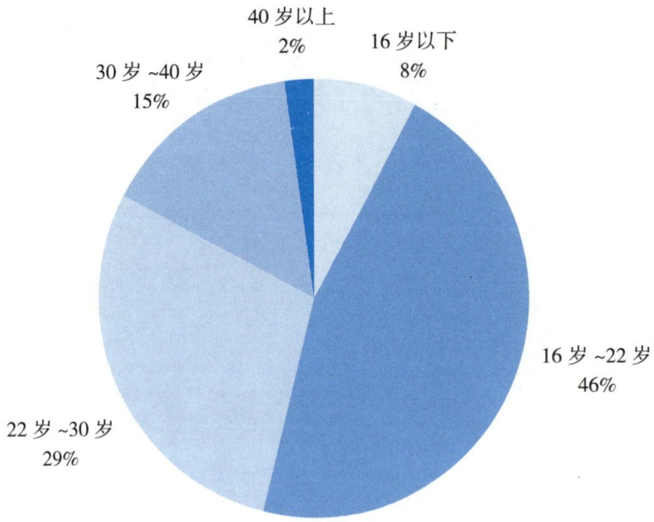

图12　2011年无线音乐用户年龄分布

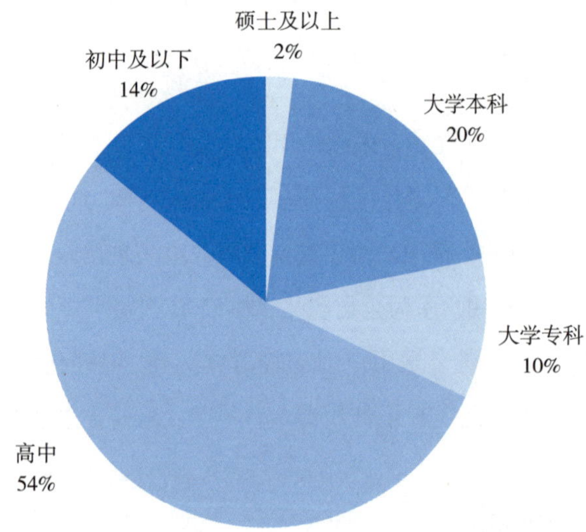

图13　2011年无线音乐用户受教育程度分布

用户已经形成经常使用手机上网找音乐或听音乐的习惯。其中“没有规律，但经常使用”的用户与“每天至少一次”的用户超过所有用户的一半，占比62.6%。使用手机上网找音乐或听音乐已经成为了大多数用户日常生活中不可分割的一部分。

6. **用户获取音乐方式**

调查数据表明，无线音乐用户获取音乐文件的渠道呈现多样化的趋势：从2011年用户使用手机音乐方式分布上看，87%的用户选择用手机通过移动网络和

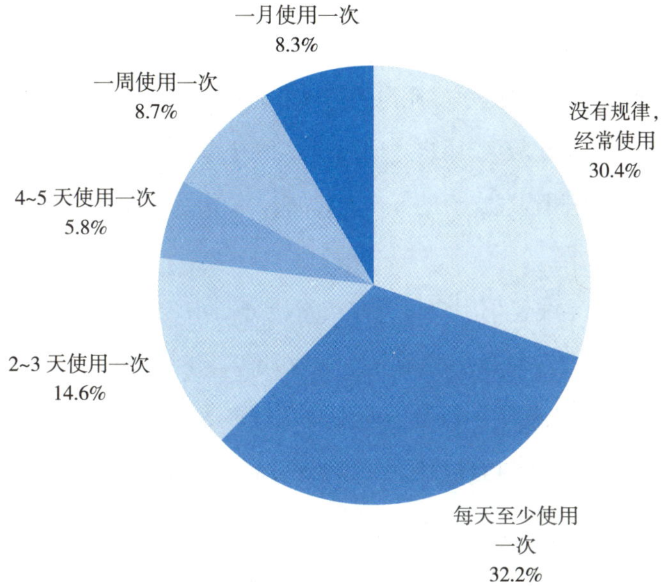

图 14　2011 年无线音乐用户使用频率分布

WiFi（无线局域网）上网下载音乐，在所有用户使用方式中占据主流；选择蓝牙、红外等方式通过电脑或手机等其他终端获得无线音乐的用户占比 63%；而自己通过数据线将 PC 中的音乐导入手机的用户占比 76%，占据第二位。如图 15 所示。

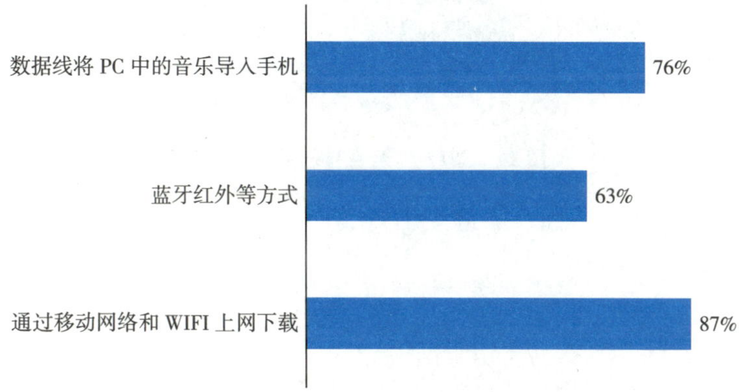

图 15　2011 年无线音乐用户获取音乐方式

在用户使用手机音乐方式中，通过手机上网下载音乐成为主流方式。受中国 3G 行业的发展以及电信运营商下调手机上网流量资费措施的推动，加上现在的智能手机基本都提供了 WiFi 功能，提高了用户使用手机上网下载音乐的意愿。用户通过手机上网可以随时随地寻找自己喜欢的音乐，也可以搜索到网上最新出现的音乐，具有较好的时效性，这种方式受到关注音乐最新动态用户的青睐。

用户分享是无线音乐的一个重要特征。随着手机蓝牙技术、同步软件的发展，近距离间的手机无线传输越来越受到手机用户的追捧。通过蓝牙、WiFi、同步软件等方式获取手机音乐的用户占比也比较大，用户之间通过这种方式不仅可以分享彼此手机内的音乐，而且作为一种朋友间沟通交流的方式，已经成为手机音乐用户的一种时尚。

7. **用户付费意愿**

调研数据显示，在无线音乐用户付费方式意愿分布中希望包月下载的用户比例为53%，选择按下载歌曲数量收费的用户比例为28%，剩余19%的用户选择其他收费模式（如图所示）。由于使用手机音乐的主要用户多为无收入者或少收入者，因此花费较少但可以随意下载歌曲的包月下载收费模式更受欢迎。如图16所示。

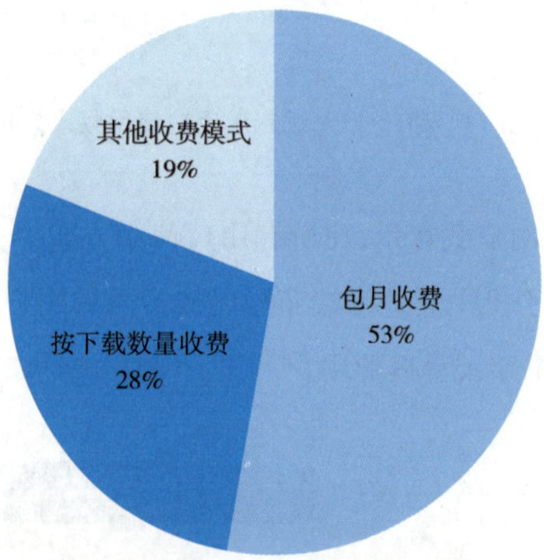

图16　2011年无线音乐用户付费意愿

三、在线音乐市场发展状况

(一)在线音乐市场概况

1. 在线音乐市场规模

在我国整体网络音乐市场中,在线音乐的用户数量庞大,市场发展潜力巨大,虽然市场收入规模仍旧处于一个偏低的状态,但经过2010和2011年相关政策调整,2011年全年整体在线音乐市场收入平稳上升,根据研究数据显示,2011年,我国在线音乐市场收入规模为3.8亿元,比2010年增长35%,如图17所示。

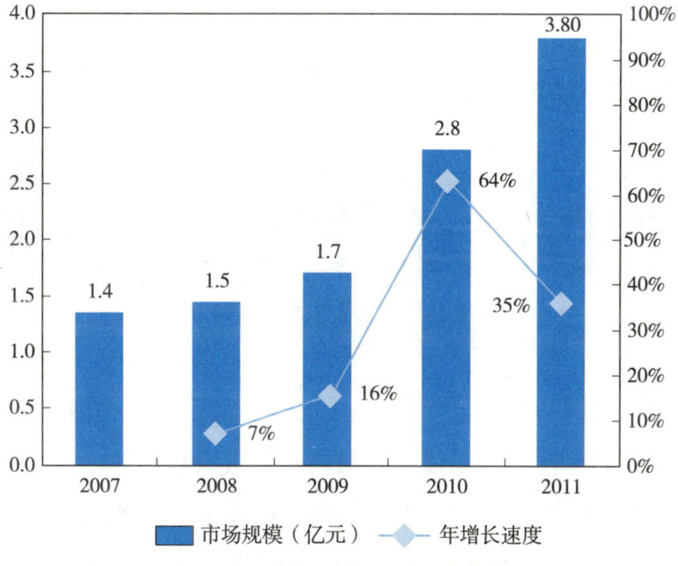

图17 在线音乐市场规模发展状况

2011年网络音乐市场规模的提升,得益于以下几点:

(1)音乐客户端软件广告收入、广告分成以及基于软件提供的网页游戏等增值服务而带来的收入增长,是中国在线音乐市场规模增长的主动力。音乐客户端软件以其获取音乐的便捷性、个性化的设计等吸引了大量用户,用户的聚集使其平台价值被放大，营收模式趋于多元化，特别是为广告投放、网页游戏联合运营等提供了良好的载体。酷我音乐、酷狗音乐等在网页游戏联合运营方面设置了专业团队，多业态经营使得网站营收有了大幅增长。

（2）正版化推动了网络音乐的媒体广告价值。2011 年百度和三大唱片的和解以及百度 ting 的推出，促进了音乐类网站正版意识进一步加强，继续推进与音乐版权方的合作，促使音乐网站的广告价值有所上升。其中，综合门户及音乐搜索类网站，凭借其较高的品牌知名度，广告收入均呈现增长趋势，虾米音乐网、豆瓣电台、一听等等专业音乐网站凭借专业化的内容和正版音乐的积极效应，广告收入也不断增加。

我们也应看到，虽然在线音乐市场规模稳中有升，但在线音乐市场规模远远落后于无线音乐市场的状况并没有得到改观，这种不平衡的市场状况与在线音乐的重要地位是不相称的，其核心原因仍旧是盗版问题没有得到解决、缺乏有效的商业模式。

2. **在线音乐市场链条分析**

与 2010 年相比，2011 年在线音乐市场链条未发生变化，依然是音乐内容商—互联网音乐服务商—消费者的三元结构，如图 18 所示。

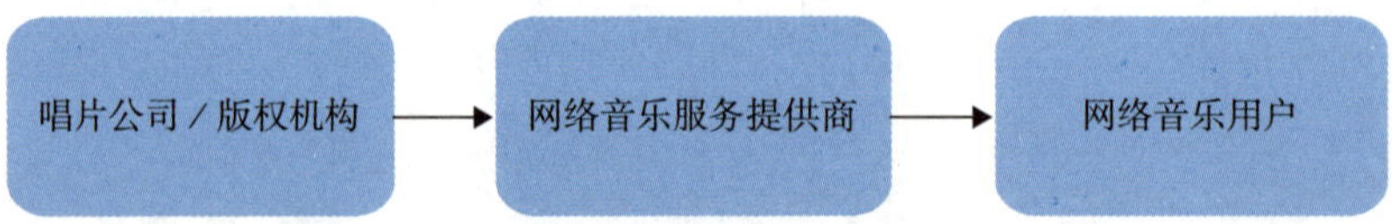

图 18　在线音乐市场链条

在线音乐服务商获取音乐内容依然通过 3 种渠道获得：（1）直接与唱片公司合作，取得正版音乐授权；（2）通过版权集体管理组织和代理机构（如音乐著作权协会、源泉公司等）获得；（3）直接和歌手、词曲作者合作，取得音乐授权。

虽然 2011 年产业链条本身未发生变化，但产业链条上各方的话语权却在发生变化。以百度与几大唱片公司在 2011 年上半年签署版权协议为标志，正版化工作目前已经得到了网络音乐产业界的共识，各大网络音乐网站、音乐客户端公司开始下架未得到授权的音乐，并加强了与唱片公司、版权方的沟通和协商。在此过程中，唱片公司和其他版权方的话语权提升，开始变得强势，要求提高分成比例，增加保底版权金。

唱片公司和版权公司的强势,使原本就收入有限的网络公司压力增加,运营成本大幅提升,在此情况下,一些网络音乐公司开始思考并创新商业模式。而唱片公司本身,由于原创内容的减少,以及受盗版的影响,生存状况也堪忧,部分公司开始转型到线下演出业务、艺人经纪等,甚至转型到餐饮等传统行业。

3. **在线音乐市场商业模式**

在线音乐市场中典型的商业模式有 3 种:用户付费、广告收入模式和增值收入模式。近几年,尤其是过去的 2011 年,有不少网络音乐运营商开始进行营收模式上的创新尝试,并在小范围内获得成功。但总体来说,广告收入模式依然是在线音乐服务商的主要营收模式。

用户付费模式中,一般是在线音乐网站通过构建网上音乐商店或网络发布单曲等方式,面向用户销售正版音乐,网络音乐用户为音乐的试听或下载向服务提供商直接支付费用,服务提供商再与内容提供商进行收入分成。这与传统音乐市场中用户为音乐产品付费的商业模式一脉相承,成为内容提供商最容易接受的模式。但是,受盗版及用户免费消费习惯等问题的影响,直接付费模式在网络音乐行业应用较少。由于营收状况不好,A8 音乐超市转型为词曲交易平台,曾经火热一时的爱国者音乐超市在 2011 年 7 月关闭。

在此情况下,一些网络音乐服务提供商开始进行付费模式的微创新,减少直接付费给用户带来的抵触心理。腾讯公司的 QQ 音乐盒,通过 QQ 聊天场景音乐、QQ 空间背景音乐、QQ 聊天室点歌等各种独具特色的服务项目,培养了用户购买和使用正版音乐的习惯,并通过"绿钻"会员月功能费获得网络音乐收入,实现了盈利。

在付费模式探索上,虾米网提出一个全新的音乐分销模式,被称为"音乐的电子商务"模式。该模式主要利用成熟的 P2P 技术,用户上传或推广音乐都可以赚取虚拟货币虾币,虾币可以用来下载音乐或者购买服务(在线收听是免费的),用户也可以直接给虾米账户充值。所有的音乐都是用户上传的,虾米网在这中间扮演的是一个平台的角色,负责审核音乐品质和版权。虾米所得收入将用来购买版权,以及给音乐人分成。这种模式对互联网商业模式的探索具有重要的借鉴意义。

相对于国内举步维艰的收费尝试,一些国外网络音乐运营商的创新模式可供参考:著名的 Spotify,用户只要愿意听广告或者付费,就能享用 1500 多万首正版歌曲;美国的 Pandora 已在纽约交易所上市,其收入来源于广告、付费用户;iTunes 通过和亚马逊的音乐销售分成,目前已拥有上亿用户。此外,Turntable. fm 吸引到著名歌星 Lady Gaga 的投资,它让个人成为网络 DJ,让围观者品评自己的音乐品位,用虚拟道具进行交易。苹果通过 iTunes 模式获得初步成功后,在 2011 年又推出了更具创新的 iTunes Match 服务。

4. 网络音乐与其他产业和应用的融合

融合是 2011 年在线音乐商业模式探索的一个主题词。音乐与其他应用具有天然的结合,技术的不断发展更使音乐的应用空间增大。在过去的 2011 年中,音乐和微博、在线演出、网络游戏、移动互联的融合进一步加强,也使音乐获得了新的生机。

- 在线音乐与微博的融合

据中国互联网信息中心的数据显示,截至 2011 年 12 月底,我国微博用户数达到 2.5 亿,较上一年底增长了 296.0%,网民使用率为 48.7%。微博用一年时间发展成为近一半中国网民使用的重要互联网应用。音乐作为融合性极强的内容产品,与以“爱好和信息分享”和“用户群体传播”为主要特点的微博具有天然的结合。

新浪微博和腾讯微博在 2011 年先后推出——微博音乐应用。腾讯微博音乐应用与用户在 QQ 音乐客户端和空间音乐盒的听歌喜好保持同步。用户在微博里重温歌曲,整理歌单,也可以一键转播歌曲和歌单,与用户的粉丝和听众分享。用户还可以搜索好友收藏分享的音乐,订阅喜欢的歌单,扩展自己的收藏,并且保持实时更新。

新浪音乐之前推出的新浪“乐库”表现平平,在实现与新浪微博业务整合后,将借助新浪微博的庞大用户数量和应用创新,实现业务和用户数量的突破。

- 在线音乐与在线演出的融合

互联网技术的深入发展在改变人们生活方式的同时,也影响着演出产品的传播方式,网络演出正逐渐成为一种新兴业态。音乐与演出有天然的融合性,特别是网络演出,为音乐产业盈利拓展了市场发展空间,增加了新的载体。2011 年 10 月,为推动网络演出市场的发展,文化部文化市场司选取了 13 家单位作为我国首批网络演出试点单位,并进行了授牌。见表 2。

表 2　2011 年网络演出试点单位名单

序号	授牌公司	主营业务	所在地
1	中国东方演艺集团	歌舞演出	北京
2	中国国际文化艺术公司	涉外演出	北京
3	北京人民艺术剧院	话剧演出	北京
4	上海新汇文化娱乐(集团)有限公司	音乐	上海
5	北京德云社文化传播有限公司	演出	北京
6	北京春秋永乐文化传播有限公司	票务代理	北京
7	华录文化产业有限公司	数字音视频终端、内容、服务	大连、北京
8	北京六间房科技有限公司	在线演艺	北京
9	第一视频通信传媒有限公司	视频	北京
10	深圳市腾讯计算机系统有限公司	互联网业务	深圳
11	北京新浪互联信息服务有限公司	互联网业务	北京
12	北京一千零一夜网络技术有限公司	互联网业务	北京
13	广州华多网络科技有限公司	互联网业务	广州

这些被授牌企业之中,以六间房为代表的公司在线音乐演出营收已经占到其总收入的 80%,取得了一定的成功。在线音乐演出有效结合了社区、音乐、真人演出等元素,以虚拟物品的形式直接向用户收费,较好地避开了版权纠纷,减少版权和带宽等庞大的运营费用。在线音乐演出成为网络音乐中较早实现赢利的一种应用模式。

• 网络音乐与游戏的融合

作为音乐客户端软件,QQ 音乐盒、酷我音乐盒、酷狗音乐盒都拥有数量巨大的用户,并且这部分用户与网络游戏用户重合度较高,因此大量的用户和流量通过网络游戏有了变现的可能。腾讯的 QQ 音乐借助 QQ 游戏平台的巨大优势,结合音乐客户端软件,提供音乐类游戏和游戏背景音乐,并将在 2012 年推出音乐竞速游戏《QQ 乐团》、休闲音乐游戏《就要 K 歌》。

酷我音乐、酷狗音乐在各自的软件上开辟了游戏专区,采用联合运营的模式运营游戏。目前,酷我音乐盒和酷狗音乐盒的网页游戏的联合运营收入均已超过广告收入,音乐应用带来的附加价值得到体现,庞大的用户和流量变现成为可能。

此外,还有音乐公司与游戏公司联合开发游戏,例如海蝶唱片与盛大游戏合作的《巨星》,音乐游戏的核心是其音乐库的丰富程度,而乐库是唱片公司和正版音乐网站的优势所在，都拥有大量的正版音乐版权，这为其进入音乐游戏开发和运营提供了最重要的资源。

• 在线音乐与无线音乐的融合

目前，移动互联网络日益普及，网络环境日趋成熟，多种移动互联终端也更加智能化，各种无线音乐应用层出不穷，这些使无线音乐成为网络音乐市场中最具增长力的细分领域。此外，移动互联网环境下，用户对于数字音乐的需求和操作习惯都有所改变，这有利于网络音乐运营商依此进行创新。基于以上因素，传统在线音乐服务提供商纷纷涉足无线音乐，主要开发无线应用软件。

因此，在未来的几年，技术的不断发展将带来更多应用创新，娱乐应用方面，预计将会诞生更加丰富的音乐应用，网络音乐的商业模式将得到进一步丰富和完善。

（二）在线音乐服务的发展状况

1. 音乐搜索引擎的变化

2011 年 12 月 20 日，中国互联网络信息中心（CNNIC）在北京发布了《2011 年中国搜索引擎市场研究报告》（以下简称《报告》）。

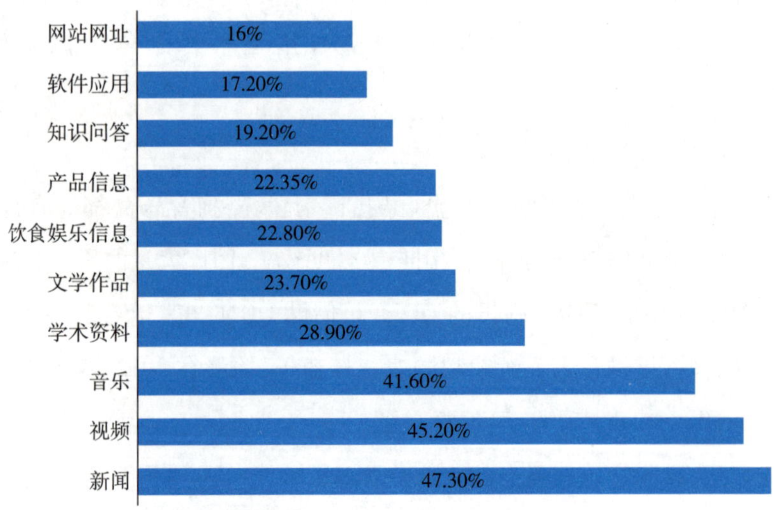

图 19　在线音乐市场规模发展状况

来源：中国互联网信息中心

用户通过搜索引擎搜索的前三大类内容是新闻、视频和音乐，用户比例分别是

47.3%、45.2%、41.6%。大部分综合搜索引擎都已经提供了这三种内容的垂直搜索功能。除了新闻外，视频和音乐是用户搜索最多的两项内容。如图 19 所示。其中又以大学生和少年用户搜索比例更高，老年用户对视频和音乐的需求相对较少。如图 20 所示。

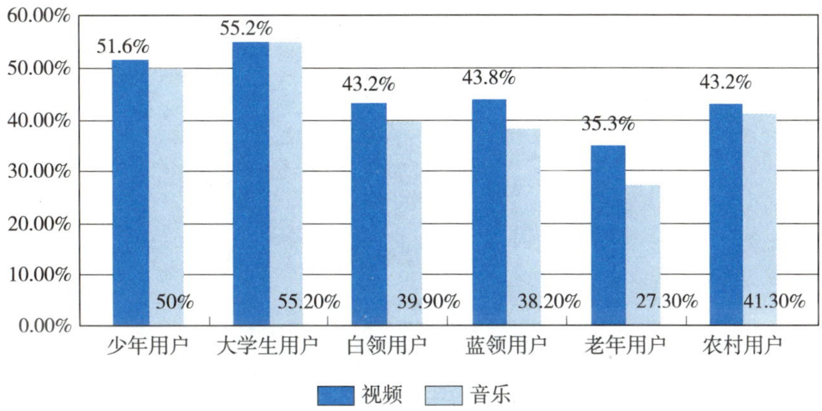

图 20　不同群体用户搜索视频和音乐比例

来源：中国互联网信息中心

根据文睿研究的调查数据显示，音乐搜索网站是在线音乐用户在互联网上查找音乐的主要途径，2011 年 37% 的中国互联网用户通过音乐搜索网站获取音乐；21% 的用户通过 QQ 音乐盒、酷我音乐、酷狗音乐等客户端软件搜索音乐；12% 的互联网用户通过专业音乐网站获取音乐；通过门户网站音乐频道获取音乐的用户比例为 13%；通过音乐社区等其他渠道获取音乐的用户占 6%。如图 21 所示。

相比专业音乐网站等其他类型网站，音乐搜索网站兼具歌曲数量庞大、搜索功能强大、操作简捷的特点，因此吸引了诸多在线音乐用户的访问和使用，但由于音乐搜索引擎能够深度链接到大量的免费音乐资源，在音乐用户搜索未经授权的音乐中起到了关键作用，因此也成为音乐版权问题的焦点。2011 年 4 月百度 MP3 与三大唱片和解是一个标志性的事件，音乐搜索网站的正版化工作开始启动。

百度 MP3 搜索是全球最大中文 MP3 搜索引擎，是百度在天天更新的数十亿中文网页中提取 MP3 链接从而建立的庞大 MP3 歌曲链接库。调研数据表明，2011 年百度占据了在线音乐搜索市场 44.8% 的份额，比 2010 年下降了 7.6 个百分点，仍稳居第一位。搜搜依托 QQ 软件以 16.5% 的在线音乐搜索市场份额位居第二。酷我音乐以 12.2% 的占有率位居第三，搜狗音乐以 10.6% 位列第四，这得

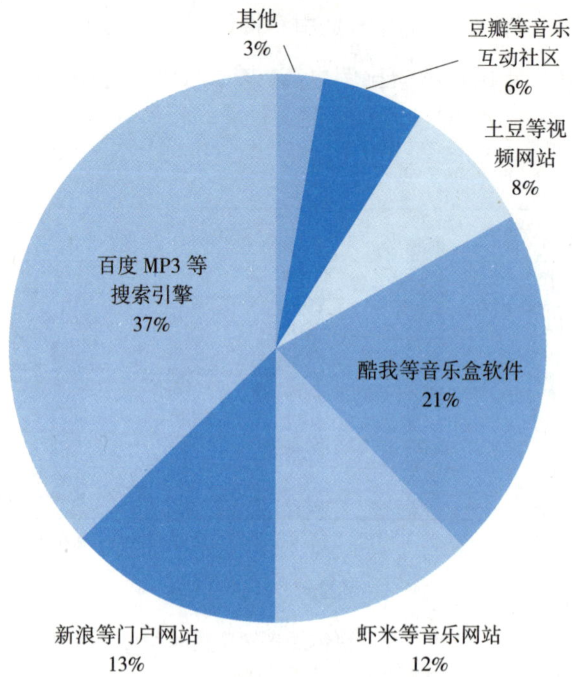

图 21　2011 年在线音乐用户获得音乐的渠道

益于搜狗浏览器以及搜狗输入法等关联软件拥有的庞大用户群。因为竞争加剧、经营策略调整等多种原因，谷歌音乐搜索仅占据了 2.5% 的市场份额。如图 22 所示。

在音乐搜索应用上，音乐应用软件也占据了一定的市场份额，这些播放器附加搜索引擎与播放功能的结合更加紧密，迎合了音乐用户的使用习惯，用户黏性也较高，其中的典型代表有 QQ 音乐盒、酷狗音乐盒、酷我音乐盒。

2. 专业音乐网站的发展

专业音乐网站的音乐内容来自于正版音乐、原创音乐以及用户分享的音乐，其主要的盈利模式为广告收入分成以及付费模式，典型代表有巨鲸音乐网、九天音乐网、一听音乐网、虾米网、搜刮音乐等。

2011 年专业网站中，最受行业关注的是虾米网。虾米网在用户体验、营销模式等方面进行了创新。尤其是营销模式方面，虾米网采用全新的音乐分销模式，用户上传或推广音乐都可以赚取虚拟货币虾币，虾币可以用来下载音乐或者购买服务，用户可以直接给虾米账户充值，所得收入与版权方分成。这种模式极大地优化

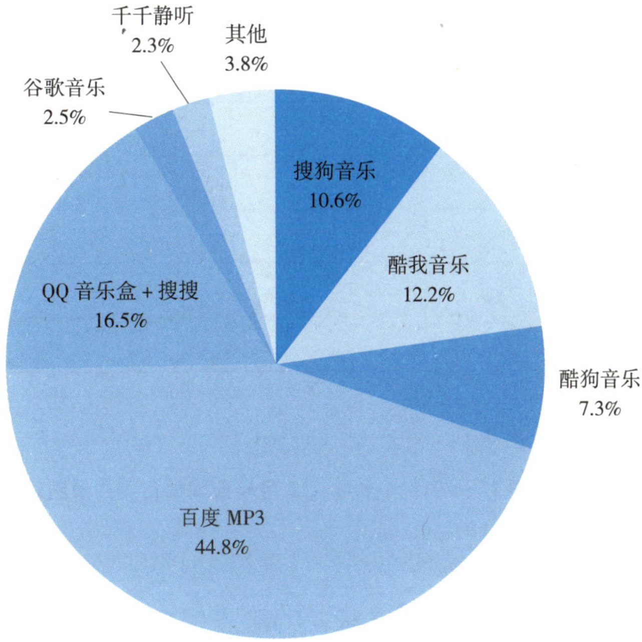

图 22　2011 年在线音乐搜索使用情况

了数字音乐产业链，既给用户提供了高品质音乐，也为唱片公司带来收入分成，并且为音乐人做了推广，而且虾米自己也实现了盈利，取得了一个多赢的局面。但同时需要提醒的是，用户上传音乐作品，存在着版权风险，需要进行防范，避免不必要的版权纠纷。

文睿研究通过 Alexa 监测了 2011 年全年主要专业音乐网站流量变化情况，统计判断了这些平台的全年用户活跃情况。监测数据表明从全年监测的日用户流量上看，全年虾米网的用户平均浏览量排名第一。老牌在线音乐网站一听网继续保持平稳增长的态势，排名第二，对虾米形成追赶之势。九天音乐、巨鲸音乐流量保持平稳态势，排名三、四名，如图 23 所示。

3. 门户网站音乐频道的发展

新浪、腾讯、网易和搜狐等几大门户网站曾先后推出了自己的音乐频道。它们除了提供在线视听和音乐下载服务外，还兼具社区、资讯等多种功能。门户网站的音乐服务侧重于丰富的资讯内容，在音乐搜索和下载试听方面则弱于其他类型的音乐网站，但其强大的品牌效应和广泛的宣传影响有利于音乐内容的推广，同时也吸引了企业投放广告。

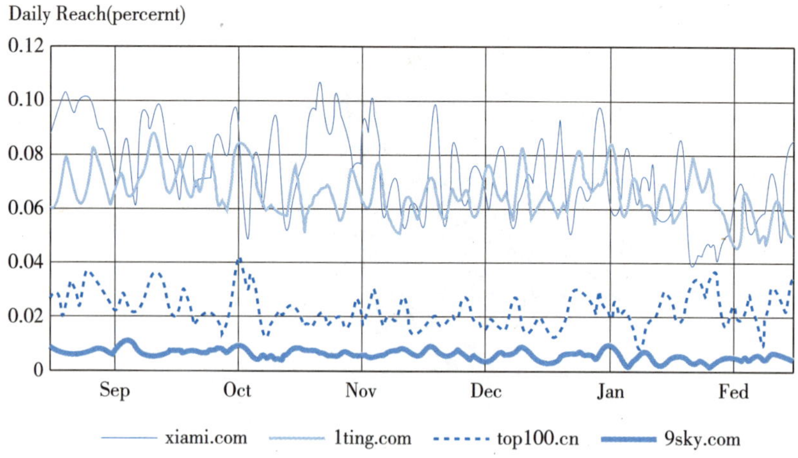

图 23　2011 年 9 月 ~12 月专业网站日用户量图统计

来源:Alexa 中文官方网

随着音乐专业网站和在线音乐客户端、音乐 MV 网站的崛起,门户网站的音乐频道除了资讯和品牌优势外,已经没有优势,这也使得各大门户开始减少对音乐频道在人力和物力方面的投入,或者进行业务整合和调整。例如,网易的"有道音乐盒"在 2011 年末进行更新升级,新浪音乐和新浪微博进行了业务整合(新浪微博注册用户数在 2011 年底突破 2 亿大关),推出了微博音乐盒及相关应用,寄希望于通过微博这个用户平台为音乐业务开辟空间。

腾讯音乐频道在 2011 年继续结合腾讯 IM、QQ 社区、QQ 音乐盒等特有的产品线,为用户提供多种网络音乐增值服务,在业务模式上,继续发挥"绿钻贵族"的优势,向音乐用户提供付费的专属音乐服务,包括正版高品质 MP3 下载、高清音乐视频观看和上传、空间正版背景音乐播放、QQ 好友音乐分享等,用户体验得到了提升。

4. 音乐 MV 网站发展迅速

在本报告前面已经提到了用户通过搜索引擎搜索的前三大类内容是新闻、视频和音乐,用户比例分别是 47.7%、45.2%、41.6%。因此音乐和视频有天然的结合之处,这也在音乐 MV 网站的迅速发展上得到了体现。

音乐 MV 网站的出现顺应了广大网民从"听音乐"发展到"看音乐"的需求。在此背景下,国内的主要网络视频提供商依托其积累的庞大用户群和成熟的技术,纷纷开辟了音乐 MV 频道。以奇艺网、优酷网、土豆网为代表的视频网站都将音乐视频作为重点频道。网络音乐 MV 多为用户自发上传,版权风险因此成为视频网站音乐频道的主要问题,相关版权方对此意见很大,并不时有相关的诉讼发生。

2011 年最受关注的在线音乐 MV 服务提供商是音悦 Tai。音悦 Tai 采用“UGC+审核”的内容模式,跟紧新歌发片速度,通过筛选网友提供的内容,第一时间为用户呈现 MV 作品。此外,音悦 Tai 为 MV 爱好者在音悦 Tai 建设“我的家”,用户分享喜爱的 MV 给其他用户,寻找志趣相投的悦友。通过分享进行聚集功能,音悦 Tai 吸引了众多用户聚集。目前音悦 Tai 拥有超过 3000 个以上的粉丝团,粉丝团成员合计超过 1000 万,成为国内最大的 MV 音乐专业网站。

5. 网络音乐电台异军突起

美国网络音乐电台服务提供商 Pandora 于 2011 年登陆美国纽约交易所。开盘价 20 美元,较其 16 美元的发行价上涨 25%。作为第一个以“收费在线音乐服务”概念上市的公司,Pandora 给正逐渐衰落的音乐产业带来了正向影响,也为中国的网络音乐尤其网络电台应用提供者增加了信心。

网络音乐电台最早产生于传统电台的网络版,随后各音乐网站和相关网络音乐播放终端提供商陆续推出了各自的网络音乐电台,比较知名的有酷我电台、酷狗电台,目前,网络音乐电台已成为网络音乐平台提供商的一个标准配置。在 2011 年,转型的百度也推出了百度 ting 电台,QQ 音乐也推出了自己的电台,抢占细分用户市场。在网络音乐电台中,国内知名社区网站豆瓣的豆瓣电台和专业音乐网站虾米网的虾米电台最受欢迎。

电台应用提供商依据庞大的用户数据,通过判断用户在播放时的操作行为,为用户推荐他可能感兴趣的音乐,例如伤感、振奋、沉思等,同时可以标记、分享等。网络音乐电台受到用户欢迎的最关键一点是:简单方便和个性化。用户不需运行功能多而复杂的音乐播放器,不用挑选歌曲,只希望立刻就能听到音乐,如同收听收音机,收听到的歌曲是已经是分门别类的。

为了更好抢占用户的碎片时间,各电台应用提供商也推出了基于 iOS 平台和 Andriod 平台的手机客户端电台,在移动终端上进行提前布局。

6. 在线音乐客户端软件竞争激烈

音乐客户端软件,即播放器软件,是一种供用户选择、下载和视听网络音乐的软件终端。作为用户消费使用环节人机交互的媒介,音乐客户端软件是网络音乐的重要组成部分,其主要包括电脑音乐客户端软件和手机音乐客户端软件两类,其中电脑端软件又分为离线、在线两种产品形态。

酷狗音乐盒、酷我音乐盒、QQ 音乐为代表的网络音乐客户端逐渐兴起,他们结合了客户端的便捷和网络音乐的全面,迅速俘获了大量用户,它们甚至融入了乐评、讨论等社会化因素,成为在线音乐用户搜索、收听、分享音乐产品的首选,在音乐搜索应用上,音乐客户端也占据了一定的市场份额,这些播放器附加搜索引擎与播放功能的结合更加紧密,迎合了音乐用户的使用习惯,用户黏性也较高。

此外,随着移动互联网的广泛应用,移动终端的客户端程序成为在线音乐客户端厂商新的战场,纷纷发力移动互联网,推出各自的手机应用软件。详细内容将在无线音乐部分介绍。手机应用客户端的应用在一定程度上推动了在线音乐客户端的下载和使用,例如酷我音乐提出的"云"的概念,很好地促进了手机客户端和 PC 客户端的综合使用,抓住了用户。

2011 年客户端的软件市场竞争激烈,诸多在线音乐服务商纷纷推出电脑端音乐播放软件,抢占用户桌面,受到例如百度 ting、虾米电台、豆瓣电台及其他新型 WEB 在线播放终端的影响,用户被分流。虽然在线音乐客户端软件市场竞争激烈,但市场格局相对稳定,依旧是 QQ 音乐盒、酷我音乐、酷狗音乐、千千静听等老牌在线音乐客户端软件的天下。

根据用户安装和使用调查数据,并参考各程序下载网站下载数,包括苹果 iPad 应用商店下载数,2011 年使用音乐客户端软件的在线音乐用户中有 39.4% 的人选择了 QQ 音乐,其次是酷我音乐盒和酷狗音乐盒不相上下,使用用户所占比例为 21.1% 和 20.6%,千千静听以 15.7% 的使用比例位列第四名,可见在线音乐客户端竞争激烈,可以预见 2012 年客户端的竞争将更趋白热化。此外,使用其他客户端程序的用户占到了 7.2%。如图 24 所示。

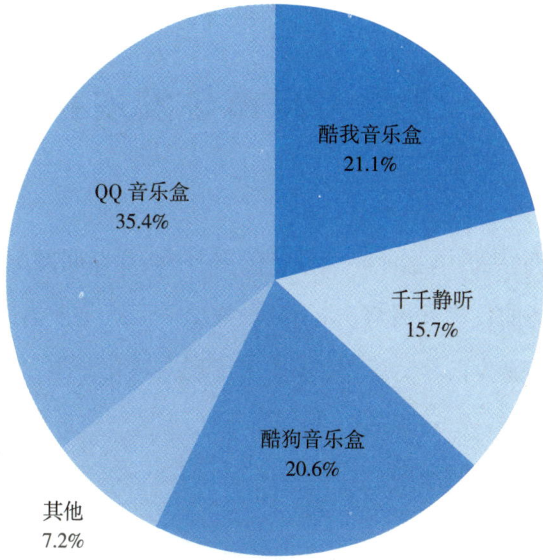

图 24　2011 年在线音乐客户端市场占有率

四、无线音乐市场发展状况

随着智能手机、平板电脑等终端设备的普及,移动互联网用户群体将呈现爆发式增长。整体市场的良好发展势头,无疑激发出一大批优质的无线音乐厂商,区别于其他行业残酷的新生阶段,无线音乐并未出现白热化竞争。

(一)无线音乐市场概况

1. 无线音乐规模增长推动音乐市场发展

随着智能手机、平板电脑等移动终端设备的逐步普及,以及移动网络带宽的改善,移动互联网用户群体持续增长,此外,各类移动应用商店的出现使无线音乐客户端获得了快速增长,用户对无线音乐的获取也更加方便。据工业和信息化部相关统计显示,我国移动电话用户 2011 年突破 9 亿户,全年累计净增用户已超过 0.5 亿。无线音乐用户数的持续增长一方面归因于移动用户数的增长,另一方面归因于电信运营商对于无线音乐业务的持续推动,尤其是进行套餐捆绑销售模式,大大提高了用户的渗透率。2011 年底,中国无线音乐用户数接近 7 亿,在移动用户中渗透率为 45.7%,仅次于手机即时通讯、手机搜索和手机新闻阅读。

2. 无线音乐结构和商业模式新变化

无线音乐产业链条中,电信运营商占主导地位,内容提供商和服务提供商均受制于运营商。在市场中电信运营商既提供了技术运营平台和音乐的传播分发渠道,又直接掌控着用户资源,控制了收费渠道。因此运营商掌控了无线音乐价值创造和传递的大部分过程,对市场具有至关重要的影响力和控制力,其业务模式的设计也是以自身价值最大化为目标的。2011 年无线音乐市场规模达到 24 亿元(以内容提供商总收入计),而电信运营商无线音乐相关收入达到 282 亿元(包含功能费),电信运营商在无线音乐产业链条的强势地位短时间内难以改变。如图 25、26 所示。

无线音乐内容提供多来源于传统唱片公司,手机音乐的闭环特点,使版权问题

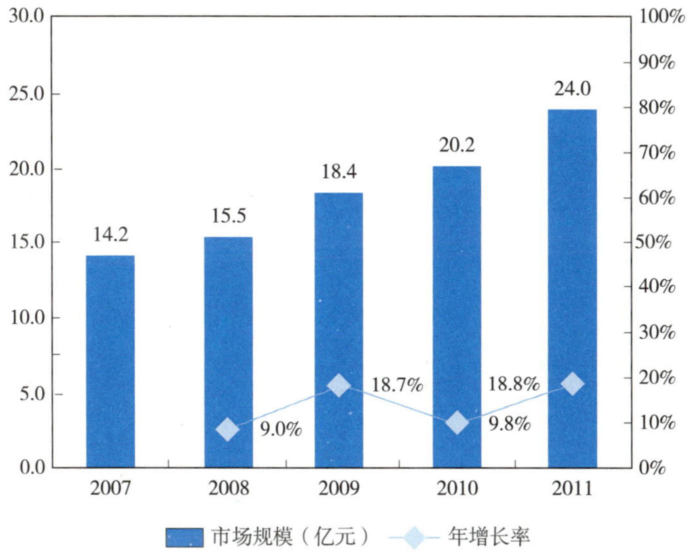

图 25　无线音乐市场规模发展状况

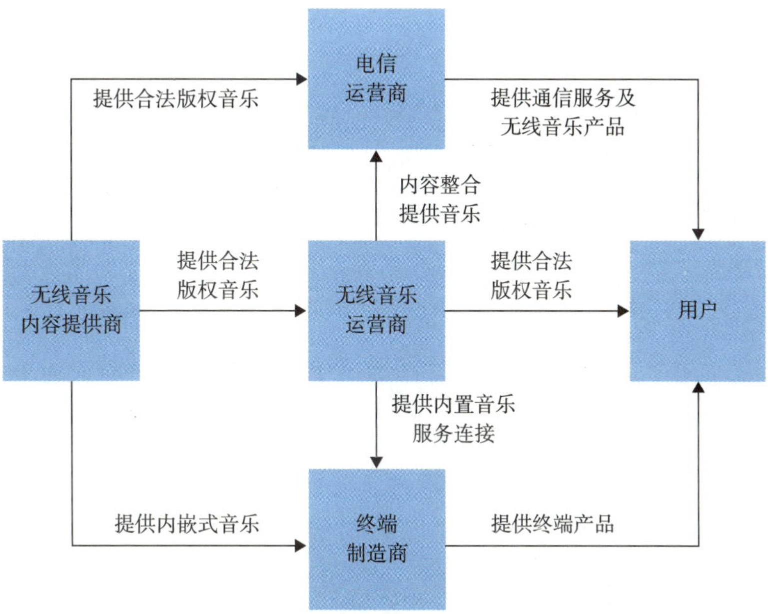

图 26　无线音乐市场链条图

得到了较好的解决。手机音乐的内容一般由唱片公司提供，然后经过在线音乐服务商的包装，最后呈现给用户。目前多数唱片公司以提供内容制作为主，而少数唱片公司开始直接与运营商合作或直接面向消费者，涉足内容制作、整合包装、营销推广等。由于内容来源固定，在盗版的问题上，盗版商难以进入整个内容流通渠道，使手机音乐产业内版权问题得到了较好的解决。

以苹果的 iTunes 模式为代表，应用商店模式逐步改变电信运营商独大的局面。苹果公司开创了 iTunes 模式，用户可以直接在 iTunes Store 上购买并下载正版音乐，通过这种模式，内容提供商及服务提供商有效规避了电信运营商对整个渠道的控制，改变了运营商一家独大的局面。

（二）无线音乐市场主要业务发展分析

1. 手机彩铃业务

手机彩铃（也称个性化回铃音）是一项由被叫客户为呼叫自己移动电话的其他主叫客户所设定的特殊音效（音乐、歌曲、人物对话、故事情节）的回铃音业务，回铃音效还可以按照不同的主叫方号码和不同的时间段等方式来设置。

自 2003 年彩铃进入中国市场以来，一直被时尚人群所青睐。彩铃爱好者一方面通过彩铃显示自己的品味和爱好，一方面为打电话一方提供瞬间娱乐。目前来看，彩铃在无线音乐服务中仍占据主体地位，这主要是由于彩铃推广的时间较长，业务形式简单，用户的付费习惯已经形成。但随着全曲下载的发展和推广，在一定程度上成为彩铃业务的替代品和竞争品，对彩铃的市场份额形成了竞争性分流。

据中国移动无线音乐基地数据显示，彩铃业务收入占其整体收入的 40% 左右，继续为中国移动的营收贡献着力量。

在中国电信方面，彩铃业务收入占据了中国电信“爱音乐”收入的 98. 2% ，是其主营收入。

2. 全曲下载业务

全曲下载是指手机用户通过互联网和移动网络下载音乐或歌曲的完整版本到终端播放的业务。本章节中所提到的全曲下载特指通过移动网络下载的业务，这种业务要求用户所用手机具备无线上网以及音乐播放功能。全曲下载会匹配每个用户的手机号，能了解到手机用户使用习惯，不仅让用户受益，也使终端厂商更加了解用户需求。

随着移动网络网速的提升、网络费用的降低及智能手机终端的广泛应用，全曲在线试听和下载需求具有较大增长空间。全曲下载和在线试听与彩铃和振铃不同,可以实时满足移动用户本人对音乐内容的欣赏需求,这类产品需求弹性较高,具有较大的增长空间。

在 2010 年年底前,使用无线网络的全曲业务有两种获取方法,一是通过 WAP,二是音乐随身听。这种业务要求用户所用手机具备无线上网以及音乐播放功能。随着无线音乐客户端和带有 WiFi 功能智能手机及移动终端的普及,无线音乐软件客户端通过 3G 网络和无线局域网进行全曲下载,将音乐存储在手机硬件上或存储在无线音乐软件为客户提供的“音乐云”的云端,随时收听。

随着彩铃业务的下降,2011 年我国三大运营商都开始着重推广全曲下载业务,无线音乐全曲下载业务高速增长的条件基本成熟。

3. **应用商店**

手机应用商店又称手机软件商店,指对内容厂商提供的游戏、音乐等产品进行分类整合,再以免费或付费模式提供给用户的运营销售平台。截至 2011 年 11 月,苹果 App Store 中国区应用数量超过 50 万个,谷歌 Android Market 应用数量 26 万个,国内主要应用平台移动 MM 应用数量 6. 8 万个,天翼空间应用数量 6. 7 万个,中国联通沃商店应用数量 1. 8 万个。2011 年全球应用商店预计直接销售收入将达 73 亿美元,中国应用商店销售收入所占比重预计会逐步增加。如图 27 所示。

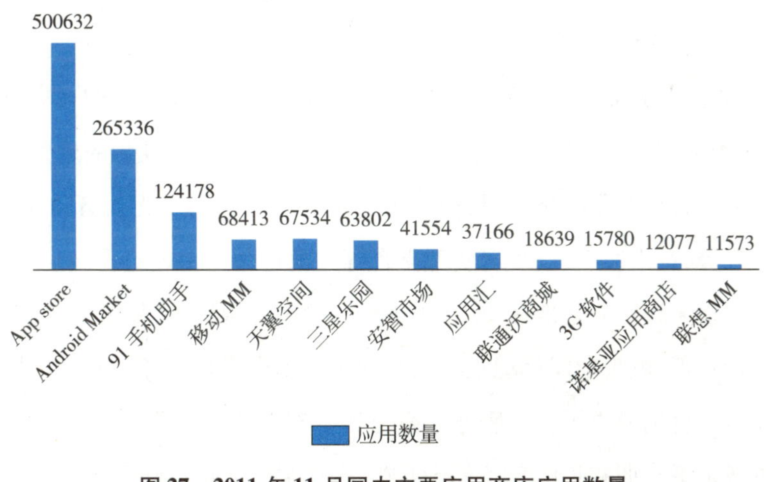

图 27　2011 年 11 月国内主要应用商店应用数量

表 3　2011 年 11 月机锋市场音乐软件下载量

下载排名	产品名称	下载数量
1	天天动听播放器	2673356
2	多米音乐	1272054
3	酷我音乐 2012	859420
4	QQ 音乐	610899
5	开迅音乐	524899
6	酷狗音乐	453142
7	豆瓣 FM	296467
8	Power AMP 音乐播放器	293282
		时间:2011—12—5

表 3 是第三方应用商店机锋市场的音乐软件下载数量,由此可以看出无线音乐应用软件的受欢迎程度。表中可以看出天天动听位居免费应用软件音乐类排名榜首,接下来分别是多米音乐、酷我音乐 2012、QQ 音乐、开迅音乐、酷狗音乐、豆瓣 FM 和 Power AMP 播放器。

(三)无线音乐市场主体的发展状况

1. 电信运营商的发展情况

目前,我国开展无线音乐服务的电信运营商是获得移动业务的三家运营商:中国移动、中国电信和中国联通。中国移动中央音乐平台经过几年的运营,已彻底改变了中国数字音乐的原有格局,目前中国电信和中国联通的无线音乐平台仍在进行改善和升级,在内容引入、平台资源整合等方面还存在一定的改善空间。

中国移动无线音乐基地在 2010 年进行了管理结构调整,采用了分公司加基地的模式进行管理,成为中国移动唯一为全网用户提供音乐服务的专业机构,统一向中国移动全平台用户提供音乐服务。截至到 2011 年底,中国移动无线音乐基地运营的中央音乐平台拥有正版音乐 156 万首,合作唱片公司达到了 538 家,歌曲上线能力达每月 20 万首,无线音乐俱乐部会员总计 9000 万人,其中高级会员 6000 万人,月下载用户超过 6500 万,日销售能力超过 350 万次,月销售能力超过 1 亿次。据不完全统计,2011 年中国移动在无线音乐方面的相关营收将达到 180 亿元人民币。

中国电信自2010年确定了“爱音乐”平台业务以来，大力发展该项业务。截至到2011年12月，中国电信的爱音乐用户达到1.9亿，曲库数量达到了108万首。彩铃收入占据了中国电信“爱音乐”收入的98.2%，是其主营收入，全曲下载占比为1.6%，但有不断增长的趋势，其他业务收入为0.2%。总体收入规模达到近60亿元。此外，截至2011年7月，音乐下载注册用户数达到1753万。天翼空间的注册用户超过3000万。如图28所示。手机客户端方面，目前爱音乐已经适配413款手机客户端，使用手机客户端的用户已经达到1229万。截止到7月，爱音乐业务的累积订购量完成了2.2亿次。而在未来的规划上，爱音乐基地将主推几款热门应用，比如彩铃DIY、音乐云等。据了解，中国电信的音乐云可以做到云分享、云赏乐和云搜索等。而天翼空间的发展方面，目前天翼空间整体注册用户已经超过3000万，每月的活跃人数为600万，每月应用下载量已经达2000万次。

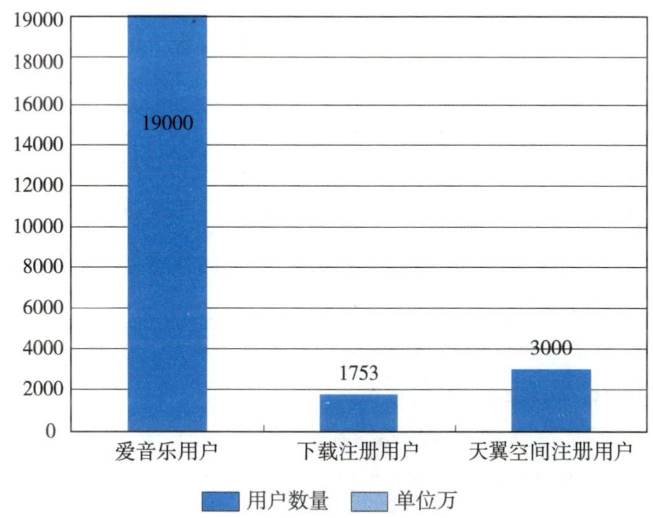

图28　中国电信爱音乐用户情况

来源：文睿研究整理

2. 服务提供商转化为内容提供商

服务提供商（SP）曾是电信运营商连接内容提供商的桥梁和纽带。受电信运营商的政策和产业结构调整的影响，目前，中国电信运营商的合作方统一称为CP，也就是内容提供商。原有的SP转型为内容提供商，最有代表性的是滚石移动和A8音乐。滚石移动依托母公司滚石唱片庞大的中文版权库，已成为中国移动重要的版权合作伙伴。另外,滚石移动为了更好地打造产业链,还成立了子品牌——美妙音乐,先后签约了包括孙燕姿、郁可唯等知名歌手和一些新秀歌手。

A8 音乐也加大举措,从音乐内容购买、艺人合作、唱片出品等方面发力建设全方位音乐产业链。2011 年 A8 音乐瞄准音乐产业上游,成立布拉琪唱片公司,推出《你是我的菜》和《唐古拉》等网络红歌。同时,凭借 2011 年全年 130 首产量的音乐版权作品,成为国内全年音乐产量最高的唱片公司之一,从创作源头上保证作品质量。

3. 无线音乐客户端发展迅速

移动互联网的发展,尤其应用商店的普及,促进了无线音乐客户端的广泛应用。在手机客户端程序方面,文睿研究监测了苹果 App Store、谷歌安卓市场、机锋市场三个渠道,对手机音乐客户端下载情况进行了监控,总体来说酷我音乐表现最为优异,长期占据各应用商店和下载平台榜首的位置,其他的几个播放器在不同渠道各有优异的表现。

用户使用音乐软件状况反映出,酷狗、QQ 音乐,甚至是电信运营商旗下的音乐软件并未展现出应有的优势,排名第二、第三的软件均为新兴厂商。酷我音乐依靠先发优势以 55. 2% 的市场占有率名列前茅,多米音乐虽出道较晚,但其增长势头不容小觑。在无线音乐领域中,用户在选择客户端时,会考虑音质、自主内容、用户界面等多种因素,良好的桌面软件体验往往成为左右用户决定权的关键所在,用户忠诚度需要强大的技术以及优质的内容、个性化的服务。如图 29 所示。

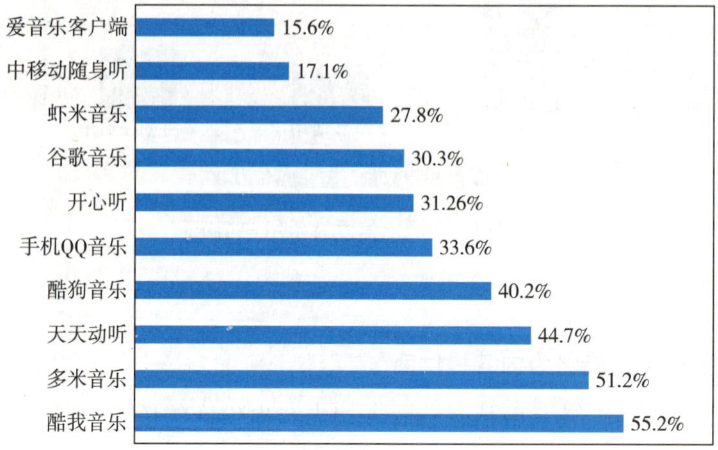

图 29　2011 无线音乐客户端使用情况

（四）移动互联网促进网络音乐市场的发展

1. 移动互联网充分释放了无线音乐的发展潜能

2011 年运营商将市场推广重心放在了移动终端和网络建设上，希望通过智能手机的普及获得更多的手机用户。移动互联解决了无线音乐下载速度的问题，进一步促进了无线音乐的发展。移动互联网络的普及催生了种类众多的应用，随之带来了大量的潜在的无线音乐用户，无线音乐的市场进一步扩大。

智能手机更友好的上网体验吸引了部分用户使用移动互联网，但由于其现阶段价格仍然较高，使用智能手机的人群主要集中在中高端人群和现有网民，对手机网民整体规模来说，智能手机的推动作用不是特别明显。应用商店的推出，引爆了手机即时通讯、手机搜索、手机网络音乐等应用。

2. 移动互联网的新应用给市场监管提出了挑战

部分国外厂商运营或主导的移动网络应用的内容平台，比如苹果的 App Store、谷歌的 Android Market，无论其运营主体的身份，还是内容平台上的音乐产品，都未经任何形式的资质认定、内容审查或备案，游离于中国法律监管之外。主体不易监管的特点导致很多问题，包括存在着中国法律所不允许传播的音乐作品等，危害国家文化安全，并形成了很大的法律风险。同时，这种游离在中国法律法规之外的内容平台，会形成负面的引导效应，树立坏榜样，危害更加深远，对中国的法律权威提出了挑战。

五、网络音乐投融资状况分析

随着产业环境的改善，以及中国网络音乐主管部门对网络音乐市场管理的加强，打击盗版音乐和非法链接力度的加大，中国网络音乐市场环境将在未来一、两年内得到较大改善。经过近几年的努力，国内的网络音乐经营企业开始探索和创新适合中国国情的网络音乐盈利模式，并有部分网络音乐经营企业开始盈利，网络音乐必将成为网络文化市场中一个新兴的市场。此外，大力发展文化产业已经成为国家“十二五”规划的重点内容。

与 2010 年无一例网络音乐投资事件相比，我国网络音乐市场在 2011 年发生了几笔投资和收购，针对网络音乐的投资开始回暖，网络音乐又开始受到资本市场的关注。

2011 年，巨鲸音乐在资本市场上动作频繁，而在香港上市的 A8 音乐先后投资多米音乐，对广州酷狗音乐进行股权收购，虾米网和音悦 Tai 等新锐网站也受到了资本的广泛关注等。相比之下，一些老牌网络音乐服务提供商由于缺乏后续资金支撑及创新的贫乏，用户和广告收入下降明显，经营出现困难。

投资事件回顾

- 2011 年 9 月，A8 以 1900 万人民币战略投资多米音乐，融资将用于产品研发和团队建设。
- 2011 年 9 月 13 日，豆瓣网确认，已完成第三轮 5000 万美元融资，资金已于早些时候全部到账。据了解，本轮融资投资方分别为挚信资本、红杉资本和贝塔斯曼亚洲投资基金。
- 2011 年 10 月 25 日，A8 音乐（HK:00800）宣布，旗下子公司快通联及主要股东刘晓松，收购酷狗公司 21% 股权，总计人民币 4208 万元。后因酷狗股东反对，收购未完成。

随着国内版权环境的好转，特别是移动互联网对网络音乐的推动作用，部分网络音乐网站开始实现营收平衡，网络音乐的投资价值逐渐被挖掘，又重新被资本市场所关注。

但同时需要注意的是去年的投资事件基本上是音乐行业相关的资金，这部分资金的特点是熟悉网络音乐行业，投融资的目的多为资源整合，或是投资主体整体战略的考虑。产业资金进入相对少，总体来说，未有大型的产业资金进入，说明投资界对网络音乐的前景和风险还有一定的担忧。商业模式的问题依然是影响投资者投资热情和资本大规模进入的根本原因。

可以预见，随着国内资本市场的成熟，以及网络音乐市场环境的改善、网络音乐企业盈利模式的形成，网络音乐必将引起更多的资本的关注，特别是相关金融政策逐渐放宽，国内创业板和银行贷款将成为网络音乐企业融资的新渠道，网络音乐企业融资渠道将更加多元化。

此外，随着音乐终端的发展，包括手机以及家庭的一些娱乐硬件、设备的发展将促进产业从业者探索出崭新的商业模式，数字音乐产业中出现百亿美元营收的企业是有希望的。

六、网络音乐市场发展中的问题

我国网络音乐市场整体发展态势良好，但也应该看到，发展中也伴随一些亟待解决的问题，除了盗版和侵权两大顽疾外，还存在以下问题。

（一）网络音乐缺乏相关行业标准

行业标准的缺失是网络音乐市场秩序混乱的另外一个诱因，主要表现在三个方面：

首先，音乐产品缺少标准。被授权方常常只拿到纸质授权书，而唱片公司无法提供完整的音档、歌词、专辑封面等资料。这导致正版音乐合作的谈判过程在权利的确认上过度耗时间。

其次，音乐产品信息混乱。目前互联网平台的音乐产品没有一个规范的标准，内容商提供的产品信息描述方式不一，外文歌曲翻译混乱，信息不规范性导致各平台的产品信息混乱，此外，词曲版权与演唱权的分离情况非常普遍，目前运营商经营音乐业务使用的内容版权主要审核邻接权，而对于非常分散的词曲版权采取认领方式，但是认领的分成比例还没有依据。

第三，音乐产品的所属权混乱。互联网音乐版权不清晰，或版权所属较乱，导致被授权的作品无法核实版权的真实权利是否属于授权方的情况时有发生，有时会遇到被授权的作品被第三方起述侵权，导致渠道方受到经济损失。例如：同一首歌曲、同一个表演者、同专辑，三家不同网站给出的归属都不一样，分别去询问三家网站标注的唱片公司，得到的结果是都没有。版权归属无法确定等问题，影响了音乐版权的正常使用，扰乱行业秩序。

（二）消费者付费消费习惯有待培养

盗版问题依然是网络音乐行业发展道路上的最大障碍，提升用户消费音乐产品习惯的核心基础在于培养其正版意识。互联网进入中国以来，最早的一批网络公司在经营音乐产品时，采取 Napster 的模式，中国的广大网民养成了免费使用网络资源的习惯，这一习惯在网络音乐市场中进一步延伸，免费消费习惯短时间内难以改变。在我国的网络音乐产业中，只要有一家网络音乐运营商提供的产品是免费的，其他的收费正版音乐运营企业就很难获得收入。另外，众所周知的盗版问题，也是消费者免费消费的源头，这也造成了网络音乐的商业模式单一，盈利困难。

（三）行业内部沟通机制、分配机制有待建立

版权方和渠道方在结算机制和版权费用方面分歧较大，彼此怨言颇多，需要建立良好的沟通渠道，完善利益的分配机制。

第一，渠道方运营数据和计费机制的不透明，导致版权方对其产生不信任。许多渠道方缺乏透明的计费机制，无法确认结算数据的真实性，导致授权方往往采取高价保底的策略来保证收入，而这种策略成为网络音乐服务商进入正版领域的障碍。

第二，版权方费用定价机制和权利约束机制缺失，以及低品质的服务，导致渠道方怨声载道。上游版权方数目众多，自由定价，没有规范的价格评估标准，导致运营方议价范围有限，往往被迫接收不合理的高额定价；版权方往往提供完授权文件后，后续内容，如介质、歌曲变动情况更新信息的提供并不完善，影响运营方的使用，服务品质和质量缺乏约束。

第三，网络音乐产品销售的分配模式有待完善，存在企业经营渠道垄断和资源相对不平等。经营销售渠道垄断也是制约音乐产业发展的一个重要因素。由于垄断产生了分账不透明，销售资源、音乐资源的相对不平等。另外，运营商企业业务收入有些不和版权企业分配，比如功能费、会员费等这类基于音乐服务而产生的费用。

（四）核心商业模式未能突破，企业经营困难

长期以来，我国网络音乐的用户免费使用音乐产品，以流量换广告的媒体模式依然是主流。2011 年，虽然有企业进行付费模式的尝试，向用户进行收费，但都是

以高级会员服务、VIP 服务等形式变相的进行，未成为主要的盈利模式。除了渠道方竞争激烈的因素外，消费习惯和缺乏杀手级应用依然是商业模式未能突破的主要原因。

七、网络音乐市场的管理

中国网络音乐市场的健康发展离不开政府相关部门的管理与引导。作为网络音乐的主管部门，文化部已经形成了主体准入、内容审查、市场监管、执法监督等一整套网络音乐市场管理体系。

2011 年，文化部继续按照国务院赋予的相关职能，通过多种手段对网络音乐市场进行了管理，网络音乐整体环境有所好转，市场秩序得到了规范。

(一)文化部 2011 年网络音乐管理工作

1. 加强对网络音乐违法和违规经营行为的打击

为了营造良好的网络音乐经营环境，2011 年 1 月 7 日，文化部办公厅发布《关于清理违规网络音乐产品的通告》，公布首批 100 首未经内容审查或备案的违规网络音乐产品，要求各大网站于 2 月 28 日之前开展自查自纠，进行清理整改。3 月中旬，文化部决定对逾期未完成清理整改、仍在擅自提供首批 100 首违规网络音乐产品服务的 54 家网络音乐网站进行立案查处。4 月 22 日，文化部再次作出部署，根据《互联网文化管理暂行规定》的相关要求，对 14 家涉嫌违法的网络音乐网站予以立案查处。

通过对网络音乐违法和违规行为的打击，合法合规的经营行为得到了维护，相对于 2011 年，中国网络音乐市场的经营环境和经营秩序有了较大的改善。

2. 加强网络音乐内容审查和备案工作

为了更好地服务网络音乐运营企业进行网络音乐作品的审查和备案工作，按照国务院“三定”方针，2011 年对网络音乐报审报备系统进行了第三期研发，在功能设置等方面进行调整和完善，更加方便企业报审工作。全年共审查备案音乐 93578 首，其中，备案国产网络音乐 12512 首，审查进口网络音乐 81066 首。截至 2011 年年底，经文化部备案和审查通过的网络音乐已达 21 万余首，有效地规范了网络音乐内容和产品。

3. **开展网络音乐市场问题和现状调查**

为全面了解网络音乐行业发展的现状和问题,2011 年文化部市场司委托第三方研究咨询机构和行业协会通过问卷调研、召开座谈会、走访企业等形式,针对行业中出现的问题,在行业内广泛征求意见,进行了充分的调研,对制定合理、有效的行业管理政策,提出解决问题的对策提供了基础资料。

4. **多种手段推动行业自律和规范工作**

为了规范网络音乐行业市场,促进其健康有序发展,在文化部的指导下,由网络音乐运营企业、唱片公司、第三方机构参加的"网络音乐行业发展联盟"于 2011 年 6 月份成立。在联盟框架内,网络音乐产业链中的各方——内容方、渠道方、运营方等各参与方搁置争议、加强合作,从行业可持续发展的大局出发,共商推进网络音乐市场的自律和健康发展。

同时,加强了对网络音乐运营企业网络文化管理政策、法规的培训。在 2011 年 9 月,召开网络音乐政策培训班,并针对网络音乐联盟企业共同关注的问题进行研讨,共商解决对策。

(二)文化部网络音乐管理思路

在 2011 年工作的基础上,通过征集相关企业和相关部门的意见,文化部对 2012 年网络音乐管理工作的思路主要有以下几点:

1. **管理和服务并行,完善内容审查和备案机制**

通过充分的网络音乐政策调研工作,听取网络音乐运营企业和社会对网络音乐内容审查和备案工作的意见和建议,改进和完善网络音乐的内容审查和备案相关政策,调整进口音乐内容审查和国产音乐备案的流程和方式,包括全流程网络申报、建立网络音乐内容数据库和信息库等手段,方便网络音乐运营企业,寓管理于服务,增加服务功能。

2. **创新管理手段,引入技术手段进行日常监管**

积极做好"网络音乐市场监管系统"的需求调研、系统设计和研发工作,采用最新的网络音乐监管技术,以科学的手段将网络音乐市场管理好,促进网络音乐市场管理水平和管理效率的提高。

3. **鼓励创新，重点保护和扶持民族原创音乐作品**

源源不断产生的优秀音乐作品是网络音乐发展的动力，文化部大力支持具有正确价值取向和符合社会道德观的优秀作品的创作，支持富有民族风格和时代特点、网民喜闻乐见的作品的创作，建立优秀原创网络音乐产品评选、奖励和推广机制，提升网络音乐制作质量和水平，奖励思想性强、艺术性高、音乐内容和网络技术完美结合的原创网络音乐产品。

4. **推动网络音乐行业发展联盟，建立行业的对话平台**

继续推动网络音乐行业发展联盟的工作，促进其建立良好的工作和沟通机制，进而发挥其行业公会的职能，吸纳版权方和渠道方加入联盟，有效链接网络音乐产业链条，协调行业发展中遇到的问题，推动网络音乐服务模式、经营模式的创新，促进网络音乐各经营企业自律工作。

5. **推动网络音乐标准化工作**

联合国家标准化委员会和相关部门，建立规范的音乐产品内容标准、服务标准、技术标准，使其成为规范网络音乐产业的重要参考指标。

6. **开展网络音乐专项治理，打击违法侵权经营行为**

继续针对网络音乐经营活动中出现违法、违规行为进行严厉打击。指导各地方文化执法部门，继续加大整治力度，将打击盗版和非法经营作为一项长期性的工作，并常抓不懈。

7. **推动网络音乐与其他业态的融合和创新**

继续推进网络音乐和网络演出的结合，引导与游戏产业的结合，通过和游戏厂商的合作开发、运营音乐游戏，探索出一种新的商业模式，将为低迷的网络音乐市场提供新的市场机会。

八、网络音乐市场发展趋势

(一)社交网站为音乐产业带来变革

自网络音乐服务推出以来,网络音乐厂商就一直在尝试挖掘其社交化功能,在所有的媒体类型中,音乐无疑是最具社交性的一种。发挥音乐在社交方面的优势可以使网络音乐的渗透性更强,从而推动其迅速扩大受众群体规模。同时在社交中带来的关联销售更是延长了网络音乐的产业链,促进其产业经济效益的增加,并逐渐发展出新的营销渠道和盈利模式。例如 Spotify 与 Facebook 的合作,使 Spotify 立刻成为了 Facebook 里默认的音乐服务供应商,可以供 Facebook 上超过 8 亿的用户选择并应用,合作第一个月,Spotify 新增用户近百万。另一个作为社交化音乐分享网站的 Like. fm,允许用户将其客户端与 Facebook、Twitter、Last. fm 账号关联,当用户通过网站或软件听歌的时候,可随时通过 Like. fm 网站将自已听歌的曲目、来源网站或播放器等信息同步到 Like. fm 网站和 SNS 平台上,从而通过音乐达到用户之间互动的效果。

除了以上方式外,音乐在新浪微博和微博社区游戏上的应用也在不断印证着音乐社交化的发展趋势,动漫与游戏中网络音乐的广泛融入逐步丰富着音乐的传播渠道和服务模式,音乐分享将成为一项社交的重要功能和应用。

(二)移动互联网带来创新应用

目前,移动网络环境日趋成熟,多种移动互联终端迅速普及,用户随时随地聆听高品质音乐的需求,无疑正带来巨大的商机。一些领先企业已纷纷以智能手机为突破口,加快布局掌上音乐消费市场。内置智能操作系统的无线终端日新月异,各种无线音乐应用层出不穷,这些使无线音乐成为网络音乐市场中最具增长力的细分领域。从 A8 音乐 2011 年内相继收购多米音乐股权与酷狗公司股权的重大布局中，便能看出其对移动互联网音乐领域的重视程度。

另一方面移动互联网环境具有的“特殊性”使得用户对于数字音乐的需求和操作习惯逐渐发生改变，要求方便性更强、及时性更强的使用特点不断刺激着网络音乐运营商们进行创新。例如从以前简单的靠搜索定向关键词的内容获取发展成了现在的智能推荐，发生了从简单的个人收藏欣赏到利用手机进行微博音乐分享或者进入社区交流喜好的这种变化。同时，产品实现上也有很大的变化，刚开始音乐是以一个功能性的播放器为主，现在逐渐地向在线音乐播放转变，流媒体技术和云端音乐播放更使音乐摆脱了实体介质的限制。

（三）开放平台改变产业发展模式

开放平台已经成为网络产业发展的一个主要方向，网络音乐也不例外。酷狗音乐、QQ 音乐这些传统的数字音乐厂商纷纷在 2011 年发力开放平台。京东商城计划于 2012 年下半年推出数字音乐业务，形成更加完整的数字内容服务平台。中国移动无线音乐基地将开放 API 接口并提供行业解决方案，开发者可调用 12530 正版曲库开放 API，开发各种音乐类应用。

通过音乐产业与互联网平台之间的合作可以聚集各种优质应用及内容资源，打通各个领域和平台，在满足用户音乐搜索需求的同时，也使得企业能够更有效地寻找目标用户。未来产业发展倾向于把各种优质资源以任何终端、通过应用开放平台与用户需求实现对接，从而实现网络音乐产业与移动互联、传统产业的融合，更加迅速地实现其商业价值。

（四）音乐云发展值得期待

在国际上，谷歌和苹果已经开通了“音乐云”服务。“音乐云”即把用户收藏的音乐内容存储在云端，也就是个人云储存服务，通过该技术服务用户可以不受终端限制，随时享受音乐。未来的消费需求必将朝着多元化发展，而音乐也将会成为刚性需求，能够在家中、在上班的路上、在办公地点同步自己喜爱的音乐曲目。

在国内，多米、酷我、酷狗等音乐服务提供商已覆盖了手机、PC、音响、电视等多类终端。随着移动终端的广泛普及，无缝隙同步终端使得云技术开始成为技术趋势,而掌握一个前景明朗的趋势,无疑能够掌握住潜在消费人群。尽管现阶段用户在听音乐时第一选择仍旧是 PC、MP3 等,但随着移动互联网的成熟以及移动终端的普及,“音乐云”所展现出的强大便捷性将被日益重视。

从音乐产业的角度来看,音乐云服务是对页面视听、视频、客户端、家庭影院以及车载等产品形态的整合,是基于云技术提供的整体音乐服务。以前要实现在不同播放设备上听音乐,需要不断拷贝、切换不同介质,现在音乐云可以很好地解决这种音乐体验断层的问题。基于云的终端互联,数字音乐产业商业模式更加完善,付费、广告、创新增值服务、游戏类社交化内容等都可以实现无缝连接,使用户体验大大提升。

(五)音乐的相关移动软件和应用开发

2011 年网络音乐消费增长快速,很大的一个影响因素是音乐应用软件在移动网络和应用商店的增长,数字工具快速发展使得无线音乐客户端及相关应用的开发快于往年。2008 年苹果推出 iTunes 应用商店后,旨在开发音乐的移动应用就开始发力。随着 iOS 和安卓平台功能的增强,此类应用服务也不断增强。国内音乐开发商天天动听、多米、酷我、酷狗等陆续启动了移动客户端策略,纷纷投身于无线音乐客户端市场的开发。数字音乐的表现形式和传播方式日益丰富多彩,基于手机和移动网络的音乐应用软件创造着一种全新的音乐消费形态,这不但使手机成为人们 24 小时不离身的音乐终端,而且也使得音乐爱好者能以一种全新的方式去创造、欣赏和传播音乐,为人们带来了一种空前便捷和独特的音乐体验与享受。

附录一

国外网络音乐发展概况

自 2003 年苹果 iPod+iTunes 音乐模式的成功，在线音乐市场吸引了来自内容提供商、电脑厂商、零售终端、门户网站、搜索网站、专业音乐网站等不同方面的关注和追捧，促进了在线音乐的急速发展。

2011 年，欧美、韩日音乐市场在线音乐发展势头良好，各种不同类型的市场主体纷纷进入了这个行业。

（一）数字音乐全面超越实体销售

美国市场研究公司 Nielsen 和 Billbord 杂志数字显示，2011 年美国数字音乐销量占美国音乐市场的 50.3%，首次超过实体音乐销量。美国作为全球最大的音乐市场，数字化程度比欧洲大部分地区高，每三张音乐专辑中有一张是数字唱片。2011 年，美国数字音乐销量上升 8.4%，数量较前一年多 1 亿曲（次），其中 Rap、电声、拉丁语和乡村音乐增长最多。在这其中，由乔布斯主导创立的苹果 iTunes 音乐商店功不可没。

iResearch 艾瑞咨询整理 Insight Research Group2011 年 9 月发布的数据显示，2011 年，美国 53% 的用户选择在线购买音乐文件，51% 的用户选择购买传统的实体唱片，49% 的用户选择免费试听在线流音乐，42% 的用户表示习惯下载数字音乐，而选择在线购买流音乐的用户只占 13%。

美国是最大的数字音乐市场，但不是第一个发生上述销量转变的国家。从国际唱片协会（IFPI）数字看，早在 2009 年，中国、印尼、韩国和泰国的数字音乐销量就超过了实体销量，它们才是真正的数字音乐引领者。

(二)国外主流网络音乐服务提供商发展情况

以 iTunes、Pandora、Spotify 等为代表的国外网络音乐服务提供商在数字音乐经营模式和盈利模式上进行了积极的尝试,并取得了一定的成就。虽然国内外网络音乐经营环境不同,但国外成功的网络音乐经营模式仍然值得借鉴。

• Pandora

1. **基本资料**

Pandora 创立于 2000 年。该网站通过算法和用户反馈向用户推荐音乐。在 2011 年 7 月,其网站注册用户人数突破 1 亿,每月活跃用户人数达 3600 万。

作为第一个以"收费在线音乐服务"概念上市的公司,潘多拉给正逐渐衰落的音乐产业带来了一丝曙光。人们在以潘多拉为代表的众多在线音乐电台身上,看到了互联网科技和音乐产业重新拥抱的希望。

潘多拉在线音乐电台服务已经占全美电台市场份额(包括在线、离线和卫星电台)的 2.3% 。其中,有一半的用户访问来自于移动终端。而来自尼尔森最近的一次调查显示,潘多拉是唯一一个在 iOS,Android 和黑莓这 3 大终端上面同时位列前五的应用。

2. **商业模式**

Pandora 提供两类服务。一类为免费的、由广告支持的服务,另一类为每年价格 36 美元的高级服务。后者提供更好的音乐质量,同时没有广告。高级服务逐渐成为 Pandora 的一大营收来源。不过,广告仍是 Pandora 的主要营收来源。

Pandora 出售的多数广告是多平台形式,如捆绑出售移动和桌面广告,这深受广告客户的青睐。广告客户过去关注的是选择正确的广告平台,而现在则是希望获得向任意设备消费者全天候传送广告的最佳解决方案。

Pandora 的主要竞争对手和业务包括传统广播公司、Sirius XM Radio 等卫星广播服务提供商、Rhapsody 等传统广播音乐服务,以及苹果、谷歌和亚马逊最新推出的云计算音乐服务等。Pandora 与福特、雪佛兰、奔驰、宝马等汽车品牌签订了合作协议。随着 Pandora 的服务在汽车行业得到进一步推广,Pandora 相对于传统电台的优势会进一步扩大。但这些合作短期内都难以看到效果。汽车厂商初期只会将

Pandora 整合到仪表盘上，因此收听者仍然需要购买新车才能使用这项服务。

同时也要看到，越来越多的竞争对手开始进军这一市场，包括行业新星 Turntable. fm 等。

3. **营收状况**

该公司 2009 年财年净亏损 1863. 7 万美元，2010 财年净亏损 32. 8 万美元。

2011 年 6 月 16 日，Pandora 在纽约证券交易所实现 IPO，第二季度营收为 6700 万美元，比去年同期增长 117%，超出分析师预期。Pandora 第二季度广告收入为 5830 万美元，比去年同期增长 118%。Pandora 第二季度订阅及其他营收为 870 万美元，比去年同期增长 112%。

Pandora 预计，2012 财年营收为 2. 7 亿美元到 2. 75 亿美元，比上一财年增长 96% 到 100%，超出分析师平均预期的 2. 6 亿美元；第三季度营收为 6950 万美元到 7250 万美元，比去年同期增长 84% 到 92%。

4. **风险分析**

巨额版权费将成为 Pandora 的发展障碍，持续的版权费负担是其股价疲软的主要原因。36 美元的月费使得 Pandora 成为最昂贵的一种娱乐形式，而下一轮的版权谈判要到 2014 年才能开始，新的费率结构则要到 2016 年才能生效。因此，在可预见的未来，该公司的大笔收入都将用于购买版权。上一财年，版权费占到了 Pandora 1. 4 亿美元收入的一半。

此外，随着竞争对手的增多，Pandora 的广告收入受到影响，归结起来，有以下原因：

- Pandora 创建的公告模式无法满足大企业需求。
- 销售人手不足。随着 Pandora 用户人数激增，销售团队没有跟上公司增长步伐。
- 竞争对手越来越多，分散了广告商注意力。比如 Spotify、Last. fm、Rdio 等。

随着用户人数不断增长，尤其是移动设备用户的增多，增加广告收入仅是时间问题，

5. **关于未来**

移动互联网行业正在蓬勃发展，智能手机和平板电脑用户占 Pandora 用户总数的比例超过 70%，这一增长主要得益于 iPhone 和 Android 两大平台。摩根大通分析师道格·安穆斯(Doug Anmuth)在一份研究报告中表示：Pandora 目前占据了

有利地位,将在美国的在线显示广告、移动和广播广告领域占据一部分份额。到2014年,Pandora将面对一个总价值370亿美元的市场。

文睿研究预测,Pandora在用户数量上将有望保持20%的年增长率,到2021财年全球活跃用户数将达到1.5亿左右。据了解,Pandora有进入中国市场的计划,目前已经开始接洽合适的合作伙伴。

• Spotify

1. 基本资料

Spotify总部位于伦敦,2011年顺利地进驻美国,并且仍在迅速成长当中。该公司在全球的注册付费用户总数已经突破了200万,用户总数突破1000万。

Spotify目前已经面向美国、英国、法国、西班牙、荷兰、瑞典、挪威和芬兰推出了服务,但尚未在亚洲建立业务。

2. 商业模式

Spotify的主营业务为向用户提供数字音乐订购服务,这种服务模式希望通过建立起大型的歌曲库,让消费者在支付包月费用的基础上以自助选歌的方式通过电脑、移动设备以及搭载了相关设备的汽车里以流媒体的方式便捷地欣赏自己喜欢的音乐。用户每次点击播放一首歌曲,Spotify就要向唱片公司支付一定的费用。依据这种商业模式,虽然每首歌曲带来的版权收入比下载服务低,但是理论上讲,它可以吸引大量的收听者,进而获得可观的订阅服务营收。

据文睿研究了解,Spotify营收的四分之三来自于订阅,四分之一来自广告。Spotify今年4月收紧了它对免费服务的限制,这导致一百多万人停止使用Spotify,但其付费用户(4.99英镑的基本套餐和9.99英镑的高级套餐)的人数开始飙升。

让Spotify迅速发展的一个契机则是该公司与Facebook展开的合作,双方在2011年9月22日Facebook举行的社交网络大会上已经公开宣布了双方的合作关系。而这一合作使得Spotify立刻成为了Facebook里默认的音乐服务供应商,可以供Facebook上超过8亿的用户选择并应用,合作第一个月,Spotify新增用户近百万。

3. 营收状况

2010年该公司营收总额为9900万美元,比上一年度增长458%,其中订阅服务带来的营收为7100万美元,广告服务带来的营收为2800万美元。尽管营收大幅增长，但是 2010 年 Spotify 的亏损额却从上一年度的 2600 万美元增加到 4200 万美元。

2011 年 2 月，在俄罗斯技术投资者尤里·米尔纳(Yuri Milner)牵头的一轮融资中，Spotify 以 10 亿美元的估值筹得 1 亿美元资金。

据了解，微软有意收购 Spotify，将 Spotify 的业务整合到 WP7 之中，这对谷歌的音乐服务产生了竞争，同时还将有助于微软与苹果 iTunes 展开更好的竞争。目前，微软已经有了自己的订阅音乐服务 Zune Pass，但几乎没人使用。

4. **未来分析**

文睿研究认为，Spotify 在 9 月份与 Facebook 的结合，很好解决了社交功能弱的特点，迅速增加大量用户。作为一家新创立的公司，Spotify 目前面临的最大挑战便是如何推动他们的免费用户转变成为付费用户，进而来提高企业的运营收入。此外，和 Padora 一样，对于 Spotify 来说，巨额的音乐版权费用是长期的硬性成本。Spotify 此前曾经公布该公司在欧洲的免费用户转变为付费用户的比例为 10%。

此外，还有消息称，Spotify 正在和谷歌谈判，共同推出音乐云服务，如果双方谈判成功，将会为双方带来巨大的合作空间。

• Rhapsody

1. **基本情况**

Rhapsody 是美国最大的在线音乐服务商，在 2010 年初成立，RealNetworks 和维亚康姆公司注资 1800 万美元和 3300 万美元，共同拥有公司 95% 的股权。

2. **盈利模式**

向通过包括移动电话在内的任何设备接入到互联网的用户提供无限的音乐流媒体服务，每月收费 10 美元。

3. **未来分析**

2011 年 10 月，Rhapsody 收购 Napster，以扩大市场份额并保持对新竞争对手 Spotify、RDIO 和 MOG 的领先。

Napster 曾经是文件分享服务领域的先驱企业。该公司推出的服务能够让用户通过互联网彼此分享音乐曲目。但是此后该公司遭到了众多唱片公司提起的诉讼，该诉讼最终耗尽了 Napster 的资源，使得该品牌和商标最终被迫出售。此后 Napster 曾经一度被一款订阅服务以挂羊头卖狗肉的形式套牌使用了多年。在百思买对 Napster 展开收购交易之时，Napster 称自己尚拥有约 70 万名注册用户。目前外界尚不清楚 Napster 仍拥有多少注册用户，但是根据推测，Rhapsody 收购 Napster 的主要目的也在于吸纳更多的注册用户。

目前数字音乐订购服务在美国的市场前景并不乐观。Rhapsody 的付费用户也只有 80 万人左右，不过该公司在 2011 年 10 月从百思买旗下收购了 Napster，预计在整合之后，用户能够达到 120 万左右。

● 苹果 iTues 服务

1. 基本情况

苹果的 iTunes 在 2003 年面世，当时它拥有 20 万首歌曲，99 美分下载一首，10 美元可以下载到整张专辑。它用巨大的下载量彻底改变了传统唱片市场，在此之前，唱片公司的高管们从来不认为数字音乐市场会取得如此的利润。再加上硬件 iPod 的配合——廉价、便捷、可靠、海量，直接将 CD 唱片的销售量击垮。

目前 iTunes Music Store 在以下国家提供服务：美国、英国、法国、德国、奥地利、比利时、芬兰、希腊、爱尔兰、意大利、卢森堡、荷兰、葡萄牙、西班牙、加拿大、丹麦、挪威、瑞典、瑞士、日本、和澳大利亚。

2. 盈利模式

苹果以 iTunes 为平台，通过 iPod、iPhone 和 iPad 等苹果终端设备进行下载和使用音乐产品，打造了一个封闭的生态系统。iTunes 中的音乐需要付费下载和使用。随着智能手机和 APP 的普及，人们逐渐开始习惯购买内容，0.99 美元、1.99 美元的低廉价格和便捷的支付方式，让使用者减少付费消费的抵触情绪，在潜移默化中，使用者开始接受付费下载，并形成习惯。

3. 营收状况

目前，苹果从未对外透露过 iTunes 音乐销售的营收情况，不过外界预计 iTunes 音乐收入可能会占据该公司收入的 10%，据了解，现在 iTunes 音乐商城已经有超过 2 千万首歌曲，受到全世界的欢迎，目前已经有超过 160 亿次的下载量，根据产业动态追踪组织（NPD Group）调查显示，占据了数字下载市场 70% 的份额。美国音乐收入有五分之一都来自于苹果。

4. 未来分析

苹果 iTunes 为数字音乐创造了一个全新的模式，甚至可以说挽救了音乐产业，但是，随着竞争的不断加剧，未来势必将面临越来越多的挑战。

首先是，日益增长的版权费用和版权风险。在全球版权环境逐步改善的情况下，数字音乐版权价格日益升高，使得苹果支付给唱片公司和版权拥有者的费用不断攀升。此外，苹果 iTunes 还有数量众多的无保护的盗版音乐文件，存在着法律风险。

其次是运营成本激增。iTunes 的运营预算正在不断增加，iTunes 的运营预算已经从 2009 年的每月 3000 万美元，增加到如今的每月 7500 万美元。如果保持这个水平，iTunes 的运营预算也将接近每年 10 亿美元。

再次，来自外部的竞争，比如 Spotify。2011 年 9 月，Facebook 全面整合 Spotify，在未来五年中，这一组合必将成为 iTunes 的强劲对手。Spotify 让 iTunes 望尘莫及的一点是社交功能。Spotify 是基于兴趣爱好的音乐社交网站，用户可以创建和分享播放列表，这是 iTunes 无法做到的。苹果也在试图建立自己的社交网站"Ping"，但收效甚微。苹果的封闭系统断了与 Facebook 账号打通的可能。在 Spotify，如果你在 Facebook 上的朋友听了某一首歌曲，那么你也可以立即收听这一歌曲，无需任何费用。但是在 iTunes 会收取你 99 美分的费用，这正是社交音乐中的分享障碍。Spotify 和 Facebook 的做法看似会降低收入，但这反而会带来更多的音乐销售。

最后，是一点期待。就是 2011 年 10 月推出的苹果的 iTunes Match 音乐服务。订购这项服务的消费者需要每年支付 24.99 美元，在此基础之上，据称用户已有的音乐文件都可以通过上传获得统一的高音质规格，甚至一些无保护的盗版音乐文件也可以借此途径"洗白"。本质上来说，苹果的 iTunes Match 服务可以让用户通过多平台获得自己的音乐文件，在某种意义上来说它是一项基于云计算的流媒体音乐服务。

附录二

中国网络音乐市场发展历程

在网络音乐出现以前,中国的传统音乐市场主要由内容提供商、音像产品生产商、渠道代理商、销售商以及用户等组成。内容提供商,即唱片公司组织创作音乐作品,他们处于价值链的最上游。音像产品生产厂商把音乐作品制作成光盘、磁带等音像制品后,再通过渠道代理商、销售商等把音像制品传递到用户手中。然而,随着社会与科技的发展,计算机与网络技术在生产和生活中得到了广泛应用,采用传统的光盘、磁带等实体来存储音乐的方法已难以满足数字化时代的要求,各种压缩格式的数字音乐应运而生。数字音乐在传播、存储和播放等方面表现出独特的便捷性,与网络的密切结合更使其获得了高效宣传和快速传播,从而迅速得到了广大用户的关注和喜爱,越来越多的音乐消费者开始倾向于通过网络了解并获得数字音乐资源,数字音乐逐渐与传统光盘、磁带等音乐存储方式分庭抗礼。网络音乐市场的迅速兴起,标志着我国音乐市场已步入了数字化时代。

网络音乐市场具有全新的独特经营模式和用户消费方式,必然引起市场相关定价、营销策略上的巨大改变,如推动音乐市场向数字化发行的转变,以及利用互联网提高产品认知度、拓宽发行渠道等。这在对传统音乐市场价值传递体系和商业模式造成冲击的同时,也为音乐市场提供了更为广阔的发展空间。

中国网络音乐市场的发展经历了起步期与成长期,目前正向成熟期过渡。

· 中国网络音乐市场的起步期:(1999 ~ 2004 年)

这段时期内,随着互联网和计算机的迅速普及,音乐和互联网开始结合起来,网络音乐市场初现端倪,人们开始通过互联网来了解和获得音乐服务。

1999 年,以九天等第一批音乐网站成立为标志,中国网络音乐正式起步,并开始初步发展。2001 年,百度成立,其 MP3 搜索随即出现,同时 Kuro 和 ExPeer 等 P2P(点对点)网站和其他在线音乐网站纷纷成立,网络音乐市场规模迅速扩大,同时用户需求也在迅速增长。在市场需求的驱动下,大量相关企业进入网络音乐市场，他们的主要目标在于抓住先机、占领市场、发展用户。

但此时数字音乐的存储及传播技术方面还存在很大的不确定性，相关企业对网络音乐的特点、市场竞争状况、用户偏好等方面的信息掌握不足，在产品、市场、服务等策略选择方面随意性较大，而且企业进入壁垒较低，从而产生了许多问题。其中最主要的问题是版权没有得到应有的重视，在互联网高速传播的影响下，盗版和免费下载盛行，盗版、侵权的冲击造成正版音乐网站发展艰难，网络音乐市场的整体发展状况并不规范。

可见，从起步期开始，网络音乐的版权问题就成了市场健康发展的最大桎梏，其消极影响一直遗留到今天。

· 中国网络音乐市场的成长期：（2004～2009 年）

从 2004 年左右开始，版权问题成为各方关注的重点，国际上正版音乐模式的成功给国内音乐市场的发展提供了参考。这个时期盗版市场受到国内外的联手打击，国内版权代理机构也开始出现，但仍未能很好遏制盗版问题，正版音乐市场处于低谷期，同时受到版权、法律及用户意识等的制约，发展势头严重受挫。为了寻找发展契机，正版音乐网站逐步探索新的发展模式，如免费视听、广告分成等。

2006 年，我国无线音乐市场也开始调整，逐步得到规范和细化，用户需求也趋于多样化。2008 年，中国的 3G 移动通信网络开通，除了给人们带来更为清晰的语音通话之外，也带来了更多的移动增值业务。建立在 3G 网络基础上的数字音乐产品不再局限于铃声、歌曲点拨等简单的音乐服务，而是可以通过无线网络直接将音乐下载到手机或其他移动设备。这为无线音乐市场价值链带来了更大的扩展空间，中国网络音乐市场的规模将因为 3G 的到来而进一步扩大。

这一时期的网络音乐市场增长率很高，不仅用户需求高速增长，而且相关技术也渐趋定型。网络音乐市场的特点、竞争状况及用户特征逐渐明朗化，音乐服务的品种增多，相关企业的进入壁垒也有所提高。随着版权问题的初步解决，盗版和免费下载现象开始得到控制，中国的网络音乐市场正步入健康发展期。

· 中国网络音乐市场的成熟期：（2010 年开始）

进入 2010 年，中国网络音乐市场的各类问题，随着法律法规的完善、版权问题的进一步解决、企业商业模式的积极探索以及用户良性消费行为的培育，中国网络音乐市场将有望步入成熟阶段，得到快速稳定的发展。

这一过程需要政府相关部门、市场各个主体以及用户 3 个方面的共同努力，进一步营造良好的宏观环境、培育健康的市场氛围、构建富有生命力的商业模式，从而充分调动各个主体的价值创造能力，保证市场的持续稳定发展。

附录三

专业名词解释

名　词	定义/解释
网络音乐	网络音乐是指用数字化方式通过互联网、移动通信网、固定通信网等信息网络,以在线传播和网络下载等形式进行传播的音乐产品,包括歌曲、乐曲以及有画面作为音乐产品辅助手段的 MV 等。
在线音乐	在线音乐市场的音乐产品以互联网为传播渠道,由服务提供商提供到个人计算机终端下载或者播放,也称为互联网音乐。
无线音乐	无线音乐市场的音乐产品以移动通信网络为传播渠道,提供到手机、平板电脑等移动终端下载或者播放,也称为移动音乐。
内容提供商(CP)	内容提供商主要是指唱片公司等音乐制作机构,目前在国际上比较知名的 CP 如华纳、环球、EMI 以及 SONY-BMG 等四大唱片公司。国内的唱片公司也在不断发展,如太合麦田、鸟人、京文唱片等,它们各具特色,正在积极探索新型发展道路。
服务提供商(SP)	服务提供商主要是指直接向用户提供网络音乐服务的企业,在在线音乐市场中,服务提供商主要是各大网络音乐站点,如九天音乐网、一听音乐网等,它们是集成音乐内容并面向用户发行和销售网络音乐的服务平台。在无线音乐市场中,增值服务提供商以移动运营商的网络为基础,向客户进行网络音乐内容的传播,如华友世纪、滚石移动等。
电信运营商	电信运营商是指提供固定电话、移动电话和互联网接入的通信服务公司,如中国移动、中国联通、中国电信等。运营商的作用体现在两个方面:在在线音乐市场中,运营商提供互联网的基础接入服务;在无线音乐市场中,运营商不仅提供了技术平台,同时还是重要的收费渠道。
3G	"3G"是第三代移动通信技术的简称,是指支持高速数据传输的蜂窝移动通讯技术。3G 服务能够同时传送声音(通话)及数据信息(电子邮件、即时通信等)。代表特征是提供高速数据业务。
移动网络	移动网络是指电信运营商的移动通信网络,包 GSM/CDMA(2G) GPRS/EDGE/CMDAOne (2.5G) WCDMA/CDMA2000/TD-SCDMA (3G)。WAPI、WiFi 不包括在内。
移动互联网	移动互联网从技术层面定义是,以宽带 IP 为技术核心,可同时提供语音、数据、多媒体等业务服务的开放式基础电信网络。从终端层面定义:在广义上是指用户使用手机、上网本、笔记本等移动终端,通过移动网络获取移动通信网络服务和互联网服务;在狭义上是指用户使用手机终端,通过移动网络浏览互联网站和手机网站,获取多媒体、定制信息等其他数据服务和信息服务。

续表

名　词	定义/解释
彩铃	彩铃是一项由被叫客户为呼叫自己移动电话的其他主叫客户设定特殊音效(音乐、歌曲、故事情节、人物对话)的回铃音业务。回铃音效还可以按照不同的主叫方号码和不同的时间段等方式进行设置。中国移动将此业务称为"彩铃",而中国联通将此业务称为"炫铃"。
全曲下载	全曲下载是指手机用户通过互联网和移动网络下载音乐或歌曲的完整版本到终端播放的业务。本文特指通过无线方式进行的全曲下载业务。用户目前通过 WAP 和音乐随身听两种方式,不仅可以随时随地下载到最新、最热的歌曲,也可以使用赠送、推荐等功能,与好友分享完美的音乐体验。
IVR	IVR(Interactive Voice Response)即语音点播,也称互动式语音应答,用户只须用电话即可进入服务中心,根据操作提示收听手机娱乐产品。可以根据用户输入的内容播放有关的信息。IVR 语音增值业务,是移动运营商由 2002 年开始启动的业务。
市场规模	如无特殊说明,市场规模均指一定时期内网络音乐服务提供商面向网络音乐用户的收入总和(在无线音乐市场中,不包含运营商获得的收入)。

附录四

2011 年中国网络音乐行业大事记

2011 年 1 月：

01 月 07 日　文化部办公厅发布《关于清理违规网络音乐产品的通告》，对首批 100 首未经内容审查或备案的违规网络音乐产品集中清理。

01 月 21 日　淘宝旗下数字内容交易平台淘花网宣布，已与索尼和源泉合作，正式进军数字音乐市场。

2011 年 2 月：

02 月 23 日　酷我音乐宣布将联合以播放器软件著称的快播科技，双方达成战略协议，酷我音乐旗下的酷我音乐盒和快播旗下的“快玩”平台进行优势资源互补。

2011 年 3 月：

03 月 10 日　文化部文化市场司发布了《2010 中国网络音乐市场年度报告》，回顾了 2010 年我国网络音乐发展与管理的总体状况，公布了 2010 年我国网络音乐市场权威数据，明确了今后网络音乐发展与管理的基本思路，将对规范网络音乐市场、促进网络音乐行业发展具有重要的指导意义。

03 月 17 日　文化部发布了关于清理第二批违规网络音乐产品的通告，对《独一无二》等第二批 100 首未经内容审查或备案的违规网络音乐作品进行集中清理。对逾期未按要求进行清理的网站，依法予以查处。

03 月 31 日　百度公司与中国音乐著作权协会（简称音著协）宣布达成合作，双方将共同建立音乐词曲著作权合作主渠道，这意味着音乐词曲权利人可以通过音著协这个主渠道，获得相关著作权收益。

2011 年 4 月：

04 月 06 日　太合麦田公司 CEO 宋柯在接受采访时表示，太合麦田从此不签歌手，转型做版权公司。

04 月 28 日　腾讯宣布旗下在线音乐平台 QQ 音乐全面开放 MV 功能，所有乐迷都可以通过 QQ 音乐免费欣赏到海量的高清 MV，并和好友进行个性化的互动分享。

2011 年 5 月：

05 月 04 日　百度新的音乐社交平台 ting！正式上线测试。ting！是百度旗下全新的社交音乐媒体平台，百度遵循与中国音乐著作权协会达成的协议，将为通过"百度听"下载的每一首音乐付费，"百度听"将通过广告赞助获得收入。

2011 年 6 月：

06 月 01 日　中国移动无线音乐基地在北京设立版权管理中心，专门从事音乐内容的版权引入、审核、管理及运营等，使版权管理更加专业和规范化。

06 月 8 日　国内多家知名唱片公司与音乐网站代表在网络音乐主管部门文化部的指导和协调下，就共同发起成立网络音乐行业发展联盟一事达成一致。滚石移动、海蝶音乐等 9 家唱片公司，新浪、腾讯、百度等 13 家网站以及中移动等 3 家运营商作为首批联盟成员单位，共同签署了《网络音乐行业发展宣言》，承诺将共同促进全行业的正版化，并通过积极的协调与沟通，建立合理的内容授权模式、产品定价模式以及利益分配机构，推动产业健康发展。

2011 年 7 月：

07 月 19 日　百度宣布与国际三大唱片公司（环球音乐、华纳唱片、索尼音乐）在华合资企业万仕达签署授权数字音乐发行协议，"百度 ting！"新服务将不再提供盗版音乐下载链接。此前，百度因为 MP3 音乐版权问题而屡屡受到音乐人和唱片公司的指责。

07 月 20 日　包括索尼、华纳、新艺宝、环球在内的 7 家港台大唱片公司，以"向网络用户提供侵权录音制品的复制品”为由，将深圳市迅雷网络技术有限公司（以下简称“迅雷公司”）告上法庭，索赔 2050 万元。

2011 年 8 月：

08 月 19 日　文化部办公厅发布关于清理第三批违规网络音乐产品的通告，为进一步规范网络音乐市场秩序，严厉打击非法网络音乐产品及其违法经营活动，文化部决定进一步清理违规网络音乐产品，并公布了“第三批未经内容审查或备案的网络音乐产品名单”。

08 月 25 日　多米音乐与无线 HiFi 系统的创造者美国 SONOS，联合推出的中国首个家庭数字音乐服务正式上线。

08 月 30 日　QQ 音乐正式宣布启动“天籁计划”，以“音质提升”为核心，整合优质资源。目前，QQ 音乐的绿钻用户可以享受在线试听 192K 高品质 OGG 格式音乐，普通用户可享受 128K 品质的 MP3。

2011 年 9 月：

09 月 13 日　豆瓣网确认已完成第三轮 5000 万美元融资，资金已全部到账。

09 月 19 日　A8 电媒发布公告宣布，其旗下全资子公司茂乐公司以每股 0.52 元，共计 1900 万元收购多米音乐 3639.34 万股或扩大后注册资本的 42.69%。

09 月 21 日　由国内知名音乐软件公司酷狗音乐牵头，在甘肃省定西市渭源县正式开启了国内首个以企业名称命名的公益性音乐教室捐赠活动。

09 月 26 日　百度 ting！正式发布了 beta 版 Android 手机客户端，实现 Android 手机客户端和 PC、Web 端歌曲同步。新版客户端的推出为广大 Android 手机用户提供一个高品质的音乐收听平台。

09 月 29 日　豆瓣 FM 发布 Android 手机客户端更新版，增加红心兆赫内容频道，隶属私人兆赫。用户可以在红心兆赫集中收听自己曾收藏的红心（喜欢的）歌曲。另外，红心兆赫还提供离线播放模式，在没有网络的情况下，用户同样可以收听该兆赫。

2011 年 10 月:

10 月 18 日　酷狗音乐发布基于 iOS(苹果移动平台)的产品——酷狗音乐 iPhone 版,并通过邀请码的方式开始内测。

10 月 18 日　豆瓣宣布,豆瓣音乐人移动应用 iOS 版本已于近日发布,而 Android 版本预计在 11 月发布。豆瓣宣称这是国内首款服务于音乐人和乐迷的移动应用,同步支持 iPhone、iPad 和 iTouch。

2011 年 11 月:

11 月 01 日　在 2011 年移动互联网国际研讨会手机音乐发展与变革论坛上,中国移动提出了关于无线音乐与云计算相结合的新模式,即"咪咕云",由此拉开中国移动无线音乐云战略的序幕。

11 月 2 日　QQ 音乐 2011 beta6 全新上线,迈进音乐"云时代",beta6 版本实现了"音乐云"的功效,用户只需登录 QQ 号即可把所有珍藏和爱好的歌曲随身携带。

11 月 17 日　酷狗音乐宣布正式启动了跨平台战略,并已于近期迅速推出了基于 Android、iPhone、微博等平台的网络音乐产品,快速实现了网络音乐的平台化发展,并吸纳了众多用户的关注和好评。

11 月 24 日　酷我音乐正式推出了酷我音乐 2012,同时宣布旗下酷我听听正式更名为酷我音乐 2012(手机版),实现与 PC 端的对接。

2011 年 12 月:

12 月 13 日　盛大宣布其旗下音乐社区《巨星》宣布停运,其原因是"人们还没有形成为网络音乐付费的习惯"。

12 月 19 日　新华社旗下"中国新华电视"主办的音乐网站——原音网(www. wow-music. cn)上线。

12 月 21 日　最高人民法院公布了百度与唱片公司的侵权纠纷案件结果。双方最终达成和解协议,三家唱片公司将授权百度上传其歌曲目录,百度将为此支付版税。

附录五

行业主要企业介绍

● 百度音乐

百度音乐依托于百度搜索引擎平台，主要由百度的娱乐事业部负责，是国内具有较高媒体影响力的音乐传播、营销渠道。

2011 年 5 月，百度推出了 ting，调整了整体经营策略。

百度音乐的业务及盈利模式有 3 种：(1)广告驱动模式，也是最主要的盈利模式；(2)移动增值服务模式；(3)与唱片公司合作分成模式，如通过销售演唱会门票、向唱片公司提供用户下载试听的统计数据等方式获得盈利。

● 腾讯音乐

腾讯音乐是最早推出正版网络音乐服务的网络音乐企业之一。腾讯音乐的主要用户是以即时通讯终端为入口的腾讯用户，腾讯音乐主要为用户提供网络音乐视听服务，目前腾讯音乐提供给用户视听的正版网络音乐歌曲约百万首。

腾讯音乐的主要盈利模式有 3 种：(1)广告收入；(2)QQ 绿钻会员服务收费；(3)Qzone 背景音乐服务收费，Qzone 背景音乐产品对于腾讯用户具有独特的使用价值，已成为目前最受欢迎的腾讯音乐服务。

● 巨鲸音乐网

巨鲸音乐网于 2006 年 3 月上线。公司目前拥有员工 70 人左右，巨鲸音乐网通过与世界各地的唱片公司合作，向用户推出百万首正版音乐的免费试听和下载服务。

广告分成是巨鲸的主要盈利模式，此外巨鲸音乐网的盈利还包括部分票务分成以及与移动运营商合作的业务分成。未来，巨鲸音乐网的主要收入来源将主要来自于以下 3 个方面：(1)广告收入；(2)布局移动互联网领域，与移动终端厂商的合作;(3)音乐游戏等新产品领域。

目前,巨鲸和四大唱片公司及140多家中小型唱片公司建立了合作关系,已累积获得数百万首数字音乐的正版授权,正版运营使巨鲸避免了版权风险,在市场中保持了良好的竞争力和发展前景。

● 滚石移动

滚石移动发源于滚石唱片,成立于2002年8月,目前公司员工约400人。滚石移动是一家网络音乐内容和服务提供商企业,主要业务包括无线音乐娱乐内容、产品和服务平台的开发与运营。

滚石移动最大的优势是依托于滚石唱片,自身拥有丰富的正版音乐资源。滚石移动与电信运营商、终端设备厂商、互联网服务提供商等上下游企业均建立了合作关系,目前正在配合电信运营商拓展3G市场以及移动互联网的数字音乐服务。

● A8电媒音乐控股

A8电媒音乐控股有限公司(简称“A8音乐”)是一家开拓性的、综合性的数字音乐公司,向中国持续增长的手机用户提供音乐内容与服务。A8音乐通过自己的UGC(用户产生内容)互动平台(www. a8. com)来收集自己的音乐内容,同时也从国际性唱片公司及中国本地的唱片公司获取音乐内容,从而在提升公司的形象以及公司收益方面获得成功。

A8电媒音乐控股有限公司通过互联网以及移动运营商的无线网络来销售音乐内容,销售产品的形式包括:手机铃声、彩铃服务(RBTS)、交互式语音应答(IVR)等。

此外,A8音乐还销售非音乐内容,包括游戏、图片、娱乐新闻、故事、笑话等。

● 酷狗音乐

酷狗音乐主要为互联网用户提供网络音乐服务,业务范围包括网络音乐的销售与推广。酷狗目前已与多家唱片公司建立了合作关系,获得了大量音乐的正版授权,并且还在挖掘更广泛的伙伴合作关系。

酷狗主要依靠广告收入盈利,此外还有游戏和移动增值服务等方面的收入,目前正在进行网络音乐正版模式的探索，也在核心价值的挖掘方面继续努力着，寻找盈利模式去支撑较高的正版费用。

基于庞大的用户，酷狗音乐拓展网页游戏运营等业务，并取得了不错的收入。

● 酷我音乐

酷我音乐主要提供互联网音乐客户端软件相关业务，主要产品包括酷我音乐盒、酷我歌词、酷我 MP3 伴侣等。其独立音乐客户端软件——酷我音乐盒——的活跃用户数已达 1 亿，每天在线用户数平均为 1000 万左右。

酷我已经与 200 多家唱片公司达成合作，在合作形式方面，酷我主要为唱片公司进行新发歌曲的宣传，以及向他们提供用户分析数据，通过这些方式来降低版权付费方面的支出。

酷我的主要盈利模式为广告收入，网络游戏联合运营服务已经取得一定的成绩。

酷我音乐最新发布了酷我音乐 2012 版本，下载量居于 App store 和安卓市场等应用商店的无线音乐客户端下载量前列，2012 年开始提供音乐“云”服务。

● 多米音乐

多米音乐是专注于移动互联网的数字音乐服务提供商，2009 年在国内率先提出“音乐云”理念，多米已覆盖了手机、PC、音响、电视等多种终端，目前已经稳居国内主流数字音乐第一阵营。

多米音乐目前已与东南卫视、湖南卫视等实现跨媒体合作，用户可以通过多米音乐的 PC、手机等客户端欣赏到相关歌手的音乐。

● 虾米音乐

虾米网被称为中国大陆最具“权威性与文艺气质”的 web2. 0 音乐社区，整合网站、软件、移动终端上的各种产品应用，为用户提供互联网音乐的深度体验。虾米网致力于正版音乐的传播与营销、音乐用户个性化服务与互动激励、高品质音频的建立与维护，音乐版权方的服务与推广、音乐产业的优化与延伸，是高品质个性化音乐的综合营销平台。

截至 2011 年底，虾米网聚合互联网爱乐人士近千万，制作精选集数以百万计，整理音乐风格三百多种，权威资料库四百多万首歌曲，用户各项音乐记录上亿条，并独设用户口味分析系统与推荐算法，架构音乐云服务，成为最便捷最懂用户的音乐服务平台。

虾米网目前注册用户已经超过 500 万，非注册用户已达到 1000 万。

● 音悦台

音悦 Tai，创立于 2009 年，是一家专注于高清 MV 在线欣赏与传播的音乐分享平台。

采用“UGC+审核”的内容模式，跟紧新歌发片速度，通过筛选网友提供的内容，第一时间为用户呈现 MV 作品。音悦 Tai 还是广大的 MV 爱好者的社交网络平台，在音悦 Tai 建设“我的家”，把自己的最爱 MV、悦单秀给大家，以找到志趣相投的悦友。

目前拥有 3000 个以上的粉丝团，粉丝团成员合计超过 1000 万，是国内最大的 MV 专业音乐网站。

附录六

研究补充说明

(一)研究范围

1. 报告研究对象——网络音乐的定义与分类

本报告关于网络音乐的定义,以 2009 年 8 月 18 日颁布的《文化部关于网络音乐发展和管理的若干意见》及解读中得到的明确规范为准:用数字化方式通过互联网、移动通信网、固定通信网等信息网络,以在线播放和网络下载等形式进行传播的音乐产品,包括歌曲、乐曲以及有画面作为音乐产品辅助手段的 MV 等。

本报告根据传播渠道的不同,将网络音乐分为在线音乐和无线音乐。

在线音乐市场的音乐产品以互联网络为传播渠道,由服务提供商提供到个人终端下载或者播放,也称为互联网音乐;无线音乐市场的音乐产品以移动通信网络为传播渠道,提供到手机等移动通信终端下载或者播放,也称为移动音乐。其他网络音乐形式目前较少。

2. 报告研究主题——网络音乐市场、网络音乐行业

中国网络音乐市场,是指在中国境内(不含港澳台地区)网络音乐产品销售和消费形成的市场。其市场规模是以所有境内用户的网络音乐消费额总和来计算。

中国网络音乐行业,是指在中国境内(不含港澳台地区)从事网络音乐业务的企业集合。其规模是以所有境内企业网络音乐收入总和来计算。一般情况下,市场规模不等于行业规模。

(二)研究方法

1. 数据来源

本报告所统计的数据主要来自以下途径:

- 政府数据与信息
- 相关的经济数据
- 行业公开信息
- 企业年报、季报
- 行业专家公开发表的观点
- 第三方行业研究机构的数据和研究成果

在本报告中，除以"资料来源"、"数据来源"等标记说明采自第三方行业研究机构的数据和研究成果外，其余数据和成果的来源均为其他途径，在报告中不再一一标示。

2. 调查说明

为本报告的研究进行了样本调研。调查同时针对企业和网络音乐用户。

针对企业的调查以定性观点为主。调查方式主要是针对企业特定人员的访问，以面访为主，辅以电话和邮件访问。共有30家企业的40位业务负责人接受了研究小组的访问。调研内容分为4个部分：①企业主要业务负责人对市场和行业的认识；②企业在2011年的业务表现、产品技术情况、组织策略情况等；③企业在2011年感受到的困难或困惑；④企业对政府政策和管理行为的意见或建议。

针对网络音乐用户的调查以定量数据为主。调查主要以问卷方式进行。调查采用了在主要网络音乐用户信息和交易平台投放调查广告、调查邮件人际传播、典型用户电话回访等3种形式。调查共收到有效问卷11050份。调查内容主要分为4个部分：①用户背景信息；②在线音乐用户调查；③无线音乐用户调查；④未使用网络音乐用户调查。

3. 主要数据说明

(1)现状数据的产生

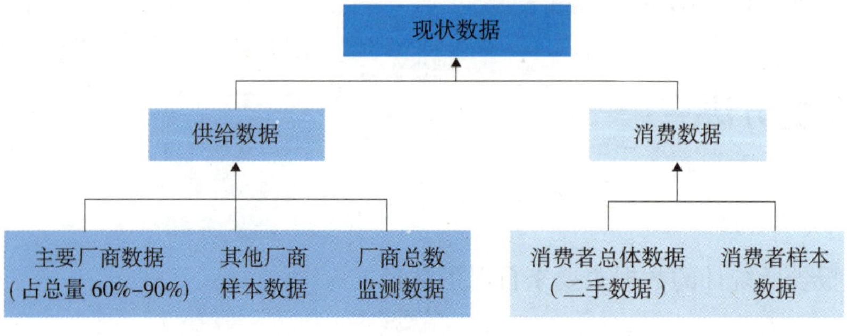

(2)趋势数据的预测

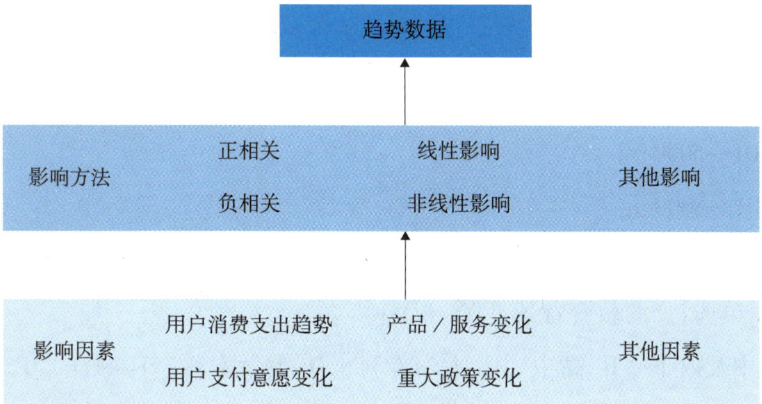

(三)网络用户调查问卷样例

1.【☞单选】您的性别?(　　)

1)男

2)女

2.【☞单选】您的年龄是:(　　)

A. 15 岁以下　B. 15—20 岁　C. 21—25 岁　D. 26—35 岁　E. 35 岁以上

3.【☞单选】您的职业是:(　　)

A. 无业/下岗/退休

B. 农林牧渔劳动者

C. 个体户/自由职业者

D. 工人/职员

E. 农村外出务工人员

F. 专业技术人员

G. 企业一般职员

H. 企业管理者

I. 党政机关事业单位工作者

J. 学生

K. 其他

4.【☞单选】您的月收入状况是:(　　)

A. 500 元以下

B. 501—1500 元

C. 1501—2500 元

D. 2501—5000 元

E. 5001—8000 元

F. 8000 元以上

5.【☞单选】您的教育背景是(　　)

A. 初中及以下　B. 高中　C. 大学专科　D. 大学本科　E. 硕士　F. 博士及以上

6.【☞单选】您一般是通过什么渠道在网上获得自己喜欢的音乐(　　)

A. 音乐搜索网站

B. 专业音乐网站

C. 门户网站

D. 音乐社区

E. 音乐客户端软件

F. 其它

7.【☞单选】您使用音乐搜索引擎的频率(　　)

A. 经常使用

B. 偶尔使用

C. 几乎不使用

D. 从来不使用

8.【☞单选】您使用频率最高的音乐搜索引擎是什么(　　)

A. 百度 MP3

B. 搜狗音乐

C. 酷狗音乐盒

D. 谷歌音乐

E. 酷我音乐盒

F. 千千静听

G. 其它

9.【☞单选】如果在网上试听或下载音乐，您是否愿意支付合理的费用(　　)

A. 愿意　B. 不愿意

10.【☞单选】您是否在网上付费试听或下载过在线音乐(　　)

A. 是　B. 否

11.【☞单选】如果您付费试听或下载过音乐，您这样做的原因是什么(　　)

A. 支持正版，打击盗版

B. 支持自己喜欢的歌手

C. 付费的音乐质量比较好

D. 找不到免费资源　E. 其它

12.【☞单选】您在网络上收听音乐的主要方式是(　　)

A. 网页在线收听　B. 电脑客户端软件收听　C. 网络音乐视频　D. 其它__________

13.【☞单选】您的音乐客户端软件是通过什么渠道得知的(　　)

A. 朋友推荐　B. 软件类网站　C. 音乐网站　D. 其它

14.【☞单选】您最常使用的音乐客户端播放器是(　　)

A. 千千静听　B. 酷狗音乐　C. QQ 音乐

D. 酷我音乐　E. 开心听　F. 天天动听

G. 有道音乐盒　H. 其它__________

15.【☞单选】您比较关注音乐客户端软件中的哪些使用功能(　　)

A. 即时歌词显示

B. 音乐搜索

C. 软件皮肤更换

D. 音乐资讯

E. 歌曲导航

F. 本地音乐管理

G. MV/伴唱

H. 网络电台

I. 自制铃声

J. 音乐社区

K. 其它__________

16.【☞单选】在您平常所收听的歌曲中，您更倾向于哪种类型(　　)

A. 流行

B. 古典

C. 民族

D. 通俗

E. 其它

17.【☞单选】您更喜欢通过电脑上网下载歌曲还是通过手机上网下载歌曲？(　　)

A. 电脑　B. 手机　C. 都喜欢

18.【☞单选】移动增值业务中，您付费下载最多的服务是(　　)

A. 彩铃　B. 振铃　C. 全曲下载　D. 其它

19.【☞单选】您选择开通彩铃服务的原因是(　　)

A. 显示个性　B. 对音乐的喜好　C. 感觉有趣味　D. 时尚，追随潮流

20.【☞单选】您获取彩铃信息的主要途径是(　　)

A. 彩铃网站上查找

B. 通过电视中的彩铃广告

C. 通过报刊杂志上的彩铃广告

D. 其它

21.【☞单选】您最喜欢的彩铃下载方式是什么(　　)

A. 通过短信订购

B. 电脑上彩铃网站选购

C. 打 12530 试听下载

D. 手机 wap 上网选购

22.【☞单选】您选择彩铃服务网站考虑的主要因素是(　　)

A. 对其歌曲的喜好程度

B. 下载歌曲的价格

C. 歌曲的丰富程度

D. 下载网站的品牌

E. 其它

23.【☞单选】对于移动增值业务(比如彩铃业务)您最关心的是(　　)

A. 资费　B. 服务内容　C. 服务质量　D. 其它__________

24.【☞单选】你最能够接受的彩铃业务付款方式是(　　)

A. 网站上输入手机号码验证,支付相应费用

B. 网站上向相应的银行帐号实行网上支付

C. 发送手机短信到相应号码,支付相应费用

D. 其它

25.【☞单选】下列手机音乐服务中,您将来会更关注哪一项(　　)

A. 彩铃业务

B. 整曲下载

C. 振铃业务

D. 音乐 MV

E. 音乐视频

F. 其它__________

2011中国网吧市场年度报告

CHINA INTERNET
CAFE MARKET ANNUAL
REPORT 2011

文化部文化市场司

人民出版社

总　论

上世纪九十年代末以来，我国互联网快速发展。网络化使社会经济和文化生活形态发生了重大变化，形成了新的文化形态——网络文化，并已成为主流文化的重要组成部分。中央领导同志多次指出，要"用新的视角、新的理念认识文化的地位和作用，把握方向，加强引导企业创作生产高质量、高水平、高品位的文化精品，充分发挥文化引导社会、教育人民、推动发展的重要功能，更好地满足人民群众多样化多层次多方面的精神文化需求"；党的十七届六中全会再次重申要"发展健康向上的网络文化"，要"加强和改进网络文化建设和管理"，"实施网络内容建设工程，推动优秀传统文化瑰宝和当代文化精品网络传播，制作适合互联网和手机等新兴媒体传播的精品佳作"。这就要求我们坚持以社会主义核心价值体系引领网络文化发展，使网络文化不仅成为科技创新、产业升级的重要手段，也成为传播社会主义核心价值观、推动文化事业和文化产业大发展、增强中华文化软实力的重要阵地。

从2002年开始，文化部以网吧管理为切入点，开始了网络文化的管理工作。十余年来，按照中央的统一部署，各级文化部门紧紧抓住网络文化市场的特点和发展规律，从单一的终端管理，发展到对源头内容和运营环节的全方位管理。在网络文化市场的发展中，逐步从被动走向主动，使变化迅速、矛盾尖锐、领导高度关注、社会热点丛生的网络文化市场，逐步向健康繁荣的方向发展。

为了全面掌握网络文化市场发展现状、科学把握市场发展规律，文化部文化市场司从2009年开始编撰网络游戏、网络音乐和网吧市场年度报告，从市场现状、行业管理、细分特征、衍生领域、发展趋势等角度进行深度剖析，以严谨求实的态度还原行业原貌，为行业了解自身、为社会了解行业提供理论支撑及视野空间，也为市场管理工作的进一步加强和改善提供科学的依据。

回顾过去十余年的网络文化管理工作，主要有以下几方面的成果：

（一）网络文化管理的政策法规框架初步建成

自2002年《关于加强网络文化市场管理的通知》印发以来，为顺应市场发展和管理需要，文化部出台了一系列旨在规范市场秩序、促进行业发展的规章制度、规范性文件，逐步构建起较为完善的网络文化市场立体化管理体系。

1. 网吧管理制度

2002年3月，文化部从信息产业部接手网吧管理。当年6月，北京蓝极速网吧纵火案后，由国务院法制办和文化部牵头，迅速起草并于当年9月发布《互联网上网服务营业场所管理条例》。在总结近几年来网吧管理工作经验和解决突出问题的基础上，文化部先后下发了《关于进一步深化网吧专项整治工作的意见》（文市发[2004]38号）、《关于进一步深化网吧管理工作的通知》（文市发[2005]10号）、《关于进一步加强网吧及网络游戏管理工作的通知》（文市发[2007]10号）、《关于网吧管理工作有关问题的通知》（文市发[2008]25号）、《关于进一步净化网吧市场有关工作的通知》（文市发[2009]9号）、《网吧连锁企业认定管理办法》（文市发[2009]35号）、《关于加大对网吧接纳未成年人违法行为处罚力度的通知》（文市函[2010]458号）等文件。《互联网上网服务营业场所管理条例》确定了网吧管理的基本制度，一系列文件又丰富和完善了各项规定和措施。

2004年，经国务院同意，由文化部牵头，会同工商总局、公安部、信息产业部、教育部、财政部、广电总局、法制办、中央文明办、共青团中央，成立了全国网吧等互联网上网服务营业场所专项整治工作协调小组，研究全国专项整治工作的重大问题，加强督导、检查；2007年，调整为14个部门参与的全国网吧及网络游戏管理工作协调小组，文化部任牵头单位，增加监察部、卫生部、中国人民银行、新闻出版总署、中央综治办为成员单位。各地也根据实际，成立了相应的机构，以加强网吧和网络游戏管理。近年来，在各地区、各部门的共同努力下，分工负责与齐抓共管、条块结合与以块为主、日常巡查与技术监管、宏观调控与市场机制、行业自律与社会监督相结合的网吧管理长效机制已基本构建。

2. 互联网文化市场管理制度

2002年5月，文化部下发了《关于加强网络文化市场管理的通知》，首次明确了网络文化的管理范围。

2003 年 5 月，文化部以部令形式发布《互联网文化管理暂行规定》。该规定首次确立了互联网文化管理的概念与范围，设置了互联网文化经营单位主体许可制度、内容审查制度，基本建立了网络文化管理的制度规范。为顺应市场的发展和管理的需要，文化部分别于 2004 年 7 月、2011 年 2 月对《规定》进行了修订。2011 年新修订的《规定》坚持“积极利用、科学发展、依法管理、确保安全”的方针，明确了网络文化发展的原则和方向，进一步确立了主体准入、内容管理、运营监管、执法监督四个环节环环相扣的一整套网络文化市场管理体系，强化了县级以上特别是省级文化行政部门的职责、权限和义务。

2010 年 8 月，为进一步简政放权，文化部将设立互联网文化经营单位的审批权限下放至省级文化行政部门；为加强文化部的宏观调控，采取全国统一编码形式。

网络游戏管理方面，文化部自 2003 年开始对从事网络游戏经营活动的企业实施主体准入制度；并于同年，开始探索进口网络游戏内容审查和国产网络游戏备案工作。

2004 年 5 月，文化部下发了《关于加强网络游戏产品内容审查工作的通知》，成立了游戏内容审查委员会，进一步完善内容管理工作。

2005 年，文化部联合信息产业部印发《关于网络游戏发展和管理的若干意见》（文市发[2005]21 号），提出以科学发展观指导和检验网络游戏工作，坚持堵疏结合、发展与管理并重。

2007 年，文化部等 14 个部门印发《关于进一步加强网吧及网络游戏管理工作的通知》（文市发[2007]10 号），明确要求加大对网络游戏的管理力度，实现监管关口前移；同时，严厉打击和防范网络游戏经营活动中的违法犯罪行为。

2009 年，文化部、商务部印发《关于加强网络游戏虚拟货币管理工作的通知》（文市发[2009]20 号），首次明确了网络游戏虚拟货币的定义，根据市场行为缺乏监管、用户权益缺乏保障、使用范围缺少限制等突出问题，从依法行政的角度为网络游戏虚拟货币的管理提供了依据。同年，文化部印发《关于改进和加强网络游戏内容管理工作的通知》（文市发[2009]46 号），要求通过建立网络游戏经营单位自我约束机制、完善网络游戏内容监管、强化网络游戏社会监督与行业自律等途径，切实改进和加强网络游戏内容管理，落实网络游戏管理责任。

2010 年，文化部颁布了我国第一部针对网络游戏进行管理和规范的部门规章

《网络游戏管理暂行办法》(文化部令第49号)。《办法》首次系统地对网络游戏的娱乐内容、市场主体、经营活动、运营行为、管理监督和法律责任做出明确规定,确定了从事网络游戏活动的基本原则、相关概念和适用范围,进一步强化了网络游戏内容管理,制定了网络游戏经营活动的制度规范。

网络音乐管理方面,在《互联网文化管理暂行规定》确立的基本框架下,2006年11月文化部印发《关于网络音乐发展和管理的若干意见》(文市发[2006]31号),明确了网络音乐的内涵、特点和组成部分,向社会表明了国家关于网络音乐的发展和管理政策。

2009年8月,文化部印发《关于加强和改进网络音乐内容审查工作的通知》(文市发[2009]31号),对网络音乐内容审查制度进行了细化和完善,加大了知识产权保护力度,兼顾了市场繁荣和权益保护。

(二)网络文化市场秩序进一步规范

1. 以遏制未成年人进入问题为重点,以推进连锁为抓手,网吧市场走向稳定

2002年《互联网上网服务营业场所管理条例》颁布实施后,文化部联合相关部门开展了一系列专项整治工作,并取得了明显成效,特别是未成年人进入问题得到了较好的遏制。防止未成年人进入问题始终是网吧管理的头等大事。为切实做好此项工作,文化部逐步严格量化标准,加大处罚力度,严厉打击网吧违规接纳未成年人行为。通过坚持不懈的努力,目前,大中城市的网吧未成年人进入问题已得到较好解决。

为提升网吧行业整体实力,促进网吧的规范化、规模化、主题化、品牌化,文化部于2003年开始推行网吧连锁化政策。经过近些年的努力,在各级文化行政部门的共同努力和协调小组各有关部门的大力支持下,全国网吧连锁工作稳步推进。据统计,截至2011年底,我国共有网吧14.6万家,终端台数1152万台,从业人员107万,各级网吧协会922个,"五老"义务监督员近14万人。从市场占有率看,目前全国网吧连锁率已近40%,较2011年年初增加了10个百分点;从门店数量看,网吧直营门店数量1万多家,加盟门店数量4.8万多家,直营门店比例略有上升;从连锁企业数量看,经认定的全国网吧连锁企业4家,省级连锁企业232家,区域性连锁企业343家。

推进行业自律，成立全国性的网吧行业协会一直是文化部改善行业管理的举措之一。2007 年 3 月，在文化部指导下，全国 20 家网吧行业协会在山东联合召开了全国网吧行业自律大会，700 多人参会，发布了网吧行业自律宣言，并以此为基础在全国范围内开展行业建设与自律活动。2009 年 9 月，在文化部指导下，北京、上海、陕西等 14 个省级网吧行业协会，大连、厦门、广州等 16 个计划单列市、省会城市的网吧行业协会，于西安召开了净化社会文化环境网吧行业自律大会，共同发表了《净化网吧行业自律宣言》。2011 年，在文化部的主导下，全国网吧行业协会筹备工作取得突破性进展。

2. 服务企业发展，管理重心下移，完善网络文化市场主体准入机制

按照《互联网文化管理暂行规定》和《网络游戏管理暂行办法》，省级文化行政部门负责互联网文化经营单位的设立审批。主体准入工作主要包括设立、续延、变更和注销四个环节。据统计，截至 2011 年 12 月 31 日，全国共审批网络文化经营单位 2473 家，其中仍具备网络文化经营资质的 1729 家。从经营项目划分，从事网络游戏运营、动漫产品及音乐美术娱乐产品的企业数量较多。其中，从事音乐美术娱乐产品的企业 455 家，网络游戏运营 1293 家（其中含网络游戏虚拟货币发行 925 家），网络游戏虚拟货币交易 37 家，艺术品 171 家，演出剧（节）目 201 家，动漫产品 483 家，展览比赛活动 355 家，为网吧提供网络文化内容产品 24 家。从区域划分，北京、广东、上海的互联网文化经营单位数量位列前三。

3. 疏堵结合，网络游戏市场在发展中规范

（1）加强网络游戏内容管理

内容管理是网络游戏管理工作的重点之一，主要包括“十不准”原则、进口游戏内容审查、国产游戏备案及其自审制度建立四个方面。文化部依据法定职责，认真把好内容准入关。截至 2011 年底，经文化部内容审查的进口网络游戏共有 217 款，经文化部备案的国产网络游戏共有 955 款。同时，开通“网络游戏内容审查申报及进度查询系统”，实现了产品材料的网上申报及实时查询功能。

（2）重点解决未成年人保护问题

一是文化部联合教育部、团中央发布未成年人使用网络游戏的专家指导意见，引导未成年人“玩健康的游戏”和“健康地玩游戏”。二是文化部指导上海、北京开展了“适龄提示”工程试点。三是文化部等 8 部门联合实施“网络游戏未成年人家长监护工程”，要求自 2011 年 3 月 1 日起，做到全网络游戏行业覆盖。四是积极、

稳妥地推行网络游戏实名注册制度，采取技术措施加强对未成年用户的注册指导和游戏时间限制。五是完善文化产品评价体系，成立网络游戏评论联盟，调动学术界、教育界、新闻媒体、开发运营商、用户的力量，开展网络游戏文化评论，加强对网络游戏内容的引导，引导网络游戏健康发展。六是加强对网络游戏研发环节的引导，推出中国网络游戏原创技术引导研发项目成果“游创精灵”，供社会免费使用，降低网络游戏生产企业的技术门槛，促进原始创意向产品原型的转化。

(3)加强行业自律，建立网络文化企业自我约束机制

在文化部的指导下，2010 年网页游戏行业自律联盟成立；2012 年移动游戏发展联盟成立。这些行业自律组织充分发挥桥梁与纽带作用，组织业内企业签署《网络游戏行业规范自律公约》、《移动游戏发展联盟宣言》等，在建立网络游戏行业健康发展机制、规范行业经营行为，依法促进和保障网络游戏行业健康发展等方面起了十分重要的作用。

(4)积极开展海外交流活动，为网络游戏走出去创造良好环境

2009 年，中国文化部与韩国文化体育观光部共同签订中韩游戏合作协调机制，双方商定在机制框架下，积极推进两国网络游戏行业合作。此外，文化部还加强了与美国、日本、越南以及香港、台湾地区主管部门和行业的交流合作。

近几年，在主管部门的大力推动下，游戏出口形势进一步趋好。2011 年，国产游戏出口规模明显扩大，收入达到 4.03 亿美元，同比增长 76.0%。出口产品数量增加明显，2011 年新增 66 家公司共计 92 款网络游戏产品出口海外，出口产品总数超过 150 款。

4. **加强管理，促进网络音乐市场健康发展**

(1)加强网络音乐内容管理

具有健康内容的网络音乐对网络文化传播具有重要意义。作为网络音乐的主管部门，文化部注重加强源头管理，通过严格审查标准，对内容低俗、格调低下等含有不良内容的网络音乐产品予以禁止。同时通过实践和探索改进管理手段，创新审查方式，投入使用网络音乐网上报审系统，提高了审查效率，加快了审查进度，方便了企业报审，有效推进了网络音乐审查工作的顺利开展。通过加强对网络音乐内容的管理，网络音乐市场环境得到进一步的净化。

(2)成立网络音乐行业发展联盟

联盟成员覆盖了网络音乐运营商、网络音乐的内容提供商等产业链的各环节。

通过建立一个有效的沟通机制和对话平台，加强产业链条各环节的协商合作，强化网络音乐行业自主管理，共同探寻网络时代音乐行业的合理发展道路和创新商业模式，以推动网络音乐行业健康发展。

（三）搭建网络文化发展平台

通过中国国际网络文化博览会、中国国际动漫游戏博览会等展会搭建行业交流平台，打造网络文化市场品牌。自 2003 年起，文化部会同有关部门在北京共同举办了九届中国国际网络文化博览会及论坛。李长春、刘云山、陈至立同志参观了博览会并作重要指示。李长春同志 2004 年、2006 年两次参观中国国际网络文化博览会并给予高度评价。网博会在业界产生了巨大影响，目前是国内统一的网络文化综合性会展平台。自 2005 年起，文化部与上海市政府在上海共同主办了 7 届中国国际动漫游戏博览会，经过七年的发展，年度性的 CCG EXPO 已形成专业化、国际化、高层次、大规模的特点，并且确立了以商家对商家（B to B）为主、商家对终端用户（B to C）为辅的特色定位，获得了较好的社会与经济效益。此外，文化部还联合有关部门和地方政府举办手机动漫游戏大赛，开展网络演出试点工作，促进网络与传统文化艺术的融合发展。

（四）加强网络文化市场的调研和培训

自 2009 年起，文化部开始以年度报告的形式向社会权威发布网吧、网络游戏、网络音乐市场的基本状况、行业管理、发展趋势。年度报告分析了一年来我国网络文化市场发展总体情况及管理工作成效，并在宏观把握网络文化市场发展趋势的基础上，明确下一年度网络文化市场管理思路。

由于网络文化发展变化迅速，为给政策制定提供科学的依据，文化部十分重视调研工作。2002 年至今向中央提交有关网络文化市场方面的调研报告达 10 多份。2007 年，联合财政部共同委托华中师范大学、北京邮电大学就中国网吧及网络游戏问题进行专题研究；2011 年，委托清华大学、北京邮电大学分别就“网络文化建设与管理”与“移动网络文化管理规制”开展专项调研；2012 年，委托华中师范大学开展“网络游戏暴力底限与表现形式”课题研究，为内容审查细化工作提供依据。

（五）严格执法，维护网络文化市场健康有序发展

各级文化行政部门和文化市场综合执法机构严格按照《互联网文化管理暂行规定》和《网络游戏管理暂行办法》的要求，加强网上巡查，严厉打击违法网络文化产品和违规网络文化活动。近年来，共发布了十五批违法违规互联网文化经营活动的查处工作，查处500余家存在未要求用户使用有效身份证件实名注册、擅自从事网络游戏经营活动以及违法推广和宣传游戏产品等问题的网络游戏企业；办理了300余起涉嫌从事违规经营活动的网络音乐网站案件；清理了300首未经内容审查或备案的违规网络音乐作品。

网络文化市场的建设与管理要深入贯彻党的十七届六中全会精神，以社会主义核心价值体系引领网络文化发展方向，加大内容建设力度，从立法、监管、标准等多方面入手，以技术、内容、机制的创新改进管理，进一步提升我国网络文化竞争力，繁荣和规范网络文化市场。

二〇一二年七月

目　录

图　目　录

表 目 录

前 言

2011 年,在各地连锁推进政策的引导下,我国网吧市场继续呈现平稳发展的态势。一方面,由于需求下降和市场结构调整,网吧市场规模同比 2010 年下降 19.7%,为 619 亿元人民币。根据 CNNIC《第 29 次中国互联网络发展状况统计报告》显示:截至 2011 年底,中国网民人数已经达到 5.13 亿人,全年新增网民 5580 万,互联网普及率达 38.3%。其中,在网吧上网的网民占网民总数的 27.9%,较 2010 年下降 7.8%,下降比例明显。另一方面,网吧市场出现了许多值得关注的新现象,如移动互联网的迅猛发展对网吧带来的严重冲击、各地网吧连锁推进政策成效日趋明显、各具特色的区域网吧连锁经营模式不断涌现、中小型网吧比例上升以及网吧用户向成熟群体逐步扩展等。

面对网吧市场的新形势,2011 年各级文化行政部门和文化市场综合执法机构继续以推进网吧连锁工作为重点,开展了一系列旨在规范网吧经营秩序、推动网吧连锁化经营、打击各类违法违规经营活动的行动,促进网吧市场的可持续发展。

一是 2011 年 1 月,文化部联合国家工商总局在安徽合肥召开全国规范网吧经营秩序经验交流会。会议总结交流了“十一五”期间各地规范网吧经营管理秩序的先进经验和有益做法,分析研究网吧市场存在的难点和突出问题,探索如何在“十二五”时期进一步巩固和深化网吧管理长效机制、营造健康文明的网络文化环境。

二是因地制宜、开拓进取,网吧连锁工作取得明显成效。2011 年以来,在各级文化行政部门的大力支持下,全国网吧连锁工作稳步推进。目前,全国网吧连锁率已近 40%,较 2011 年年初增加了 10 个百分点;从门店数量看,网吧直营门店数量 1 万多家,加盟门店数量 4.8 万多家,直营门店比例略有上升;从连锁企业数量看,经认定的全国网吧连锁企业 4 家,省级连锁企业 232 家,区域性连锁企业 343 家。

三是进一步加大执法力度,规范网吧市场秩序。2011 年,各级文化行政部门和文化市场综合执法机构共出动执法人员 400 余万人次,检查网吧 273 万家次,责令改正 6 万余家次;共受理举报 2 万余件,立案调查 3 万余件,移交案件 1,253 起,办结案件3万余起;全年给予警告处分3.7万家次,责令停业整顿和吊销经营许可证6,324家次。

四是推动行业协会建设。2011年,文化部着力于全国网吧协会的筹建工作,并取得突破性进展;各地文化行政部门也加快了本地网吧行业协会的建设,同时加强对已有协会的指导,使其切实发挥桥梁和纽带作用,促进行业自律。

2011年是"十二五"规划的开局之年,也是网吧市场建设与管理迈上新台阶的关键之年。一年来,在政府和市场"两只手"的引导、调节下,网吧市场在结构调整中求新求变,寻找可持续发展的增长点。2012年,为给十八大营造良好的网络文化市场环境,今年的网吧管理工作将按照既定目标,"稳"字当头,以维护网吧市场整体平稳为基调,做好4项重点工作:继续完善网吧管理长效机制,规范网吧市场秩序;坚持"政府主导、市场运作"的原则,稳步推进网吧连锁工作;科学谋划、合理布局,适当向条件成熟的城郊、农村地区倾斜;进一步推进行业协会建设。

一、市场概况

(一)产业链

如图 1 所示,2011 年网吧产业链延续了前几年的基本态势,并显现出 4 个新特点:

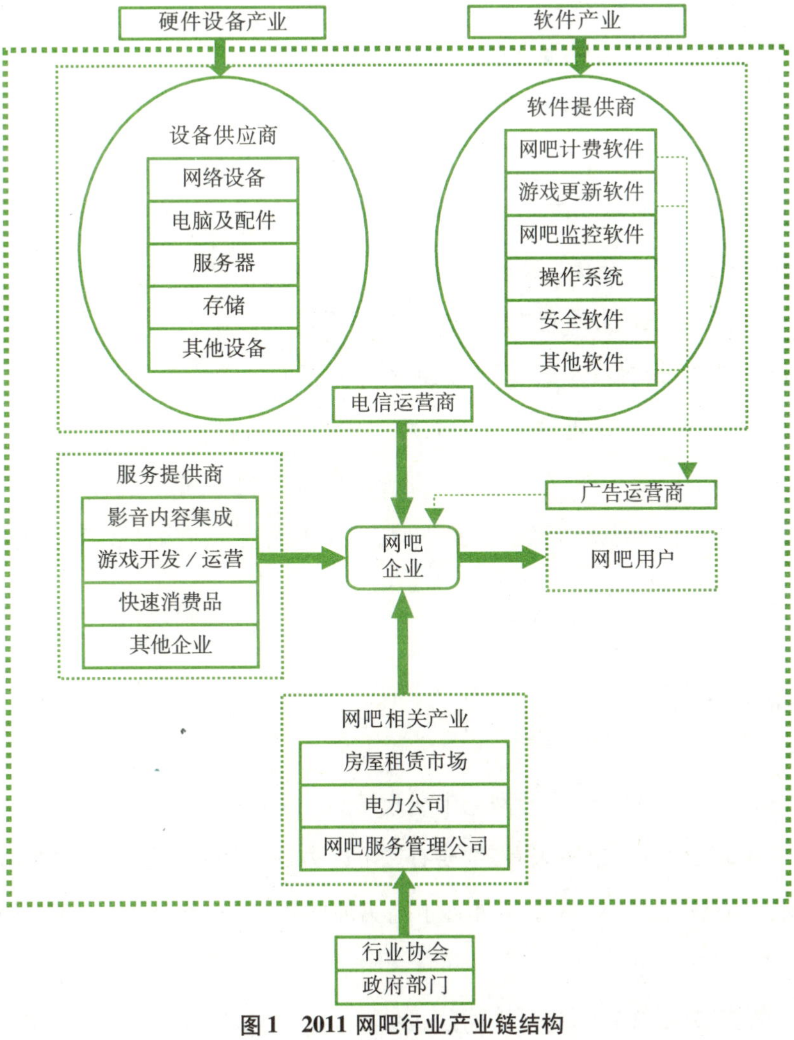

图 1　2011 网吧行业产业链结构

1. **网吧行业协会日益成熟**

网吧行业协会是网吧业主与政府部门、产业链相关各方沟通的桥梁和纽带。经过2010年网吧遭遇影视商业维权事件后，网吧协会成为维护网吧业主合法权益的中坚力量，在代表网吧业主与版权方主动沟通、消解矛盾与争端等方面都发挥了重要作用。从管理角度上看，网吧协会充分发挥桥梁和纽带作用，配合管理部门积极推进网吧连锁工作，同时不断增强行业自律意识，促进行业规范发展。

2. **网吧委托管理服务日趋成熟**

2011年，除专业网吧委托管理公司外，各网吧连锁企业也纷纷推出以人才输出、日常店务管理、硬件设备为主的网吧委托管理服务，以科学的管理方法经营网吧，提升网吧收益，受到网吧业主的欢迎。

3. **影音内容服务提供商开始探索新的商业模式**

2011年，随着网吧业主知识产权保护意识的增强，网吧内私设影视服务器的违法现象基本杜绝，网吧业主倾向于向拥有合法影音内容版权的提供商或视频网站购买相关产品及服务。因此，影音提供商在基本影音内容服务的基础上，开始探索以网吧影院为代表的商业模式。

4. **网吧软件已成为网吧广告投放的主要渠道**

网吧软件通过软件控制桌面弹窗或者开机画面进行广告位销售，将广告直接推送给用户，打通并控制着这一直接面对用户的重要通道。游戏更新软件作为用户使用率最高的网吧软件，对广告推送通道的控制力也最强。

2011年，由于网吧整体赢利水平下降，网吧软件提供商的赢利模式也发生了变化，由早期的软件销售转变为以广告销售为主的模式。

（二）市场规模

如图2所示，2011年，中国网吧市场规模为619亿元人民币①，同比2010年下降19.7%，降幅明显。分析来看，主要有以下几方面原因：一是移动互联网的高速发展，使许多用户之前需要通过网吧才能实现的需求，如获取信息、IM通信交友

---

① 数据来源：文睿研究。推算公式：总产值=总机时费/平均机时费占比；其中，总机时费=终端台数×平均机时费×平均营业时长×平均使用率×365

等，现在通过手机、平板电脑等移动终端即可得到满足；二是电脑终端及家庭宽带的进一步普及，大大缩减了用户去网吧消费的频次和时间；三是微利甚至亏损的网吧比例日趋扩大，导致整体规模下滑；四是网吧连锁推进过程中，结构性调整阵痛凸现，以致连锁的集约化、规模化效应尚未显现；五是游艺娱乐场所等大众休闲消费的再度兴起，部分取代了网吧用户的娱乐需求。

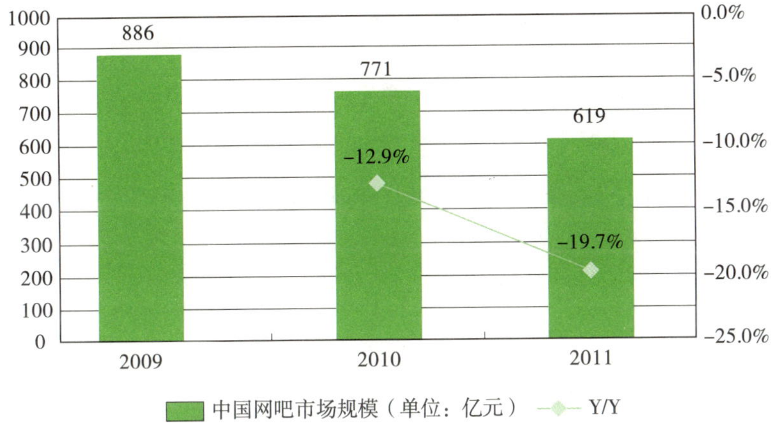

图 2　2009～2011 年中国网吧市场规模

（三）用户规模及地区分布

1. 用户规模

如图 3 所示，截至 2011 年底，中国网吧用户数量为 1.43 亿人，较 2010 年的 1.63 亿人减少 2000 万，近年来首次出现负增长。导致用户规模锐减的重要原因在于，随着移动互联网环境的进一步改善，网吧不再是满足上网娱乐的唯一渠道，日臻完善的网络技术和日渐普及的移动终端满足了用户聊天交友、获取新闻信息、收看视频等需求。

2. 地区分布

如图 4 所示，2011 年网吧用户分布情况在部分区域表现出较大的变化。由于家庭宽带及移动互联网的普及，除广东省之外的发达地区网吧用户比例多呈现下降趋势，如北京、上海、江苏、山东等。广东省受经济形势好转、沿海加工业逐渐复苏的影响，劳动力大量注入，以致 2011 年广东的网吧用户比例逆势增长。

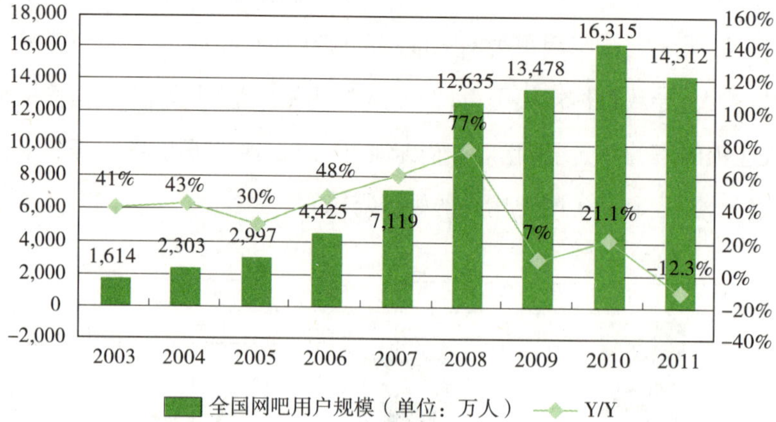

图 3　2003～2011 年网吧用户规模

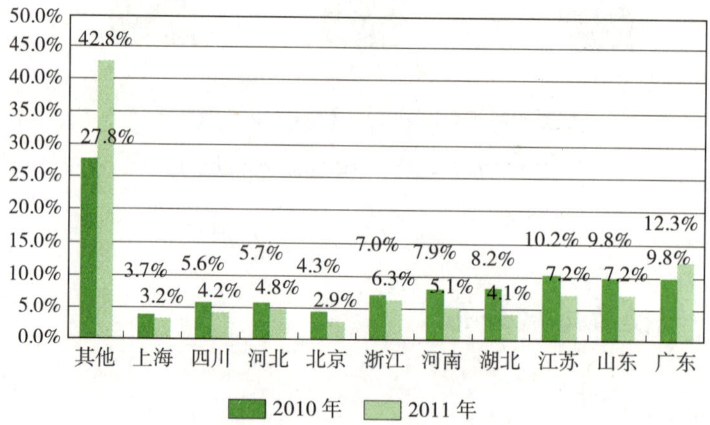

图 4　2011 年网吧用户分布

（四）场所规模及地区分布

1. 场所规模

截至 2011 年底，全国网吧总量为 14.6 万家①，稳中呈现小幅增长，如图 5 所示。

---

① 数据统计：各地核发的《网络文化经营许可证》数量

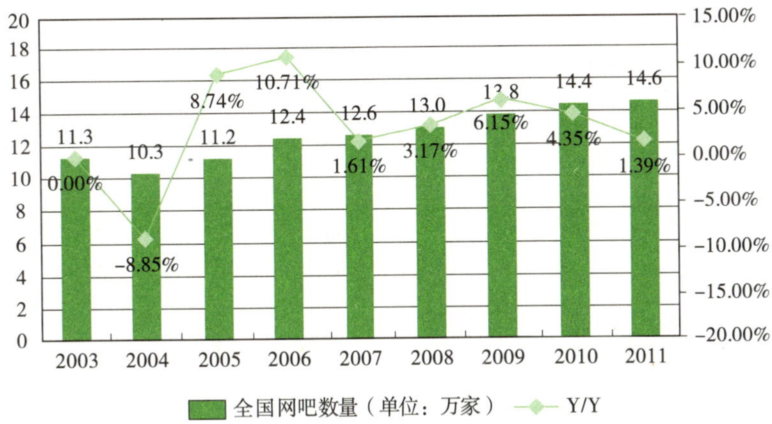

图 5　2003～2011 年全国网吧数量及增长率

2. 类型分布

2011 年，网吧门店终端规模也发生了一些变化，即中小型网吧数量反弹明显，大型网吧数量逐步萎缩。据统计，拥有终端数量在 50～99 台的网吧在市场中所占比例上升至 36.6%；终端数量在 50 台以下的网吧所占比例由 2010 年的 14.5% 上升至 18.9%；终端数量在 200～299 台的网吧市场占比下降明显，由 2010 年的 14.2% 下降到 2011 年的 10.1%。究其原因，主要在于房屋租赁、员工工资等成本逐年增高，客源却日渐减少，终端空置率不断攀高，导致一些单纯依靠机时费赢利的大型网吧利润下降明显，经营难以为继。预计未来几年，从市场整体来看，中小型网吧仍将占主流。

网吧规模呈现强烈的区域特性，这与当地宽带网络普及率及经济发展情况、网民需求、当地网吧政策都有着密切的关系。据统计，一线城市如北京、上海、广州、深圳，终端数量在 200～299 台之间的网吧仍然占据着市场的主流；二、三线城市中，大部分网吧拥有 100～199 台的电脑终端；四到六线城市、城乡结合部受消费能力及人口密度影响，市场多以小型网吧为主，其电脑终端通常在 50～99 台左右；农村地区以终端数量 50 台以下的微型网吧为主。网吧类型分布如图 6 所示。

3. 地区分布

2011 年在政府政策的引导及市场自我调整作用下，全国网吧数量出现小幅增长。2011 年网吧市场的地区分布呈现出总体保持平稳、局部稳中有升的特征。如江苏、山东、四川等连锁推进有力的地区，在总量布局规划的框架下，将新增的指标

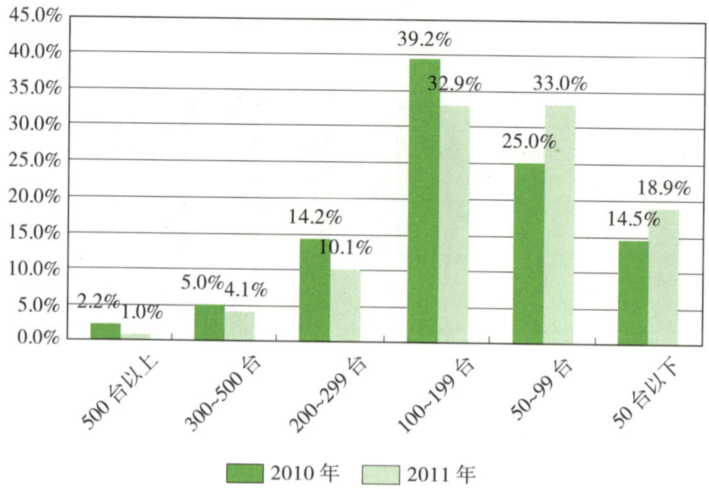

图 6　2010—2011 年网吧类型分布

全部用于网吧连锁直营门店的设立，因此，这些地区的网吧数量有所增加；其余地区与 2010 年基本保持一致。网吧地区分布如表 1 所示。

表 1　2011 年网吧地区分布

排名（网络普及率）	省市	网吧数量	平均覆盖人数	网络普及率
1	北京	1507	13014	70. 30%
2	上海	1531	15035	66. 20%
3	广东	9320	11191	60. 40%
4	福建	3445	10709	57. 00%
5	浙江	6877	7914	56. 10%
6	天津	928	13942	55. 60%
7	辽宁	6577	6651	47. 80%
8	江苏	8456	9302	46. 80%
9	新疆	2466	8846	40. 40%
10	山西	3735	9561	39. 30%
11	海南	1138	7620	38. 90%
12	陕西	3420	10914	38. 30%
13	山东	12758	7508	37. 80%
14	湖北	7376	7760	37. 20%
15	重庆	3433	8403	37. 00%
16	青海	449	12532	36. 90%

续表

排名(网络普及率)	省市	网吧数量	平均覆盖人数	网络普及率
17	河北	7762	9257	36.10%
18	吉林	3650	7524	35.20%
19	内蒙古	3141	7866	34.60%
20	宁夏	691	9119	32.80%
21	黑龙江	5425	7062	31.50%
22	西藏	308	9747	29.90%
23	湖南	11587	5669	29.50%
24	广西	4779	9631	29.40%
25	四川	9154	8785	27.70%
26	河南	8166	11514	27.50%
27	甘肃	1927	13272	27.40%
28	安徽	5760	10330	26.60%
29	云南	3682	12484	24.80%
30	江西	4175	10675	24.40%
31	贵州	2284	15213	24.20%
32	新疆兵团	386	—	—

(五)经营概况

2011 年,我国网吧行业已经全面进入微利时代。其中,年净收入在 10 万元以内的网吧已占全国网吧总数的 59.2%;年净收入在 10 万元~30 万元网吧的占比由 2010 年的 28.6% 减少至 2011 年的 18.0%;2011 年亏损的网吧占比为 9.6%。全国网吧平均年净收入如图 7 所示。

(六)从业人员概况

1. 企业员工

(1)年龄结构

2011 年,全国网吧从业人员 106.6 万名,其中 18~23 岁的从业人员占总量的 48.8%;23~28 岁的从业人员占 29.4%。具体年龄结构如图 8 所示。

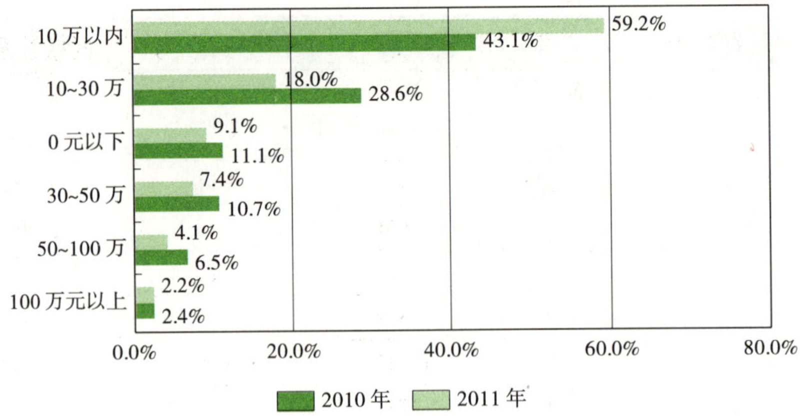

图7　2011年全国网吧平均年净收入

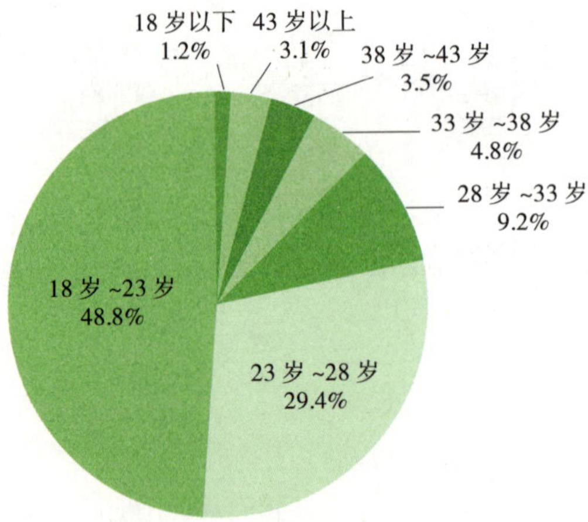

图8　2011年网吧从业人员年龄结构

(2)教育程度

2011年,网吧从业人员的教育程度进一步提升,主要体现在:大专、本科学历的从业人员占比大幅度提高,分别占24.8%及16.2%;高中/中专、初中及以下学历的从业人员占比明显降低,占比分别为36.2%、19.9%。2011年网吧从业人员教育程度如图9、10所示。

(3)人员流动

2011年网吧行业员工依然表现出较强的流动性,23.6%的员工工作不到3个月便选择离职;50.9%的员工在上岗后3个月~1年选择离职;在网吧工作1~2年的员工占比为14.7%,与2010年基本持平;而上岗后工作3年以上选择离职员

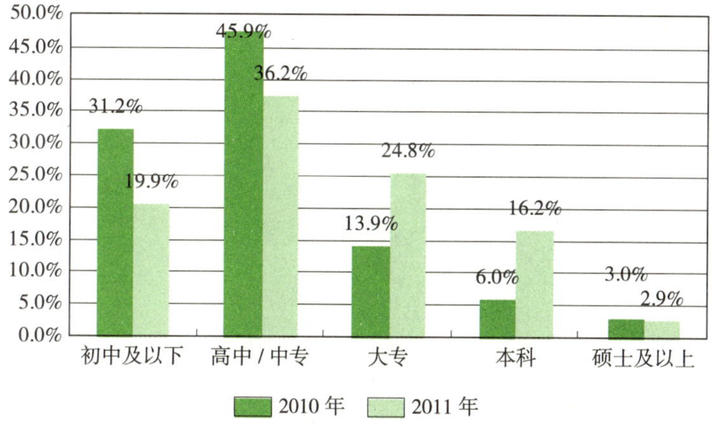

图 9　2010 ~ 2011 年网吧从业人员教育程度变化情况

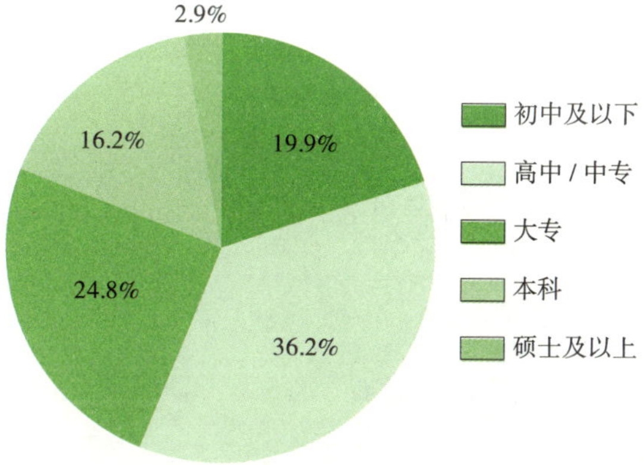

图 10　2011 年网吧从业人员教育程度

工的占比由 2010 年的 17% 降低到 2011 年的 8.2%。网吧效益不佳、员工薪酬缺乏有效的激励机制、职位上升空间较小等原因，导致了网吧行业整体流动性较大，员工的忠诚度较低，而这种状态又制约着网吧管理水平及服务水平的提升，形成恶性循环。2011 年网吧从业人员流动性如图 11 所示。

2. **经营者**

(1) 年龄结构

网吧经营者中，23 岁 ~ 38 岁的经营者占总数的七成。其中，23 岁 ~ 28 岁的经营者占 19.9%；28 岁 ~ 33 岁的经营者占 22.5%；33 岁 ~ 38 岁的经营者占 27.8%。具体情况如图 12 所示。

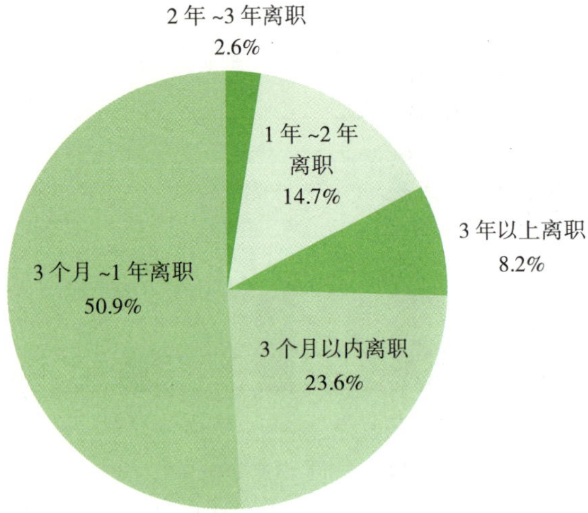

图 11　2011 年网吧从业人员流动性

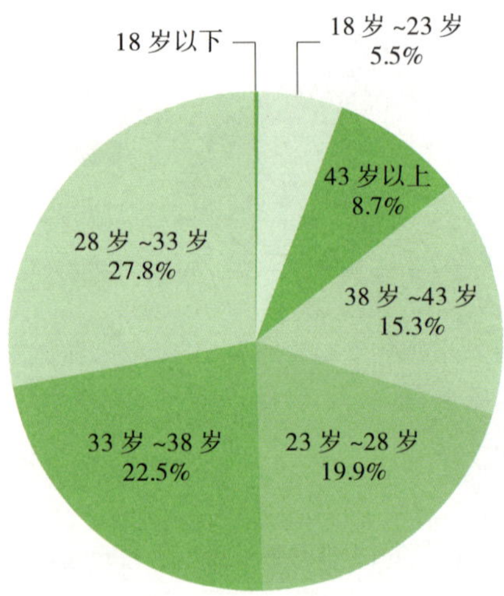

图 12　2011 年网吧经营者年龄结构

(2)教育程度

如图 13、图 14 所示,在网吧经营者中,拥有高中(中专)学历的经营者占 41.2%;拥有大专学历的经营者占 33.0%;拥有大学本科以上学历的经营者占比与 2010 年持平,为 15.4%。

(3)经营年限

目前,经营 5 ~ 10 年的网吧经营者为行业内的主流,占 39%;经营 3 ~ 5 年的网吧经营者占 24.2%;经营网吧时间超过 10 年的经营者占 16.1%,如图 15 所示。

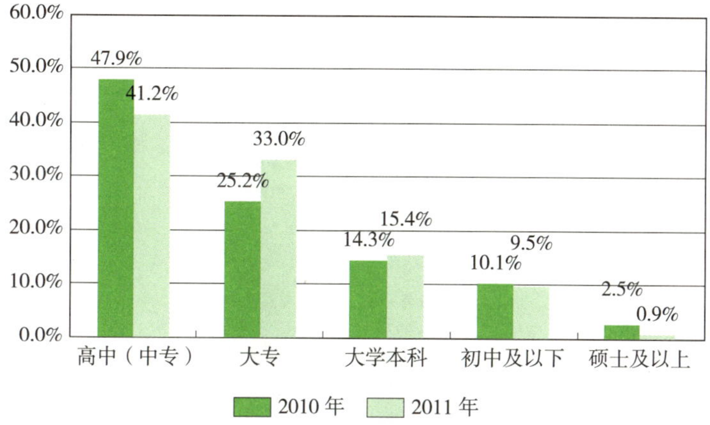

图 13　2010～2011 年网吧经营者教育程度变化情况

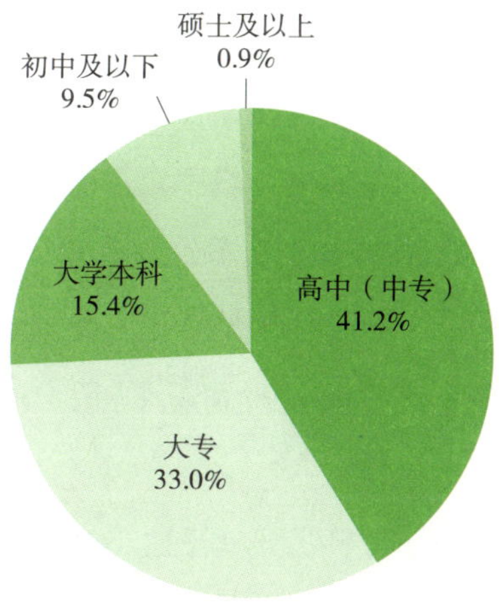

图 14　2011 年网吧经营者教育程度

（七）市场现状

1. 网吧连锁率进一步提升，直营店比例依旧较低

2011 年，在各级文化主管部门的大力推进下，全国网吧连锁率进一步提升，连锁率已达 40%，较 2010 年增加 10 个百分点。截止到 2011 年底，全国共有 4 家得到文化部认定的全国网吧连锁企业，经各级文化行政主管部门认定的省级连锁企业 232 家，区域性连锁企业 343 家。

在市场规律及政策引导的双重作用下，各地连锁推进扎实有效，但受成本、落

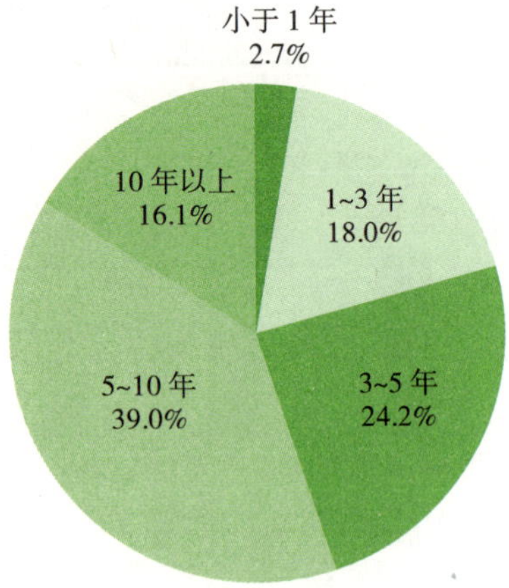

图 15　2011 年网吧经营者经营网吧年限

地政策等原因的影响，直营店发展速度仍然较慢，比例依旧较低。网吧连锁企业主要以吸收存量市场即“单改连”的方式，进行连锁化改造。

2. 网吧行业进入微利时代，单体网吧赢利更加困难

2011 年，随着互联网和家庭电脑普及率的提高、移动互联网的高速发展以及智能手机的大范围普及，网吧的原有用户被大量分流；加之目前大多数网吧的赢利模式仍然以收取上网机时费为主。在这种情况下，用户的锐减和成本的上扬必然导致网吧净利润的减少。

对单体网吧而言，由于它们基本处于单打独斗的状态，多以价格战吸引客源，此般无序的竞争进一步降低了单体网吧的赢利水平。与单体网吧相比，连锁网吧的赢利水平相对稳定且普遍高于单体网吧，主要有两方面的原因：一方面，各地相继出台的连锁优惠政策，如营业税率的下调和电信接入费用的减少，直接降低了连锁网吧的经营成本；另一方面，网吧连锁规模化、集约化效应，加之连锁企业统一规范的管理，也在改善经营、增加利润方面起到了不同程度的作用。

3. 移动互联网的快速发展强烈冲击网吧市场

2011 年以来，移动互联网快速发展，智能移动终端日渐普及，软硬件设施的集体改善给网吧特别是城市网吧带来了强大的冲击，并突出表现在客源的大幅减少上。这一趋势随着技术的不断完善，还将越来越明显。因此，网吧亟需改变现有单一的上网服务功能，从深度、广度拓展新的难以替代的业务，吸引用户重新回到网吧。

4. **网吧用户向成熟群体扩展**

从用户调研数据分析,25 岁以上的网吧用户群体持续增长,其中 25 ~ 30 岁的用户比例由 2010 年的 23.2% 上升至 27.6%;31 ~ 35 岁的用户比例由 5.1% 上升至 9.7%;36 ~ 40 岁的用户比例由 1.3% 上升至 4.0%。这一现象的出现,和近年来网吧服务的多元化与优质化发展是分不开的。网络咖啡、培训式网吧、影院式网吧等新兴业态的出现,吸引了越来越多成熟群体回归网吧,享受多元化的上网服务。

5. **网吧渠道日益受到上游厂商重视**

2011 年 11 月 16 日,腾讯对顺网战略投资 1.4 亿。交易完成后,腾讯持有顺网 4.0% 的股权,成为顺网第四大股东。调研数据显示,顺网旗下的游戏更新平台网维大师已经占有国内网吧市场 55.2% 的市场份额,腾讯此次战略投资也预示着上游厂商对于网吧渠道更加重视。通过网吧渠道,上游厂商可以将产品第一时间推送给网吧用户,并且可以通过对网吧渠道用户数据的分析,针对需求、地区、喜好不同的用户进行精准营销。随着网吧连锁的推行,网吧渠道的规模化效应将日益凸显,网吧渠道将受到上游厂商更多关注。

二、市场管理

(一)2011 年网吧市场管理概述

2011 年,是“十二五”规划的开局之年。各地按照 2010 年 4 月辽宁鞍山全国推进网吧连锁工作现场经验交流会、2011 年元月安徽合肥全国规范网吧经营秩序经验交流会的要求,把网吧连锁推进工作作为网吧市场管理的头等大事,因地制宜,大胆创新,以连锁促规范,以连锁助管理,以连锁带转型,取得了明显的工作成效。

1. 因地制宜,开拓进取,网吧连锁工作取得明显成效

连锁经营是当今商品流通业中最具活力的经营方式。通过发展连锁,促进网吧的规范化、规模化、主题化、品牌化,一直是文化部网吧管理工作的政策方向。2003 年,文化部下发《关于加强互联网上网服务营业场所连锁经营管理的通知》,标志着网吧连锁工作的正式启动;2009 年,根据市场需求和管理需要,文化部及时调整政策,出台《网吧连锁企业认定管理办法》,鼓励各地结合实际,开拓创新,支持和引导非连锁网吧向连锁业态发展;2010 年,文化部与中央文明办联合召开全国网吧连锁推进工作现场经验交流会,明确要求各地要以科学发展观为指导,坚持行政手段与市场手段两手抓,以推进网吧连锁为契机,坚持走改革整合的路子,向体制机制要秩序;2011 年,文化部与国家工商总局联合召开全国规范网吧经营秩序经验交流会,全面总结“十一五”期间网吧建设与管理所取得的成就与经验,科学研判“十二五”期间所面临的新形势与新任务。这些文件的出台、会议的召开,表明了文化部在推进网吧连锁工作方面的决心,也体现了各地在探索网吧连锁发展模式中的不懈努力。

在各级文化行政部门的共同努力和协调小组各有关部门的大力支持下,全国网吧连锁工作稳步推进。据统计,截至 2011 年底,我国共有网吧 14.6 万家,终端台数 1152 万台,从业人员 107 万,各级网吧协会 922 个,“五老”义务监督员近 14 万人。从市场占有率看,目前全国网吧连锁率已近 40%,较 2011 年年初增加了 10

个百分点；从门店数量看，网吧直营门店数量 1 万多家，加盟门店数量 4.8 万多家，直营门店比例略有上升；从连锁企业数量看，经认定的全国网吧连锁企业 4 家，省级连锁企业 232 家，区域性连锁企业 343 家。

文化部根据各地连锁工作推进力度、网吧市场秩序、连锁企业特别是直营门店经营状况、政府推进及市场管理配套措施跟进情况等原则，对江苏、山东、上海、浙江、四川、安徽、河南、辽宁、重庆、新疆等 10 个省（区、市）给予了高度肯定和表扬。这些地方立足本地实际，开创性地工作，形成了各具特色的连锁推进模式。

近十年特别是近两年的连锁工作实践充分证明，把现代服务业中行之有效的连锁业态引入网吧行业，对发展好、规范好这个行业有着重大而深远的意义。一是有利于政府转变管理方式，优化管理措施，近年来，网吧案件数量明显下降、网吧违规举报明显下降、网吧提案议案明显下降、网吧负面报道明显下降的趋势就是明证。二是有助于从根本上提升网吧行业形象，改变网吧长期以来的“小、散、乱、差”的局面，优化市场结构。三是在连锁优势带动下，扶持发展一批有实力并且能够承担社会责任的连锁企业，扭转网吧近年来持续微利的态势，带动全行业转型升级。

2. 网吧连锁推进工作面临的新形势

网吧市场管理贯彻落实党的十七届六中全会精神，就是要按照《中共中央关于深化文化体制改革　推动社会主义文化大发展大繁荣若干重大问题的决定》中“发展连锁经营、物流配送、电子商务等现代流通组织和流通形式”的要求，坚定不移地推进网吧连锁工作，向体制机制要秩序。

网吧行业自产生以来，以市场的方式在缩小城乡差距、填补数字鸿沟、弥补信息服务中公共投入不足等方面发挥了积极的作用，它的出现为农民工等低收入群体解决了上网问题，成为老百姓普遍接受的较为廉价便捷的休闲娱乐场所。随着信息网络的普及和家庭、办公场所上网条件的改善，大中城市网吧数量的缩减和用户增幅的放缓已成定局。在这种大背景下，网吧行业何去何从，如何以推进连锁为契机，拓展业务、改进服务，为用户提供个性化、分众化的上网服务，开发特色上网消费等等，这些都亟待破题。

题如何破，套如何解，关键还在于市场管理，因为市场是连接产品和消费的纽带，纽带打通了，工作也就理顺了。网吧连锁面临的新形势要求在以下几方面下功夫：

一要高度重视。自2009年重启网吧连锁推进工作以来，全国有20个省（区、市）根据文化部总体精神及各地实际，制定了连锁推进文件；15个省（区、市）转发或制定了网吧连锁企业认定管理办法。但个别地方对中央的部署认识还不统一，执行还不够到位，存在“等、靠、要”思想和地方保护主义，连锁推进工作进展缓慢。

二要配套有力。据统计，山东、河南、江苏、贵州、浙江、宁夏、上海、湖南等8个省份网吧或连锁网吧的营业税率已降至5%；江苏、山东等地连锁网吧的网络接入资费已大幅下调；江苏、山东、辽宁、上海等地依托网吧和网络游戏管理工作协调机制，简化审批程序，提高审批效率，为网吧连锁整合提供便利。但是仍有一些省份缺乏与相关部门的沟通协作，优惠政策和配套措施跟进迟缓，导致连锁吸引力不足，影响了单改连工作的推进，使得连锁网吧的规模优势得不到充分发挥。

三要管理到位。一方面要求各级文化行政部门和文化市场综合执法机构要管理到位，规范市场经营秩序，为连锁工作创造公平的市场环境；另一方面，要求各连锁企业要管理到位，认真落实连锁统一经营方针、统一服务规范、统一形象标识、统一计算机远程管理这“四个统一”的要求，不断健全网吧连锁企业与其连锁门店的责任分担和利益共享机制。

（二）2012年网吧市场管理思路

为给十八大营造良好的网络文化市场环境，2012年的网吧管理工作要按照既定目标，“稳”字当头，以维护网吧市场整体平稳为基调，做好以下几项重点工作：

一要继续完善网吧管理长效机制，规范网吧市场秩序。要在分工负责与齐抓共管、条块结合与以块为主、日常巡查与技术监管、宏观调控与市场机制、行业自律与社会监督相结合的网吧管理长效机制框架下，以打击网吧违规接纳未成年人为中心，以农村及城乡结合部为重点，坚持严管重罚，强化市场退出机制；要积极配合工商、公安等部门，坚决取缔黑网吧，创造优胜劣汰、公平竞争的政策环境和市场环境，保障网吧的合法经营。

二要坚持“政府主导、市场运作”的原则，稳步推进网吧连锁工作。各地要在巩固现有成绩的基础上，进一步深化和推进网吧连锁工作。首先，要从单纯的连锁门店数量增加向连锁实际质量提升转变，着力发展直营连锁。其次，积极与电信、公安、工商、财政等相关部门沟通，出台连锁推进的优惠政策。再次，要坚决打破狭隘的地方保护主义，创造公平公开的市场竞争环境。最后，要鼓励和扶持国有资本发展连锁网吧，充分发挥国有文化企业的示范带动和导向作用，壮大国有文化企业在网络文化市场的竞争力、影响力和辐射力。

三要科学谋划、合理布局，适当向条件成熟的城郊、农村地区倾斜。省级文化行政部门在文化部原核准总量不变的前提下，在综合考虑当地经济发展水平、人口总量与分布、市场需求和监管能力等因素的基础上，可对不同地区、不同区域的数量指标进行适当调整，同时这些指标必须全部用于网吧连锁企业直营门店的布点。在布点过程中，可适当向市场确有需求、执法力量齐备的城郊、农村地区倾斜，填补这些地区网吧市场的空白，为缩小城乡差别、建设社会主义新农村提供文化阵地。

四要加快行业协会建设。目前，全国网吧行业协会的筹建材料已报送民政部，待筹建意见书下达后，便可正式启动该项工作。各地要依托现有行业协会，不断提高网吧企业的自律能力，做到自我管理、自我约束、自我服务，加强行业自律；同时，增强行业凝聚力，积极与上游企业对话、沟通，依法维护网吧业主的合法权益，为行业谋求更大的发展空间。

三、连锁网吧现状

大力推进网吧连锁经营,使集团化、规模化、专业化、品牌化的连锁网吧成为主流是文化部网吧管理政策的主导方向。2011 年 1 月召开的全国规范网吧经营秩序经验交流会明确提出:今后五年,网吧要在维持原有总量规划不变的情况下,大力推进网吧连锁经营。

(一)网吧连锁推进模式

2011 年,各级文化行政部门把网吧连锁推进工作作为网吧市场管理的头等大事,因地制宜,大胆创新,以连锁促规范,以连锁助管理,以连锁带转型,取得了明显的工作成效,创造出许多可资借鉴、可供推广的模式。

1. 江苏模式:政府推动与市场运作结合,向体制机制要秩序

江苏省按照中央指示和文化部的要求,坚持走改革整合的路子,向体制机制要秩序,积极探索网吧管理的新思路、新机制、新手段,调整规划布局,整合市场资源,优化市场结构,大力推进全省网吧连锁化经营。江苏省在网吧连锁推动工作中主要总结了以下经验。

(1)政府推动,营造网吧连锁的良好氛围。一是组织领导先行,消除思想行动障碍。省、市、县先后成立了网吧连锁管理推进工作领导小组,专题研究部署全省网吧连锁推进工作方案、计划,明确目标、任务,实行每月一报、定期专报、全程跟踪督导。二是联手合力推进,消除改造通道梗阻。政府与公安、消防、工商等部门联合优化前置审批程序,统一时间及审批流程衔接点,建立专门的网吧连锁改造审批绿色通道。三是宣传舆论造势,消除连锁改造顾虑。针对网吧业主对连锁改造的种种顾虑,利用电视和网络媒体,开设专题访谈,开通热线电话,与网吧业主对话、与社会各界互动,营造积极的舆论氛围,消除网吧业主对连锁经营模式的疑虑。四是政策扶持引导,消除资金投入瓶颈。“三个一点”的办法,即向省财政申请一点、由省文明办支持一点、从文化产业引导资金切出一点,筹措了两百多万资金,用以奖代补的办法填补“单改连”资金缺口，调动了网吧及网吧连锁企业的积极性，为连锁企业赢得了启动资金支持，赢得了连锁改造时间。

(2)市场运作，调动网吧连锁的内在动力。在网吧连锁改造过程中，有关部门应注重搭建市场化运作平台，把网吧连锁企业扶上马，送一程，助推企业转变经营模式，更新经营理念，拓展生存空间，调动网吧连锁企业的内在动力。一是依托市场，培植新的盈利点。由省网吧协会出面引进，开展知名食品、饮料品牌企业进网吧活动，利用网吧广告资源换取企业对网吧门店重新改造，节省网吧“单改连”经费。与相关网络游戏、影视内容服务企业合作，建立省级合作平台，指导企业集体谈判、集中采购，争取最低价格优惠。与省电信公司磋商、协调，最终达成了“所有连锁网吧的电信宽带接入费在现有市场价格基础上下调 30%”，每年为全省连锁网吧减少运营成本 6000 余万元。二是引入资本，壮大自身实力。拓宽资本渠道是突破网吧连锁发展瓶颈的重要手段。江苏省主动为网吧连锁企业寻找资本支持，鼓励上市公司参股、控股、兼并、收购网吧连锁企业，为网吧连锁企业经营发展注入更多的资本动力。三是结成同盟，打造特色品牌。积极引导企业打造连锁特色经营，支持网吧连锁企业与相关行业龙头企业结盟合作共赢。

(3)合作双赢，实现网吧连锁的“两个效益”。不仅要把网吧看作是人民群众生活享受的好去处、文化消费的好场所，也要把网吧作为先进文化传播的好平台、社会主义文化建设的好阵地，既要挖掘连锁网吧的经济效益，也要发挥连锁网吧的社会效益，把经济效益与社会效益相统一，实现合作双赢作为网吧连锁化深入推进的最终目标。

2. 山东模式：创新认定工作，加强市场管理

(1)创新认定工作

山东省根据《文化部关于印发〈网吧连锁企业认定管理办法〉的通知》(文市发〔2009〕35 号)，结合山东实际，制定了《山东省网吧连锁企业认定管理办法实施细则》，在要求申报企业必须符合文化部认定管理办法的基础上，进一步创新认定工作。

一是鼓励发展多层次网吧连锁企业。山东省在企业认定中，把网吧连锁企业分为三类：全省网吧连锁企业、同城网吧连锁企业、县级网吧连锁企业。各地可因地制宜扶持多层次网吧连锁企业发展。

二是强化审计机构在企业认定中的作用。针对网吧连锁企业可能出现假连锁、假直营、假投资的问题,山东省在企业认定中强化审计机构的作用,各企业在提报申报材料时,必须提供有资质的审计机构对其直营门店出具的审计报告,从而杜绝假直营、假投资问题的出现。

三是加强对网吧连锁企业的年审工作。山东省对网吧连锁企业实行有进有出的动态管理,在年审中实施逐级审核的工作方式。县、市级文化行政部门在进行网吧连锁企业年审时,要把县、市级文化市场综合执法机构的意见作为前置条件,经县、市级文化市场综合执法机构确认相关网吧连锁企业无违法违规经营后,方可通过年审。

(2)加强网吧市场管理

一是构建网吧市场综合治理体系。创新网吧市场监管手段和监管方式,构建全方位网吧市场综合治理体系和长效机制。目前,山东省副省级以下城市全部组建起文化市场综合执法机构,文化市场综合执法办公系统实现省、市、县三级全覆盖,全省“五老”义务监督员队伍已达 14500 多人,各级网吧行业组织 61 个,已经形成网吧综合治理体系。

二是完善整体布局、严格控制总量。在推进网吧连锁工作中,加强总量调控,逐步压缩网吧数量,到“十二五”末,各市网吧数量控制在现有总量指标的 90% 以内。通过“淘汰递减”的办法,在总量布局规划指标内,依法吊销存在严重违法违规行为的网吧,或者鼓励网吧连锁企业注销所兼并、收购、控股现存标准低、环境差、规模小的网吧,利用这些指标的一部分,按新设立互联网上网服务营业场所的标准和条件,建设新的网吧连锁直营门店。

三是暂停单体网吧变更、从严年检审核。从 2012 年 1 月 1 日起,山东省将暂停单体网吧的变更登记或相关备案手续。单体网吧加入连锁网吧后方可依法变更。对于因政策性拆迁需变更经营地址(住所)的单体网吧,要限期恢复营业,对于未按时恢复经营的,一律撤销批准文书。

四是严厉打击假直营、假连锁。对于“企业投资、管理不到位,出现假投资、假直营的;在年审期间,以门店不交有关费用为由拒绝提交相关材料,致使门店无法正常进行年审的;直接或间接一次性收取多年‘管理费’的;以收取加盟费、管理费及其它费用为名,谋取不正当利益,偏离了正常的发展轨道,签定假合同、倒卖许可证的”,由原认定机构或省级文化行政部门取消其连锁经营资格。

3. **上海模式:多方协作创新,推动特色连锁**

在网吧连锁化进程中,上海通过政策上的创新充分调动了企业的积极性,在网吧连锁的建设工作中坚持"市场主导,政府推动,协会配合,企业运作"的十六字方针,在政策引导、企业自愿的原则下积极推动网吧连锁化工作,并为网吧行业提供多项政策方面的支持,提升了网吧的整体形象,促进了行业健康发展。2011 年上海市网吧连锁化推进工作中主要体现出以下三个特点:

(1)遵循市场规律,通过连锁政策的创新引导网吧企业

上海在网吧连锁的工作中,以市场规律推动网吧连锁,基本上解决了工作初期"连不住,锁不定"、"重收费、轻管理"的问题。通过召开连锁企业及单体网吧业主的座谈会,深入了解网吧行业的发展情况及各类业主对于连锁化发展的意见和建议,鼓励非连锁网吧在资源整合原则下组建成立网吧连锁企业。2011 年 3 月,上海市文化广播影视管理局下发了《关于进一步推动网吧连锁发展工作的通知》,通知进一步明确了上海网吧连锁经营企业的申请资格,在此基础之上对已有政策作出进一步调整,在全市网吧总量不变和连锁经营的基本要求下,打破了原有只发展直营店的做法,在网吧相关证照办理及电信网络使用费方面为连锁网吧提供多种优惠政策,鼓励连锁网吧企业吸纳非连锁网吧,使单体网吧经营者在加入连锁体系后获得实实在在的优惠和便利,有效提高了网吧业主推进连锁化的积极性。

(2)以资质认定为基础,通过扶持资金及税收优惠等政策推动连锁

为了保持连锁工作平稳有序地进行,上海市通过网吧协会对连锁企业进行资质认定,对企业的内部管理能力、实际管理成效特别是推进连锁方案进行评估,并首批认定了 2 家全国连锁企业——上海中数网络家园管理有限公司、上海中录时空文化发展有限公司及 3 家区域性连锁企业——上海东方网点连锁管理有限公司、上海网鱼网络发展有限公司、上海宏大文化娱乐有限公司,同时指导 5 家连锁企业制订了规范的加盟合同,在市网吧协会网站进行公示,供单体网吧经营者自行选择。为鼓励单体网吧加入连锁,5 家连锁企业出资建立了"上海网吧行业推进连锁发展专项扶持基金",为单体网吧加入连锁后的门面装修等费用提供补贴。与此同时,上海还积极推动网吧行业的税率改革,经过与当地税务等相关部门的沟通,网吧行业税率已由 25% 降低到 5%,该税率将在 2012 年正式实施。

(3)坚持常态化管理及创新的发展模式,促进网吧行业的可持续发展

目前,上海对于网吧实施常态化管理。自 2005 年正式建立了由 16 个相关管

理部门共同组成的“上海市网吧管理工作联席会议”后，上海市文化广播影视管理局依托多部门连续多年在寒暑假等重点监管时段进行专项整治活动。2011年上海市网吧接纳未成年人违规率仅为0.2%，常态化管理对于上海市网吧行业的可持续发展起到了至关重要的作用。在对网吧进行管理的同时，上海也对网吧行业盈利模式的创新进行了深入的探索。在网吧利润逐年下降的大环境下不断鼓励和支持行业创新盈利发展模式，通过建立多元特色的连锁品牌推动行业发展，目前已经出现了以“网鱼网咖”为代表的多家特色连锁企业。

4. 浙江模式：创新思路促进市场规范

2011年浙江省连锁网吧直营店增加260家，在市场准入和退出机制不断完善的前提下，网吧市场整体秩序得到了规范。浙江省从不同维度推进网吧连锁化进程，规范网吧市场秩序，其主要思路体现在以下方面：

（1）因地制宜，稳步探索，创新连锁新模式

浙江省文化厅在广泛调研，多方面、多部门听取意见的基础上，下发了《浙江省推进网吧连锁工作实施方案（试行）》，进一步完善网吧连锁企业的市场准入和退出机制，从不同维度推动网吧连锁化进程。一是推行“分公司形式”的直营门店认定，避免“假连锁”。二是为鼓励连锁管理企业进入网吧市场，开展单体网吧托管业务和连锁管理服务，推行连锁管理的概念，将网吧托管公司纳入连锁网吧认定范围，经过认定的网吧托管公司同样可以享受网吧连锁企业优惠政策。三是鼓励相关领域连锁企业进入网吧市场，尝试发展点小、面广、内循环、多样化的网吧连锁配套经营，推行配套连锁。经过近一年的努力，浙江省共认定网吧连锁经营企业13家，网吧连锁管理企业1家，在推进连锁方面积累了一定的经验。

（2）充分发挥规划引导作用，坚定不移地推进连锁

浙江省以连锁化、规模化、品牌化为发展方向，鼓励网吧行业进行存量调整，优化结构，做到政府调控和市场调节相结合，最大限度地发挥市场机制的作用。根据国家有关政策，浙江结合实际，再次进行了网吧总量和布局规划调整，并会同公安、工商等部门，在2011年6月联合召开了全省网吧连锁管理工作会议，部署网吧总量布局规划及连锁管理等工作。

为加快推进网吧连锁工作，浙江省拟定的2011年网吧总量布局规划对整合现有存量网吧给予政策激励，在常规性的100家规划指标之外再设定一批激励指标，规定网吧在连锁经营企业收购、兼并存量网吧，数量每达5家，给予激励指标1家；

网吧连锁企业以托管形式整合存量网吧，数量每达 10 家，给予激励指标 1 家。同时，规划明确鼓励将网吧规划指标用于未设立网吧的乡镇、网吧总量不足万人一家（包括流动人口）的各类开发区和取缔黑网吧成效显著的地区，并通过有效规划引导，促进城乡网吧市场协调发展。

（3）积极取缔黑网吧，以连锁化网吧占据市场

2011 年浙江省在拟定网吧总量布局规划时即明确，对取缔黑网吧成效显著的地区投放一定数量的网吧连锁门店指标，发挥网吧连锁企业示范作用，采取堵疏结合的办法，巩固各地整治黑网吧的成效，减少打击后的反弹。

（4）努力探索长效管理机制，确保监管措施到位

近年来，浙江省致力于网吧市场的健康规范发展，紧紧围绕“政府主导、部门协作、行业自律、社会监督”这四个环节，积极探索长效管理机制，促进网吧规范管理，并通过强化考核机制、强化行业自律、强化社会监督等措施，加强对网吧等市场经营活动的监督，进一步拓宽了监管渠道，健全了监管网络。

5. 四川模式：以内容配送为主导的连锁模式

四川高度重视全省的网吧连锁认定和建设工作，先后下发了《四川省文化厅关于以多种形式推进全省网吧连锁化发展的通知》、《成都市推进网吧连锁经营工作方案》和《成都市网吧连锁企业管理办法》等文件，并在充分的深层次调研后制定了《关于网吧连锁发展工作相关问题的研究》的深度报告。目前全省网吧连锁率达到 61%，成都市网吧连锁率已达到 98%。

自 2009 年开始，以四川省电信公司的“蓝海网盟”为平台，四川形成了以内容配送为主导的自愿加盟的新兴网吧联盟，为网吧统一配送网络游戏、网络影视等网络文化内容，按需求提供网吧内网络维护、桌面软件、无盘软件、网络视频通话、ICT 及安全系统等技术服务，并通过整合网吧产业链上下游各类厂商资源和网吧内各种渠道，帮助网吧提高盈利能力，降低经营成本及经营风险，同时净化了网吧内的网络文化内容。为加强网吧管理，同时进一步规范蓝海网盟的管理、促进自身发展，四川省文化厅指导对蓝海网盟按照“六统一”（统一基础管理软件平台、统一视频监控系统、统一基础数据采集上报、统一网络文化内容配送服务、统一接入控制、统一维护服务电话管理）进行规范和改进，积极探索网吧连锁新模式。截至目前，全省已有 5182 家单体网吧加入蓝海网盟，提升了四川网吧行业的整体软性竞争实力。

6. **安徽模式:同城连锁促规范**

自2004年安徽探索并开始实施“同城股份制联合经营”的网吧连锁新模式后,安徽省市场上散、小、乱、差和恶性竞争的问题得到了有效的解决,并在“同城股份制联合经营”模式的基础上衍生出了紧密结合当地市场实际情况的“黄山模式”、“宣城模式”等模式。在2011年的网吧市场管理工作中,安徽坚持推动管理“升温”,探索网吧连锁创新经营模式。

坚持“五个结合”强化管理,推动管理“升温”。在2011年的工作中,安徽省始终坚持“五个结合”,即政府监督与社会监督相结合、专项治理与日常监管相结合、人防与技防相结合、政策调控与市场调节相结合、强化管理与行业自律相结合,并在2008至2011年实施多项专项行动,对网吧市场上的违法违规现象进行治理,网吧的常态化监管也得到加强。一是强化领导为先,成立省网吧及网络游戏管理工作协调小组,与公安、工商等多部门联动,对网吧市场进行行之有效的管理。二是创新手段为领,大力推行技术监管,通过网吧视频监控和计算机监管平台系统对全省网吧进行动态监控。三是社会监督为重,全省共聘请9000余名“五老”义务监督员,并定期为网吧业主举办学习班、座谈会加强网吧业主的职业道德教育及法制教育。与此同时,安徽省还积极推进网吧协会的建设,目前安徽各市县都成立了网吧协会,并有部分网吧协会成立了党支部,推动网吧连锁化工作有序发展。

开始推行网吧连锁化后,安徽省网吧总量由6000家减少到5700家,一批水平低、层次低的小网吧被淘汰,优化了安徽省网吧市场的整体结构。同时从股份合作和利益分配、管理体制和责任追究等方面创新网吧连锁的“安徽模式”,在淘汰小网吧的同时对资源进行优化,鼓励大型国有文化企业、网吧连锁企业向农村布局。目前,省级网吧连锁企业皖新网络科技有限公司已经在超过50个乡镇建立了新华书店便民店、农家书屋、农民网吧“三合一”的农民文化家园,展示了国有文化企业的形象,受到社会好评。

7. **河南模式:繁荣与管理并行,推动网吧市场发展**

2011年河南省在推动网吧连锁化进程,促进网吧市场的连锁化、品牌化、规模化的过程中体现出以下特点:

一是深入宣传,澄清模糊认识。2009年,文化部出台网吧连锁企业政策后,面对县、市、区等基层行政管理部门认识不清和网吧行业经营者对政策了解不到位的情况,省文化厅及时召开座谈会、培训班等方式,为顺利推进网吧连锁工作打下良好基础。

二是科学规划，严格市场准入。2010 年，河南省文化厅出台了《河南省网吧调整存量、优化结构的意见》和《河南省贯彻落实〈网吧连锁企业认定管理办法〉的意见》，以实事求是的态度规划全省网吧，通过网吧连锁企业收购、兼并、重组、控股等形式改造现有网吧市场结构，全面实现网吧市场连锁化、规模化、专业化和品牌化。在市场准入方面，河南省按照“先连锁整合、后建设直营”的原则，加强对现有存量市场的整合，同时规定，凡连锁网吧市场占有率达到 20% 以上的，方可审报新的网吧发展规划，并经各省辖市文化行政部门核实后，可发展直营门店 1 家。单体网吧被整合后，不再变更为单体网吧。

三是典型示范带动，推动网吧连锁化进程。在网吧连锁化进程中，河南省充分发挥大型连锁公司的典型带动作用。例如，焦作市在网吧连锁过程中，以鼓励健康发展为导向，以基础较好、规模较大、管理规范网吧为示范点，通过舆论广泛正面宣传，由点及面逐步在全市推广网吧规模化、规范化的经营发展模式。在第二届网络文化新生活表彰会上，焦作作为典型代表发言，在此基础上，省厅又给了焦作一系列的优惠政策，其他存在“保护主义”的省辖市也积极创造条件，吸引有实力、有管理水平的网吧连锁企业到本地发展，有力地推动了全省网吧连锁化进程。

四是强化服务意识，改进工作方法。在推进网吧连锁工作中，省文化厅始终坚持以“两转两提”为突破口，突出服务理念，以方便快捷的办事效率受到了企业的好评。在材料报送方面，河南省采取由企业直接向省文化厅报送，减少了中间环节，缩短了认定时间，并在此基础上，坚持实行“四办”服务标准，即对企业资料齐全、符合法定要求马上办，资料不全指导办，紧急情况加班办，特殊情况跟踪办，实现了随到随办、一次办结，大大缩减企业的申报时间。

五是建立健全有效奖惩制度。在网吧连锁化进程中，省文化厅积极建立奖惩机制。主要表现为：对推动连锁化整合工作组织措施得力、成效显著的地区及时予以表彰，并在网吧市场增量指标分配方面给予重点扶持；对行动消极迟缓、工作推进不力，不能如期完成任务的市、县（区），予以通报批评，并责令限期改进；对管理完善、整合成绩突出的连锁企业，给予政策激励和扶持；对政策执行不力、疏于企业内部管理、直营或加盟店经营管理中出现问题的情况，追究连锁企业总部责任。

8. 辽宁模式：严格控制总量，规范市场秩序

辽宁省坚持整合与整治同步、行政政策引导与依法依规管理并重、说服教育与

严厉执法并举、典型示范与按目标要求强力推进结合的方式，同时注意处理市场选择和政府引导两方面关系，坚持法制教育和正面引导相结合、自愿加盟不强迫的原则。在一年多时间内，8 家连锁企业对全省 7400 多家网吧进行了有效的整合。在市场整合基本完成后，辽宁省进一步完善管理机制，体现责、权、利三者的统一。在责任上主要强调网吧的政治责任、社会责任和经营责任；在权、利上主要体现在由网吧连锁企业统一年检审核，由网吧连锁企业协助申领网吧场所变更后的经营许可证，网吧连锁企业在实施日常监督管理过程中具有解除连锁管理的权利，网吧连锁企业享有更多优惠政策和更大支持的权利。这种明确权利和责任的运作机制将在一定程度上缓解特许加盟连锁形式“连而不锁”的弊端。辽宁省通过近 3 年的连锁整合，网吧总量明显减少，较整合初期下降 18.3%。同时，场所经营条件明显改善，市场秩序明显好转。

9. 重庆模式：以“小连锁”模式推进网吧连锁

2011 年重庆对辖区网吧市场进行了认真调研和全面梳理，同时积极开展网吧连锁化经营试点、总结和推广，采取“小连锁”的方式，有效地推动了网吧向规模化、集团化、品牌化和连锁化方向发展，全市网吧连锁率已达到了 56%。

(1)积极开展网吧调查研究，切实掌握基本情况，不断加强网吧管理

通过深入调研，详细了解行业总量、分布、上网对象和经营状态等基本情况，为加强管理提供依据。认真、客观分析存在的问题，为加强管理打下基础。积极制定管理政策措施，加强网吧管理。先后制定下发了《关于进一步规范网吧行政审批管理工作的通知》等 5 个文件，不断加大网吧管理力度。

(2)采取切实有效措施，积极推进网吧连锁

采取“小连锁”的方式，积极推进网吧向连锁业态发展，全市 1923 家网吧实行联营连锁，连锁率达到了 56%。一是以区县辖区为单位，实行区域性连锁，即“小连锁”；二是主管部门帮助协调和指导，行业协会牵头组织和加强宣传，在网吧自愿的前提下，实行合资、联营、参股等成立新的企业，或者以其中 1 家经营单位的名称，对所有加入者的资产评估、占比、分配等进行协议和明确，对网吧经营场所进行重新布点，并开展经营活动。三是大力支持和鼓励加入网吧合资、联营、参股经营的场所在辖区内，在不新增总量的前提下，依法依规重新进行选址布点和经营，调整存量压缩总量。四是允许调整后的多余网络文化经营许可证保留 2 年，2 年内如有撤散分离等，仍然视为有效，可重新选址经营。2 年内无撤散分离的，注销多

余的网络文化经营许可证。通过“小连锁”形式，实行连锁化经营，推动网吧向连锁业态发展。

10. **新疆模式：农村网吧连锁模式**

在 2011 年的网吧连锁工作中，新疆将“绿色动力”农村网吧作为工作的重点，新增“绿色动力”农村网吧 15 家。2011 年 3 月，为规范“绿色动力”农村网吧的审批流程，新疆自治区文化厅下发了《关于进一步规范“绿色动力”农村网吧审批工作的通知》，对于“绿色动力”农村网吧的建设工作起到了深层次的指导和规范作用。在上网环境安全方面，除要求安装使用网吧计算机监控平台软件之外，还将电信的“全球眼”系统引入网吧的日常管理，实现了对网吧的实时视频管理，确保了网吧线上线下的安全。

（二）全国网吧连锁概况

1. **发展概况**

目前，我国共有 4 家经认定的全国网吧连锁企业，分别为北京瑞得在线信息技术有限公司、零度聚阵文化有限公司、北京中录时空文化发展有限公司及中电华通通信有限公司。经过一年的发展，目前 4 家全国性网吧连锁企业门店总数量达 3381 家。

瑞得在线：目前瑞得在线的门店总量为 325 家，其中直营店 88 家，加盟店 237 家，主要分布在北京、江苏、上海、山西、浙江、广东等省份，2011 年瑞得在线新增直营门店 16 家，加盟门店 8 家。

中录时空：中录时空在全国门店达 1564 家，其中直营门店约 300 家。中录时空在北京、上海、江苏、云南、辽宁、广东、河南、四川、山东等地区都建立了分公司。2011 年中录时空直营门店增加 172 家。

零度聚阵：目前零度聚阵网吧门店数约 1100 家。其中直营店约 60 家，加盟店约 1000 家，今年新增约 100 家。零度聚阵连锁网吧分布在国内 13 个省市，包括北京、天津、上海、四川、福建、河南、浙江等，其中浙江省为 2011 年的重点发展省份，发展加盟店 30 家左右。

中电华通：目前中电华通网吧门店数为 392 家，2011 年增加直营店 55 家，加盟店增加 300 家，大部分门店集中在江苏、浙江、广东、云南、河南等省份。2011 年新拓展的省份有:江西、四川、浙江、广东等。

2. 全国网吧连锁企业

(1)经营模式

目前,4 家全国网吧连锁企业在经营过程中探索出不同的经营模式。

投资经营模式,即不直接经营门店,以直接控股或者直接投资、参与合作的方式管理网吧,为网吧提供资金支持,且持有超过 51% 的网吧股份,采取责任制承包经营的模式,与当地合伙人约定收益分成。

特许加盟模式,即连锁网吧特许经营,主要利用公司的资质品牌以合同约定方式向加盟的单体网吧输出名称、商标、运作管理制度、管理方法等,采用这种模式的企业如瑞得在线和中录时空。

直接参与网吧业务经营,采取与其他网吧企业合作或控股的方式开展连锁经营。采用这种模式的企业如零度聚阵,公司的核心竞争力从早期的"电脑硬件统一采购"、"光纤网络接入",发展到如今的人才培训、内容增值等。

(2)管理模式

不同的经营模式需要差异化的管理模式。与上述经营模式相对应,目前全国网吧连锁企业普遍采用以下几种管理模式:

针对投资经营模式控制能力相对较强的特点,多采用合理的股权激励机制和严谨的风险管理手段,以加强对团队的激励和经营的控制。

针对特许加盟模式地域跨度大、分布相对分散的特点,采用特许加盟模式的企业多通过与加盟门店签订合约,明确加盟门店的责权利,从而达到有效的监督管理。

直接参与网吧运营管理的连锁企业,多把管理的重心放在建立持续的执行力和统一的管理标准上。

(3)赢利模式

分析 4 家全国网吧连锁企业,其赢利模式主要有以下几种:①100% 控股方式,通过公司自身运营获取机时费和增值服务收入;②51% 控股方式,即将网吧经营权承包给专业的网吧管理团队,每年按照合同约定的金额获取收益;③参股合作方式,主要是与当地网吧经营者按照合同约定进行收益分成;④特许加盟方式,通过收取部分加盟费的方式获取收益。目前为积极落实"四个统一"的管理要求,全国网吧连锁企业正逐渐减少特许加盟方式,通过全资控股或 51% 控股的直营门店扩大市场份额,从而实现连锁网吧的规模效应。

(4)发展瓶颈

从目前4家全国网吧连锁企业的经营模式分析,不同的经营模式面临的发展瓶颈也存在一定的差异性。如以投资经营模式为主的网吧连锁企业,受金融投资大环境影响较多,当前网吧行业的资金担保、抵押和贷款模式仍不成熟,由于网吧行业的税率较高,金融资本仍持观望态度不愿进入网吧行业;以特许加盟模式为主的网吧连锁企业,难以实现真正的"财务统一",易出现"连而不锁"的状况;以直接参与经营模式为主的网吧连锁企业,限于当下网吧资金投入大、回收周期长、管理成本较高、管理人员流动性大等因素的制约,直营门店的布点进度较慢。

(三)区域性网吧连锁概况

1. 发展概况

目前,各地经认定的省级连锁企业共232家,区域性连锁企业343家,如表2所示。

表2 全国网吧连锁企业分布情况

省份	省级连锁企业数量	区域连锁企业数量
北京	0	0
天津	8	0
上海	6	0
重庆	1	8
黑龙江	0	0
吉林	3	0
辽宁	7	0
山东	9	0
河南	61	0
河北	3	0
山西	3	0
陕西	8	0
湖北	6	0
湖南	0	0
甘肃	2	0

续表

省份	省级连锁企业数量	区域连锁企业数量
青海	0	0
云南	37	0
四川	20	0
贵州	1	2
安徽	4	27
江苏	9	0
江西	10	0
浙江	14	0
福建	8	0
广东	0	306
海南	4	0
内蒙古	4	0
广西	0	0
宁夏	0	0
西藏	0	0
新疆	3	0
新疆兵团	1	0
总计	232	343

2. 区域网吧连锁企业模式

(1)网络咖啡模式

网络咖啡店是一种以经营“网络+咖啡”为主,以温馨休闲风格的室内装修、高质量的网络服务、优越的上网环境提升用户的舒适感。

目前网咖的经营模式已被很多网吧业主接受,在北京、上海等地均有此类型的门店,用户以公司职员、大学生等较为在意生活质量的群体为主,店铺选址多在人口集中、交通便利等人流量较大之处。网络咖啡店主要服务的用户群体通常是对价格敏感度相对较低、对环境舒适度要求相对较高的群体,是对目标用户进行细分、差异化经营的一种竞争策略。

目前网络咖啡店的赢利结构以上机费为主,咖啡、糕点、游戏点卡等增值服务为辅,除提供收费上网终端外,部分网咖还会提供免费的无线网络及分区,方便携带笔记本电脑的用户来网咖上网,伴以咖啡的销售。虽然目前咖啡消费并未成为主要的赢利点，但其在提高门店品味和服务品质的品牌塑造上发挥了重要的作用。此种模式适合商业环境相对成熟的一线城市。

上海网鱼网络发展有限公司旗下“网鱼网咖”针对用户进行细分并提供差异化服务，配合其精细化管理能力，具有较强特色。“网鱼网咖”通过打造绿色、健康的上网环境，坚持“资产财务统一、软件统一、理念统一”，规范连锁经营，提升连锁价值。“网鱼网咖”是全国率先采用“网吧+网咖”经营模式的网吧品牌，配合高端硬件、高端服务等，营造了全新的休闲上网环境。坚持打造品牌使企业获得了良好的经济效益，品牌直营门店的日均单机上网收入超过 50 元，最高的门店甚至超过 70 元，咖啡、西点、游戏点卡等增值收入占网吧总收入的 40%。

(2)电子竞技网吧模式

网吧作为娱乐场所，氛围的创造是吸引消费者的重要因素之一。随着我国电子竞技氛围的日益浓厚，以 DOTA、星际争霸 II、CS online 等为代表的竞技游戏吸引了大批玩家，这些玩家都是网吧的潜在客户。电子竞技作为一种大型的赛事活动，日益被网吧业主所重视。

安徽战略高手电子竞技俱乐部是全国最早的电子竞技概念型互联网上网服务场所之一。目前安徽战略高手已经拥有 5 家门店，2011 年新增加了 1 家门店。2011 年战略高手举办、承办了安徽省高校电子竞技联赛、WCG 海选赛等国内、国际大型赛事，除此之外还举办了多次“战略高手杯”电子竞技比赛，仅 2011 年就有数十支电子竞技战队参加比赛。战略高手通过定期举办电子竞技比赛提升网吧人气，增加客源，提高收入。此外，战略高手以电子竞技比赛的科技性及时尚性吸引了众多厂商关注，如硬件厂商 AMD、nVIDIA、微星，游戏外设厂商雷蛇、双飞燕，可口可乐及 Kappa 等其他行业厂商。这些企业纷纷在店内投放广告或为比赛提供赞助，为网吧带来了可观的附加收入。

(3)家庭影院网吧模式

看电影是网吧用户在网吧的重要娱乐项目之一，虽然目前多数网吧都能为用户提供电影，但其终端配置大多不能满足用户对于影音体验的更高要求。基于此，山东万佳提出了“影吧+网吧”的模式。

山东万佳网吧通过在网吧内设置专业的电影包厢及 3D 专区，为用户提供不同级别的影音体验。对观影环境要求较高的高端用户，可以选择专业的电影包厢，包厢内设有专业的数字播放设备及高品质音响，环境私密，收费较高。观影要求相对较低的用户可以选择3D专区,其内配有专业的3D显示设备,片源可供挑选,价格也相对低廉。影吧模式以高品质及新兴的3D电影为卖点,可以更好地聚拢人气,增加用户黏性,提高网吧收益。同时,这种模式也存在一个潜在的隐患,即版权问题,采用此种模式的网吧必须确保所提供的影片拥有合法的版权。

(4)培训型网吧模式

目前国内网吧在日常营业期间都会出现部分空置的终端,如何有效地利用这些闲置资源,挖掘其中价值,使网吧受益,“培训+网吧”的新模式提供了一种思路。

“培训型网吧”模式由中青网络家园提出,“培训型网吧”在装修时采取适当隔断,设计简约而不强调舒适,机器不追求高端配置。平常作为普通上网区营业,在有培训业务的时候单独隔离出来做培训之用。从培训方式看,主要有两种形式:一种是网吧自行组织的本地培训或网络远程培训,此种培训通常有志愿者在旁指导;另一种是,网吧可将场地出租给第三方,由其开展培训。从培训内容看,主要包括针对家长的网络知识培训和针对失业青年的再就业培训。这类培训本身通常是免费的,网吧通过场租获得赢利,此举既解决了网吧电脑空置的问题,也有助于改善网吧行业整体形象。

(5)传统文化型网吧模式

近年来,在我国优秀传统文化的不断传承和发展背景下,将传统文化元素融入网吧的日常经营中也成为了一种创新的经营模式。在融合传统文化元素的网吧出现之前,网吧的装修风格多趋向于富有视觉冲击感的现代风格,以色彩繁多的灯饰作为主要装饰;与之相反,传统文化型网吧将我国优秀的传统文化融入网吧的环境体验中,以幽静典雅的装修为用户营造一个在上网过程中体验传统文化的环境。

这种模式的代表是苏州的欣网易家连锁网吧。苏州园林是我国园林文化的典范,苏州当地的欣网易家连锁网吧将园林元素充分融合到网吧的装修及环境布置中;网吧以流水、假山、绿色植物及古典风格的桌椅搭建出一个具有浓郁江南园林气息的上网环境。除了在装修方面融入江南园林元素外,在装饰品上选择了大量的古典书画作品,将时尚的互联网文化与传统的江南园林文化进行融合。传统文化的融入提升了网吧品味与档次,同时也使网吧成为弘扬传统文化的渠道。

(四)发展瓶颈

一是个别地区不够重视,属地管理责任落实不到位。属地管理是否落实一直是网吧管理成败的关键。但个别地区对中央的统一部署置若罔闻，“等、靠、要”思想严重，缺乏主观能动性，连锁推进工作进展缓慢甚至毫无进展。

二是连锁配套措施跟进迟缓。一些省份缺乏与相关部门的沟通协作，优惠政策和配套措施跟进迟缓，导致连锁吸引力不足，迟滞了单改连工作的推进，阻碍了连锁规模优势的发挥。

三是直营连锁推进乏力。目前，直营门店的数量仍然较少，比例仍然不高，缺乏发展后劲。个别网吧连锁企业只重数量扩张、不顾质量好坏，甚至采取“假直营”、“假加盟”的办法规避连锁网吧的政策，或以盈利为目的，倒卖网吧许可证。

四是连锁企业管理机制建设有待加强。一方面，网吧连锁统一经营方针、统一服务规范、统一形象标识、统一计算机远程管理的“四个统一”的要求还没有得到有效的贯彻落实，使得连锁业态有名无实，规模化和集约化效益未充分体现；另一方面，网吧连锁企业与其连锁门店的责任分担和利益共享机制尚不健全，对连锁门店的属地管理与网吧连锁企业总部管理存在脱节。

五是部分地方保护主义仍然存在，导致连锁企业落地难。个别地区对连锁网吧“落地”态度消极，甚至借机牟利，既影响了网吧连锁工作的推进，也损害了政府机关工作人员的整体形象。

六是连锁网吧企业自身的核心竞争力有待加强。由于网吧行业从业人员整体文化水平不高，缺乏现代企业的运作经验，大部分网吧采取粗放式经营，不注重品牌，不重视差异化服务，没有形成自身的核心竞争力，从而在市场竞争中无法获得长期优势。

四、网吧设施现状

（一）硬件设施

1. 电脑终端

如图 16 所示，2011 年，全国网吧市场终端保有量较 2010 年的 1428 万台减少 276 万台，总量为 1152 万台，同比下降 19.4%，首度出现负增长。

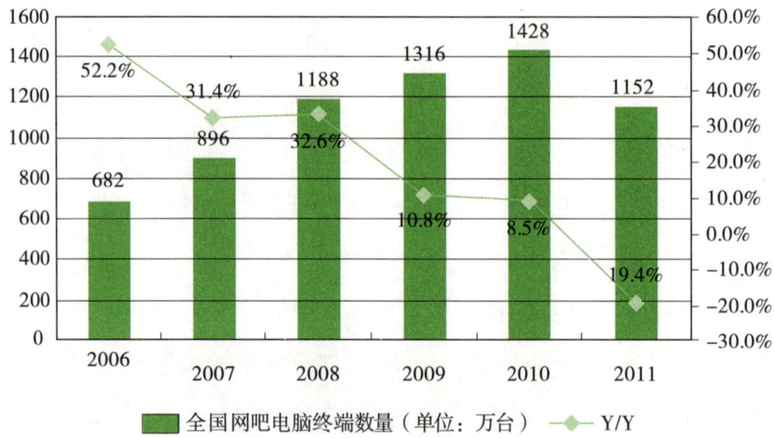

图 16　2006～2011 年全国网吧电脑终端数量变化情况

2011 年，国内网吧市场中品牌电脑的比例出现小幅下降，品牌电脑比例不足 5% 的网吧占全国网吧总量的 76.7%。技嘉、AMD 等大型硬件厂商针对网吧市场开展了各种形式的营销活动，除与网吧经营者合作建立冠名网吧、在网吧赞助电子竞技比赛等传统营销手段外，2011 年部分硬件厂商还针对网吧行业盈利降低的现状，为网吧提供了购买服务器等硬件设备的分期付款服务。具体数据如图 17 所示。

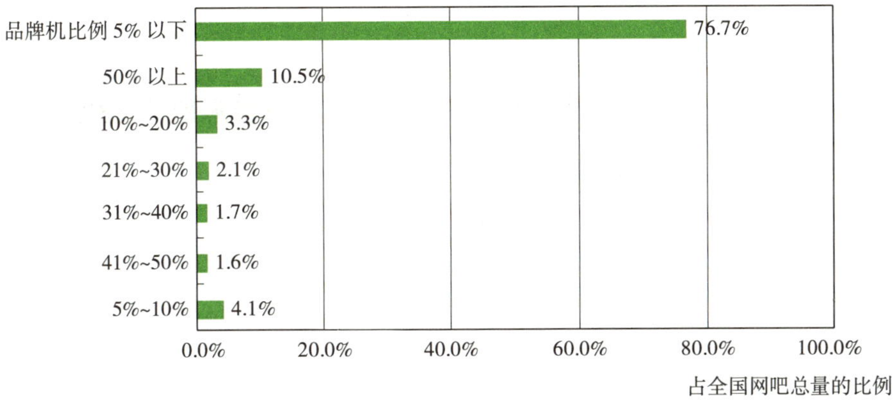

图 17　2011 年网吧行业品牌机所占比例

2. **电脑配置**

(1) 硬件更新

在网吧硬件设备中,46.5% 的网吧更换最频繁的设备是键盘及鼠标;34.2% 的网吧更换最频繁的是摄像头、耳机和麦克风。键盘、鼠标、摄像头等是网吧用户在日常玩游戏、视频聊天及看电影等娱乐活动中使用最频繁的设备,磨损程度也最高。具体数据如图 18 所示。

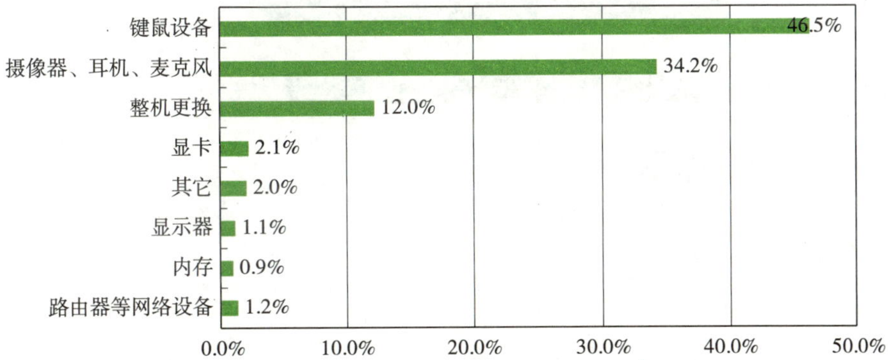

图 18　2011 年网吧更换最频繁硬件

(2) 显示器尺寸

2011 年,随着用户体验要求的提高,显示器尺寸较 2010 年也出现了较大的变化:21 寸及以上液晶显示器已经成为国内网吧的主流配置。在用户对影音体验要求逐渐提高的大环境下,小尺寸的显示器将逐渐退出市场。具体数据如图

19 所示。

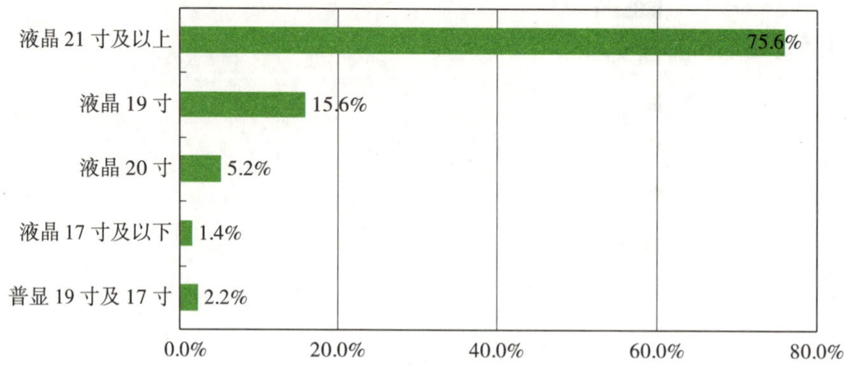

图 19　2011 年网吧电脑显示器配置

(3) 内存配置

内存是影响电脑运行速度的主要因素之一。2011 年，网吧市场内存配置以 2G～4G(含)、1G～2G(含)为主，其中 45.3% 的网吧电脑内存为 2G～4G(含)，41.8% 的网吧电脑内存为 1G～2G(含)。具体数据如图 20 所示。

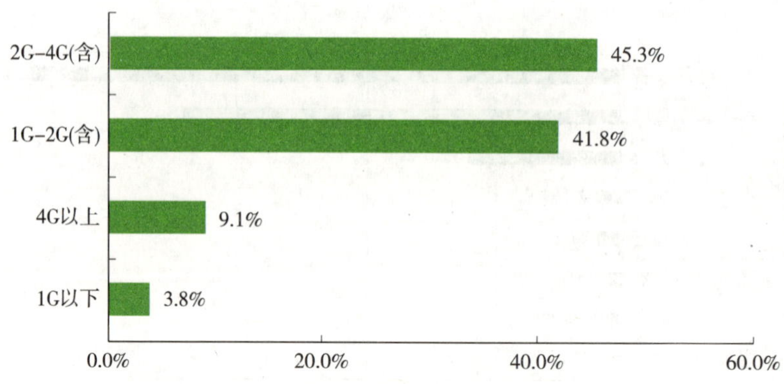

图 20　2011 年网吧内存配置

(4) 显存配置

2011 年，网吧显存配置依然以 512M 及 1G 为主，其中 1G 显存的占比明显上升，达到 36.3%，如图 21 所示。

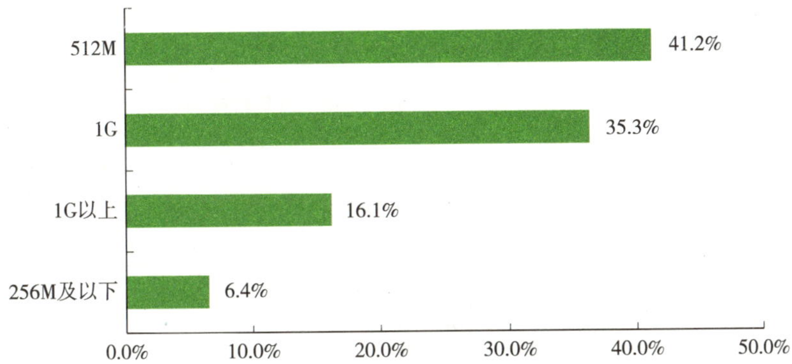

图 21　2011 年网吧电脑显存配置

（二）软件设施

1. 网吧计费软件

2011 年，网吧计费软件市场占有率变化不大。万象以 33.3% 的市场占有率继续占据市场首位；Pubwin 的市场份额为 26.5%；一卡通及雨人 E 卡通的市场份额均略微上涨，分别为 12.5% 和 9.2%。各网吧计费软件厂商市场份额如图 22 所示。

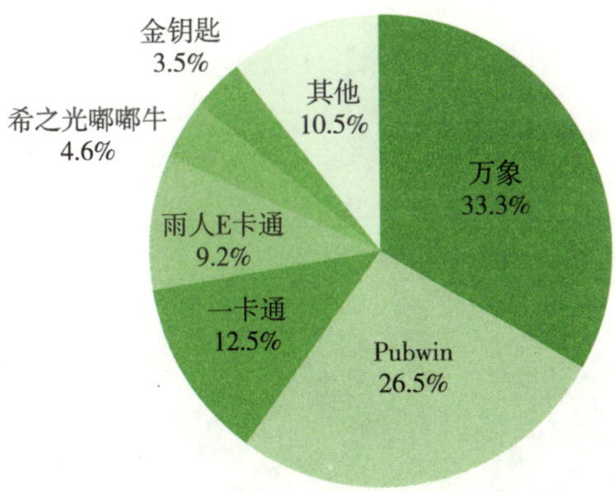

图 22　2011 年网吧安装计费软件情况

2. 网吧游戏更新软件

2011 年网吧游戏更新平台市场结构发生了较大的变化。2010 年 8 月，杭州顺网在深交所挂牌上市，成为我国网吧产业链条中第一家上市企业。在充裕资本的支持下,2011 年顺网旗下网维大师的市场份额由去年的 34. 6% 增长到 55. 2% ,居市场第一位;除网维大师外,湖北盛天的易游平台市场占有率也有小幅增长,为 29. 5% ;其他游戏更新平台的市场占有率在网维大师大幅扩张的情况下都出现了不同程度的降低。各厂商市场份额如图 23 所示。

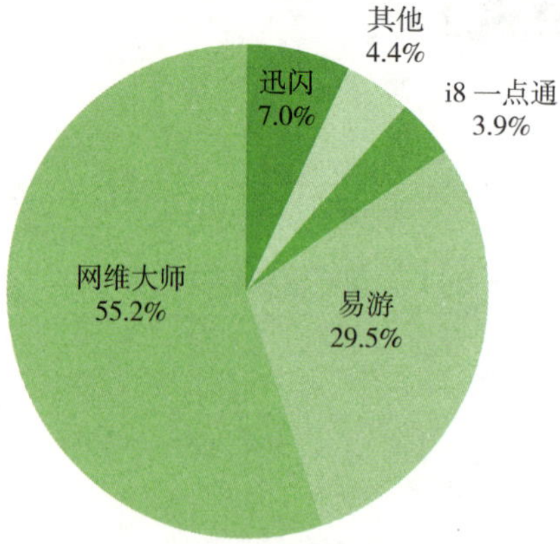

图 23　2011 年网吧游戏更新软件情况

3. 无盘系统/软件

(1) 市场份额

无盘系统借助其维护方便、维护成本低、防毒能力强、能耗低等特点逐渐被网吧业主所接受。2011 年,无盘系统的市场占有率由 2010 年的 38. 1% 增长到 47. 6% ,有了明显的提高。除此之外,统计数据还显示,有 10. 2% 的网吧业主表示在近期准备更换无盘系统。具体数据如图 24 所示。

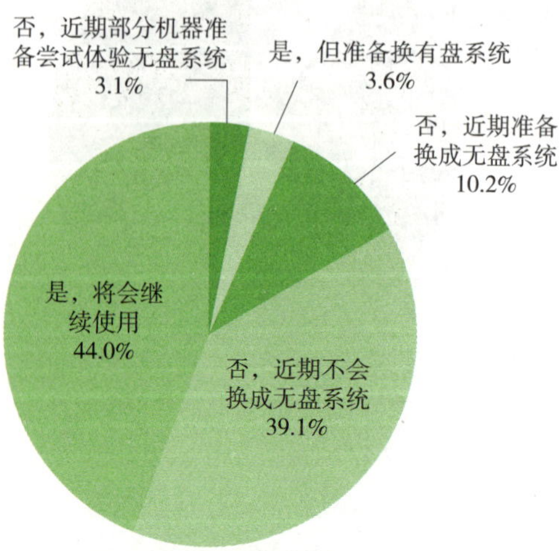

图 24　2011 年网吧无盘系统分布

(2)网吧无盘厂商市场竞争格局

2011 年,网吧无盘市场竞争格局基本与去年相同。上海锐起、易游两家公司处于领先位置,市场占有率分别为27.7%和25.1%;网众占18.6%的市场份额;协志软件的 VND 无盘系统市场占有率有所增加,由 2010 年的 0.8%上升到今年的5.2%。具体数据如图 25 所示。

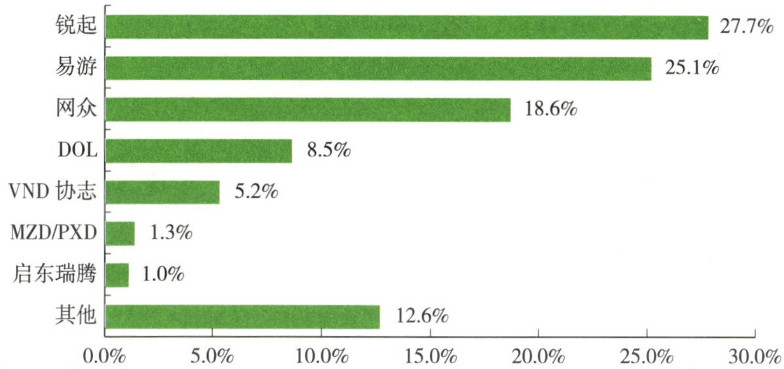

图 25　2011 年网吧无盘系统竞争格局

五、网吧服务现状

（一）内容服务

1. 游戏

统计数据显示，游戏是网吧用户最主要的娱乐手段，比例超过85%，游戏以网络游戏及游戏对战平台为主。

截至2011年底，网吧中安装率排名前十的网络游戏如表3所示。

表3 网吧网络游戏榜

序号	游戏名称	安装率	序号	游戏名称	安装率
1	穿越火线	97.30%	6	梦三国	92.40%
2	地下城与勇士	97.10%	7	反恐精英 Online	91.10%
3	QQ飞车	95.30%	8	梦幻西游	90.90%
4	QQ炫舞	94.30%	9	劲舞团	88.60%
5	英雄联盟	94.10%	10	跑跑卡丁车	87.40%

数据来源：文睿研究

截至2011年底，网吧中安装率排名前十的游戏对战平台如表4所示。

表4 游戏对战平台安装榜

序号	游戏平台名称	安装率	序号	游戏平台名称	安装率
1	QQ游戏大厅	98.30%	6	QQ对战平台	72.40%
2	浩方电竞平台	88.20%	7	JJ比赛大厅	68.50%
3	起凡游戏平台	87.30%	8	175平台	42.90%
4	VS竞技游戏平台	76.80%	9	波克城市	30.60%
5	11对战平台	74.30%	10	面对面视频游戏世界	19.70%

数据来源：文睿研究

2. 即时通讯

2011年随着移动互联网的高速发展及智能手机的普及，传统的即时通信工具正在向移动化转变,用户可以在任意有网络连接的地方使用,而以使用即时通讯交友聊天为目的到网吧上网的用户比例迅速减少,多数用户是在玩游戏、看视频的同时使用即时通讯工具。即时通讯软件逐渐成为用户辅助工具,而非吸引用户到网吧上网的主要原因。

3. **影视服务**

在 2010 年网吧行业出现大规模假借打击盗版之名起诉网吧的商业维权之后,网吧业主的知识产权意识明显增强,网吧内私设影视服务器的违法现象基本被杜绝。网吧业主转向从有资质的影视服务提供商购买片源,或者以与专业的网络视频网站合作的方式为用户提供正版的影视产品。

2011 年网吧用户经常浏览的视频网站以优酷、土豆、酷六、奇艺网为主,具体数据如图 26 所示。

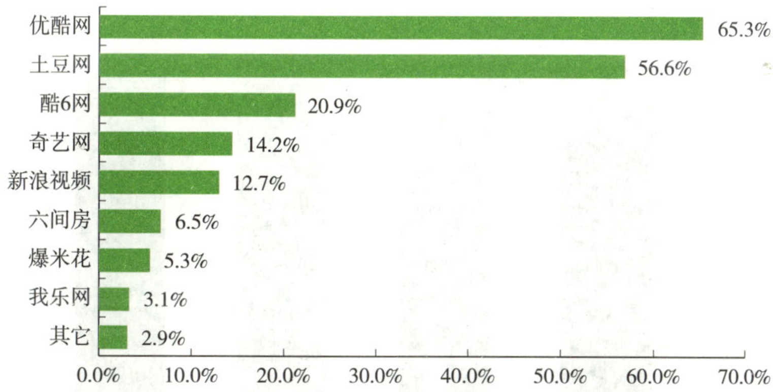

图 26　2011 年网吧用户经常观看的视频网站

2011 年,网吧用户经常观看的主要影视类型为电影、电视剧及搞笑类短片,用户使用率分别为 78.2%、36.3% 和 31.0%,如图 27 所示。

(二)增值服务

1. **类型和比例**

饮料、食品等快消品在网吧用户中的普及率最高,也是目前网吧除上网机时费外最主要的收入来源之一。除快消品外,点卡、周边产品的销售也占一定的比例,如图 28 所示。

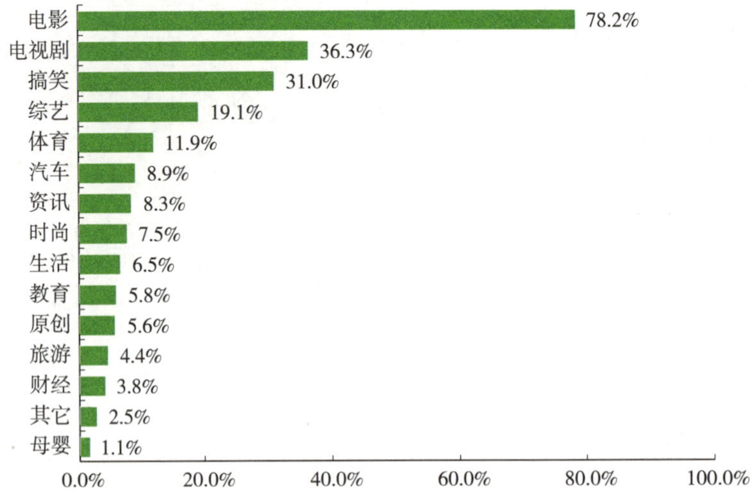

图 27　2011 年网吧用户经常观看的视频类型

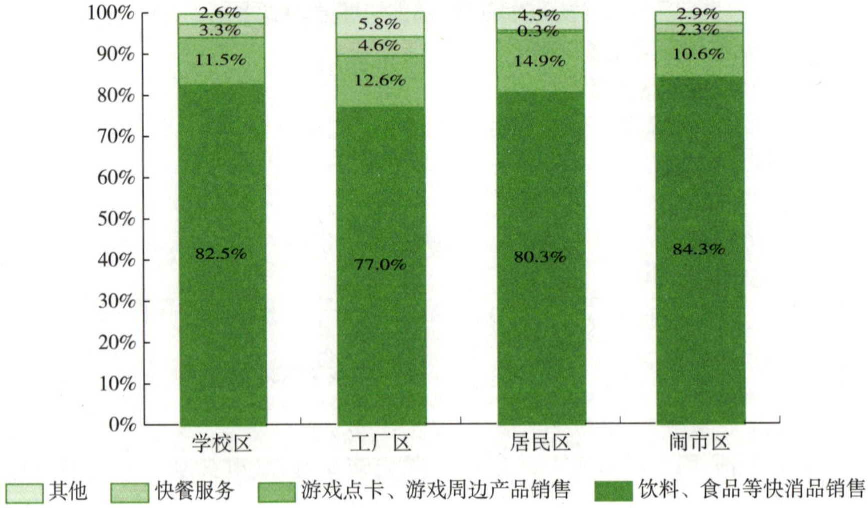

图 28　2011 年网吧利润最大的增值服务

2. 快速消费品

目前在网吧提供的增值服务中，快速消费品是网吧用户第一大消费项目。网吧所处的地理位置对饮料等快速消费品的销售情况具有比较重要的影响。例如，地处外来打工人员聚居区的网吧，所服务的用户群体属于价格敏感型消费者，所以价格便宜的简易包装饮料比较受欢迎；地处经济发达商业区的网吧，所服务的用户群体对生活品质要求相对较高，对于营养价值较高的饮料需求就相对较高。

3. **点卡销售**

随着近年来网络游戏的火爆，点卡销售的分成也成为网吧的收入来源之一。2011 年，网吧首选的充值平台为天下加油站，占据了 20.2% 的市场份额；市场份额排名第二的是骏网 800 购，市场份额为 14.2%。随着淘宝等 B2C 平台的快速发展，网吧用户更趋向于在网上购买更为便宜的点卡，网吧的点卡销售也因此受到冲击。2011 年，46.2% 网吧没有使用点卡充值平台，如图 29 所示。

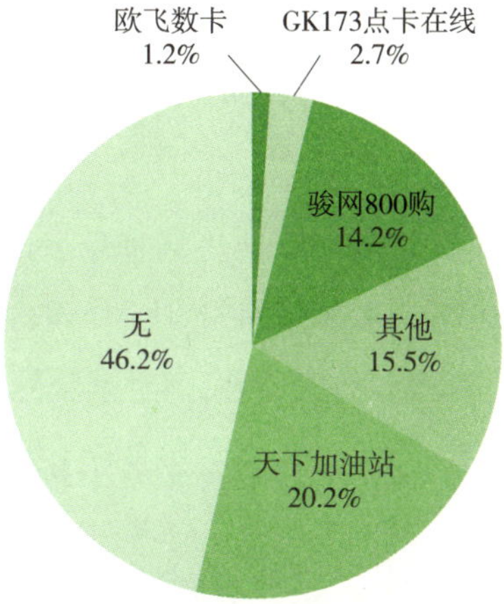

图 29　2011 年网吧点卡充值平台使用情况

4. **广告服务**

2011 年，网吧内的广告推广方式，较 2010 年有较大的改变。系统弹出广告由 2010 年的 19.7% 上升到 2011 年的 27.3%，成为网吧内最主要的广告推广方式；对于聚集人气功能较好的包机活动占比上升到 24.3%；传统的墙体海报、派驻销售人员等推广方式已渐渐被厂商及网吧放弃。具体数据如图 30 所示。

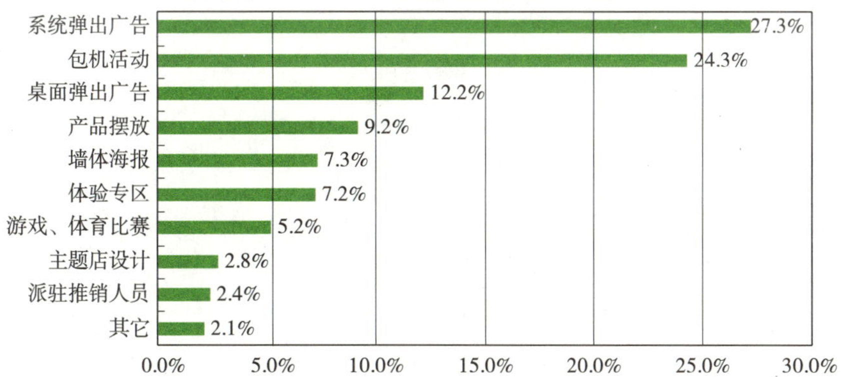

图 30　2011 年网吧广告推广方式

六、网吧用户现状

(一)用户特征

1. 性别特征

如图 31 所示,2011 年,网吧用户性别比例依然是男性居高,占比为 80.6%。网吧用户中女性占比为 19.4%,较 2010 年上升 2.6%。与男性用户相比,女性用户更注重网吧环境的舒适性、服务的优质性,而对电脑配置的敏感性较低。随着网吧连锁化的推进,网吧的整体环境、服务内容以及服务质量将进一步提升,有助于女性网吧网民比例的上升。

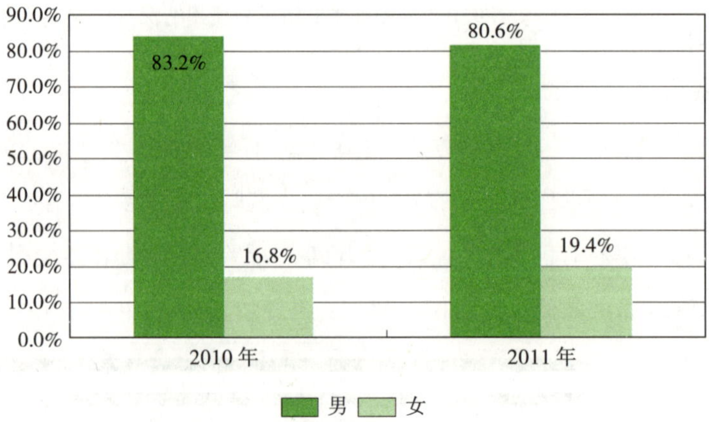

图 31　2011 年网吧用户性别特征

2. 年龄特征

2011 年,18 ~ 24 岁的年轻群体依然是网吧用户群体的主力,占比为 65.9%,较 2010 年略有下降。25 岁以上的网吧用户群体持续增长,其中 25 ~ 30 岁的用户比例由 23.2% 上升至 23.6%,31 ~ 35 岁的用户比例由 5.1% 上升至 6.2%,36 ~ 40 岁的用户比例由 1.3% 上升至 3.0%。网吧服务的多元化与优质化发展使网吧用户由年轻群体向成熟群体不断扩展，具体数据如图 32 所示。

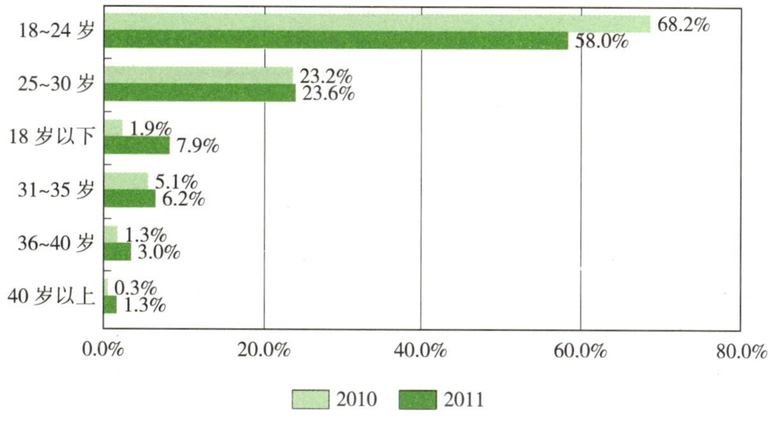

图 32　2011 年网吧用户年龄特征

3. **教育程度**

2011 年，受教育程度在高中（含技校、中专）水平的用户仍为网吧的主流用户群体，其比例为 47. 3% 。具体数据如图 33 所示。

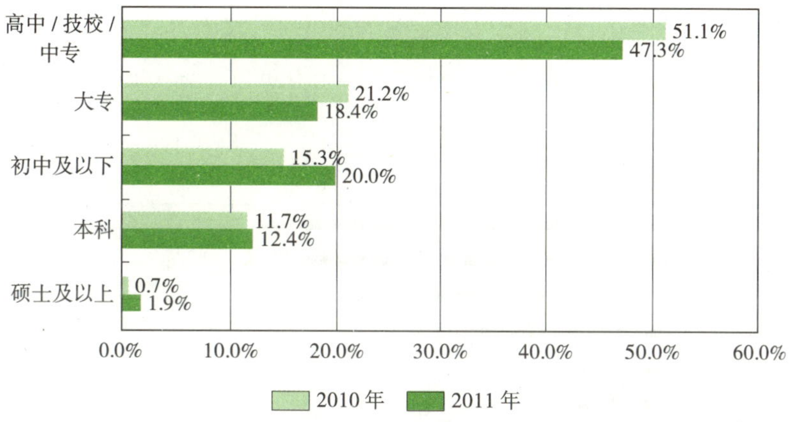

图 33　2011 年网吧用户教育程度

4. **职业特征**

2011 年，自由职业、学生、普通企业员工已经成为网吧的主要用户群体，此类用户的共同特征在于时间相对充裕，网吧成为其最便捷的休闲娱乐场所。具体数据如图 34 所示。

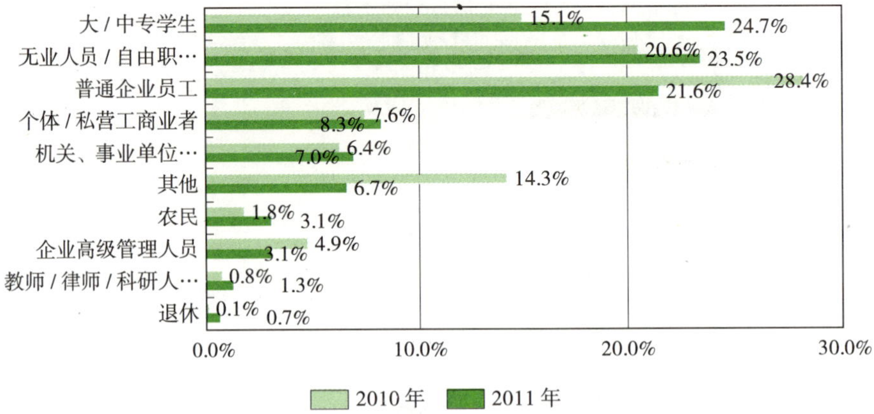

图 34　2011 年网吧用户职业特征

5. **收入特征**

2011 年,月收入 1000 ~ 3000 元的人群仍然是网吧的主要消费群体,占比约为 44.9%。月收入 1000 元以下的低收入人群比例与 2010 年基本持平。由于部分网吧采用差异化经营,上网环境更为整洁优雅,从而吸引了一批高端用户回归,月收入 3000 元以上的网吧用户比例均有不同程度的上升,其中月收入 3001 ~ 4000 元和 4001 ~ 6000 元的用户比例分别较 2010 年提升了 2.2% 和 1.9%。具体数据如图 35 所示。

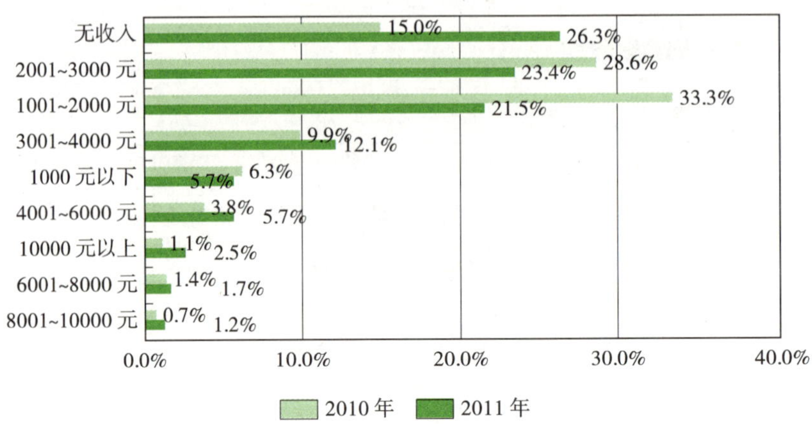

图 35　2011 年网吧用户收入特征

（二）网吧用户的上网行为

1. 上网目的

2011 年，各地区网吧用户的上网目的，较 2010 年并无明显差异。去网吧玩游戏依然是网吧用户的主要目的，约占用户群体的 43.7%，其中约 17.2% 的用户是与朋友相约去网吧玩游戏。看电影和听音乐的用户比例较 2010 年略有增加，增长幅度分别为 5.5% 和 6.6%，到网吧看电影已成为除游戏之外用户的主要需求。随着网吧环境的改善、设备及影片内容质量的提升，预计以看电影为主要目地的网吧用户占比还将继续提升。由于移动互联网的快速发展及智能移动终端的普及，以聊天为目的的网吧用户持续缩减，仅占 6.8% 左右。具体数据如图 36 所示。

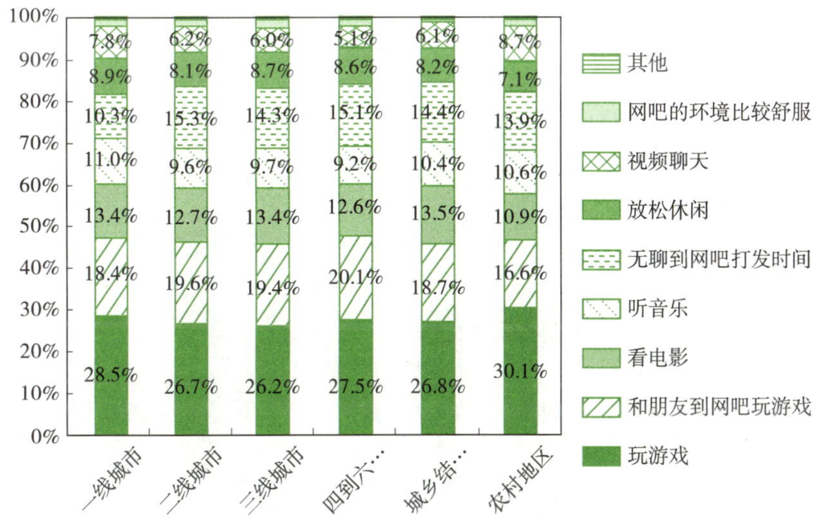

图 36　2011 年网吧用户到网吧上网的主要目的

2. 上网频率

相比 2010 年，2011 年每周上网频率为 3 ~ 5 次的用户比例约为 33.1%；每天至少到网吧上网 1 次的用户比例由 28% 下降至 23% 左右；每周去网吧 1 ~ 2 次的用户比例与 2010 年基本持平，约为 18.6%。每月不定期到网吧上网 3 ~ 5 次或 1 ~ 2 次的用户比例增加，达到 18.7%。具体数据如图 37 所示。

3. 平均每次上网时长

2011 年，各级城市网吧用户的用户黏度与城乡结合部、农村地区用户的差异

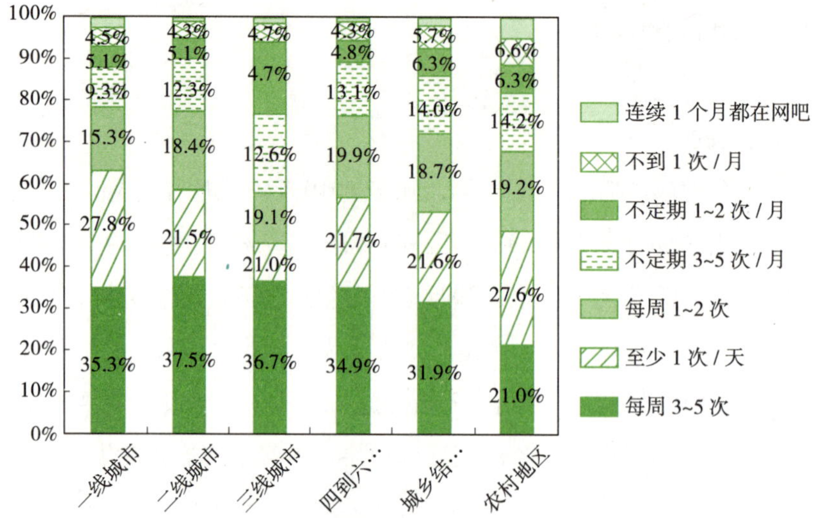

图37　2011年网吧用户到网吧上网频率

更加明显。城市地区，平均每次上网时长在3～5小时的用户比例约为32.2%，平均每次上网时长在1～2小时的用户比例约为14.7%。而在城乡结合部和农村地区，平均每次上网时长3～5小时的用户比例仅为21.9%，平均每次上网时长在1～2小时的用户比例约为22.5%。具体数据如图38所示。

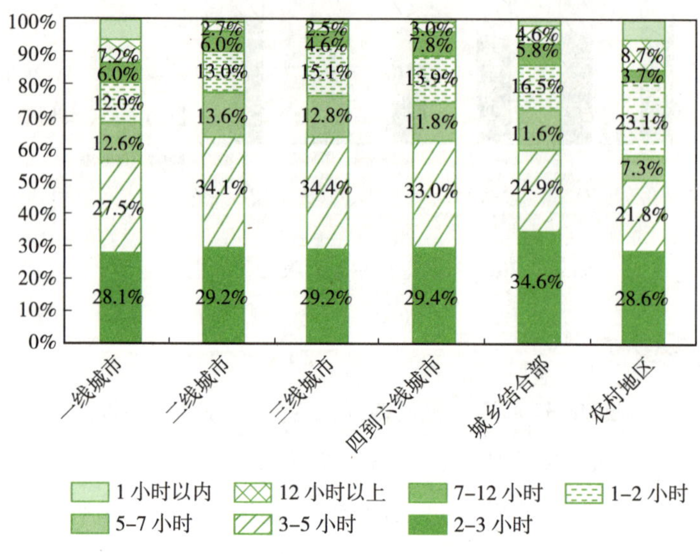

图38　2011年网吧用户到网吧平均每次上网时长

4. **网络应用**

2011 年,休闲娱乐类的网络游戏、网络音乐依然是网吧用户规模最庞大的网络应用,使用率分别为 85.8% 和 58.6% ,与 2010 年基本持平。信息获取类应用的使用率紧随其后,其中网络搜索的使用率为 40.8% ,网络新闻的使用率为 30.0% 。交流沟通类应用中,电子邮件的使用率相对较高,达到 24.0% 。其他如博客应用、社交网站、论坛/BBS 等交流沟通类应用的使用率均不足 20.0% 。商务交易类应用中,网上银行、网络购物、网上支付的使用率较 2010 年有所增长,但网络炒股和旅行预订在网吧用户中的使用率仍较低。各类网络应用的使用率如表 5 所示。

表 5　2011 年网吧用户网络应用

网络应用	中国大陆	一线城市	二线城市	三线城市	四~六线城市	城乡结合部	农村地区
网络游戏	85.8%	84.7%	87.2%	87.7%	86.3%	86.7%	82.2%
网络音乐	58.6%	57.7%	62.3%	59.9%	60.6%	53.7%	57.5%
网络搜索	42.8%	44.6%	43.8%	42.4%	41.4%	40.8%	40.5%
网络视频	40.8%	44.0%	40.4%	41.4%	40.3%	39.7%	38.7%
网络新闻	30.0%	21.0%	34.8%	35.1%	34.4%	28.9%	20.2%
电子邮件	24.0%	17.7%	29.6%	28.7%	27.7%	26.3%	13.9%
网上银行	19.9%	23.3%	21.7%	19.4%	19.9%	18.8%	16.5%
博客应用	18.5%	19.8%	19.7%	18.9%	17.8%	17.8%	17.1%
即时通讯	17.6%	19.7%	19.5%	17.1%	17.1%	17.0%	15.0%
网络购物	17.2%	18.3%	19.2%	17.5%	17.2%	15.9%	14.8%
网上支付	15.4%	17.6%	19.3%	15.2%	15.1%	15.3%	9.9%
网络文学	13.6%	12.3%	18.4%	12.9%	16.0%	13.2%	8.9%
社交网站	13.3%	13.5%	14.4%	13.3%	12.6%	13.2%	12.6%
论坛/BBS	11.9%	13.5%	13.9%	11.2%	12.9%	10.8%	9.2%
旅行预订	3.4%	4.8%	4.6%	3.3%	2.8%	3.2%	1.8%
网络炒股	3.3%	4.2%	3.7%	3.6%	3.2%	2.5%	2.6%

(1)网络娱乐

网络游戏作为网吧用户的主导应用,使用率位居所有网络应用首位。网络视频使用率较 2010 年上涨 21.1% ,达到 40.8% ,在主要应用中的排名提升两位。

(2)交流沟通

交流沟通类的网络应用中,电子邮件的使用率与去年基本持平,但社交网站、即时通信的使用率却略微下降。

(3)信息获取

随着网吧用户年龄结构的逐渐成熟,网络搜索成为网吧用户获取各种信息的重要途径,使用率为 42.8%,位列所有网络应用的第三位。网络新闻的使用率为 30.0%。

(4)商务交易

2011 年,网络购物、网上支付和网上银行等商务交易类应用持续发展。随着国内电子商务市场的发展,网络购物成为网吧用户消费的重要途径之一,使用率较 2010 年提升 0.9%。同时,网上支付支持范围的拓展,拉动了网上支付和网上银行的增长,使用率分别为 15.4% 和 19.9%。但对于网络安全问题的担心仍是限制网吧用户交易行为的主要原因,建立更加可信、可靠的网络环境将有助于商务交易类型应用的发展。

(三)网吧用户个人消费行为

1. 网吧会员用户比例

一般大型、中型的网吧,通过为固定的顾客发放会员卡,吸引人气并稳定客源。网吧用户凭借会员卡可以享受更低廉的价格和其他优惠。2011 年,各地区网吧的会员比例均有所上升。城市的网吧会员比例相对较高,约为 71.5%;城乡结合部及农村地区的网吧用户比例相对较低,约为 60.8%。如图 39 所示。

2. 网吧会员用户充值卡单次充值额

从全国范围来看,约 40.6% 的网吧会员用户单次充值额在 10 ~ 30 元;约 19.0% 的网吧会员用户单次充值额在 50 ~ 100 元。此外,网吧会员用户的单次充值金额与其所在地区的经济发展水平显著相关。城乡结合部及农村地区的会员用户中,单次充值金额在 10 元以下的比例为 23.7%,而单次充值金额在 50 ~ 100 元的比例为 15.1%。一、二线城市等经济发达地区的会员用户中,单次充值金额在 10 元以下的比例仅为 10.1%,而单次充值金额在 50 ~ 100 元的比例则达到 24.5%。如图 40 所示。

3. 网吧会员用户充值频率

2011 年,不定期充值和至少每周充值 1 次的网吧会员用户比例较大,分别为

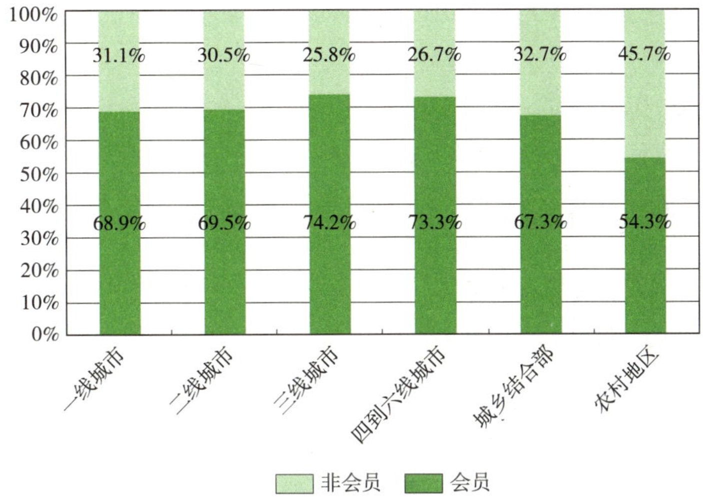

图 39　2011 年网吧会员用户比例

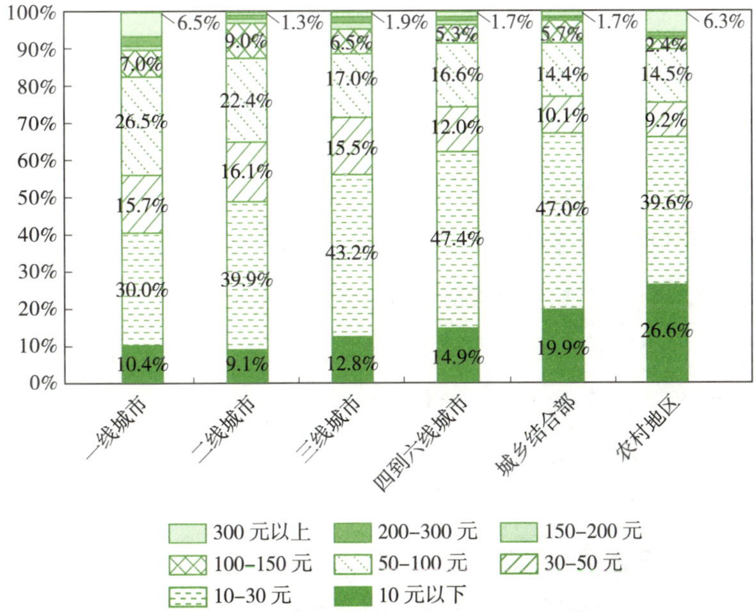

图 40　2011 年网吧会员用户充值卡单次充值额

30.8% 和 30.1%。其中，农村地区网吧会员用户不定期充值的比例较高，达到 37.6%；其他地区网吧会员用户的充值频率比较稳定。如图 41 所示。

4. **网吧用户平均每月消费额**

2011 年，各级城市的网吧用户平均每月消费额度结构相似。农村地区网吧用

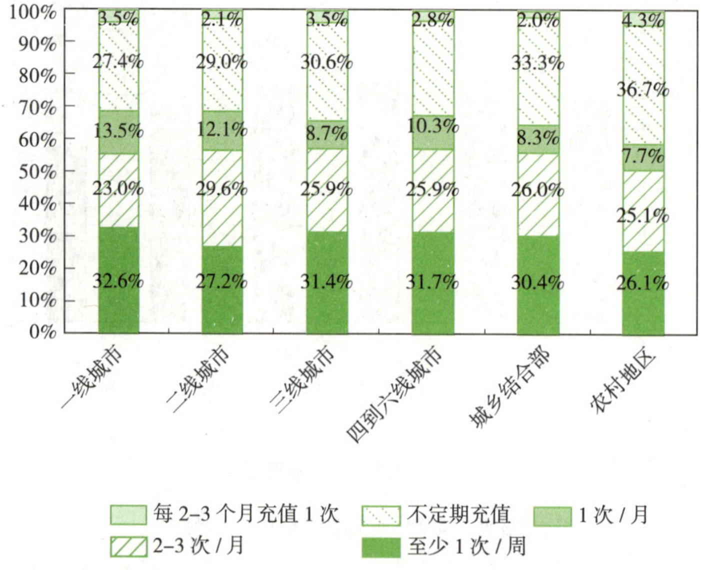

图 41　2011 年网吧会员用户充值频率

户的平均月消费额相对较低，约 45.0% 的用户平均每月消费金额在 30 元以下。城乡结合部网吧用户的平均每月消费水平则介于城市网吧用户和农村网吧用户之间。具体数据如图 42 所示。

5. 网吧用户机时费保留价格

网吧用户对于机时费的保留价格①地区差异明显。一线城市网吧用户的机时费保留价格较去年有所下降，约 23.1% 的用户可接受 2.5 ~4.0 元/小时的价格。二、三线城市网吧用户的机时费保留价格较为相近，约 20.6% 的用户可接受 2.5 ~4.0 元/小时的价格。四到六线城市、城乡结合部和农村地区网吧用户中，约 17.2% 的用户可接受 2.5 ~4.0 元/小时的价格。具体数据如图 43 所示。

6. 网吧用户在网吧的附属消费

2011 年，各地区网吧用户的附属消费并无明显差异。快消产品依然是网吧用户的首要附属消费，普及率达到 83.8% 。完善销售产品的种类，不仅可以增加网吧的利润，还可以帮助网吧树立贴心服务的形象，提高顾客忠诚度。点卡和游戏周边产品的普及率约为 25.2% ，是网吧用户的第二大附属消费。此外，对于厌倦了

---

① 保留价格系经济学术语，是指消费者能够为某一产品或服务付出的最高价格。

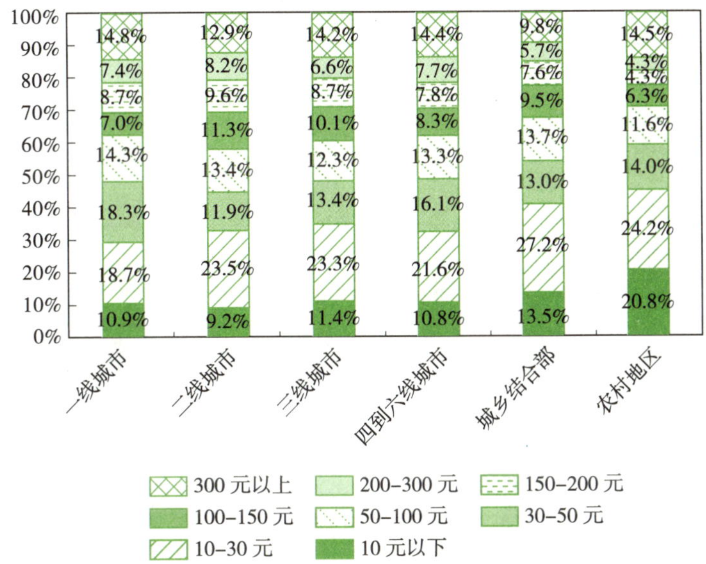

图 42　2011 年网吧用户在网吧平均每月消费额

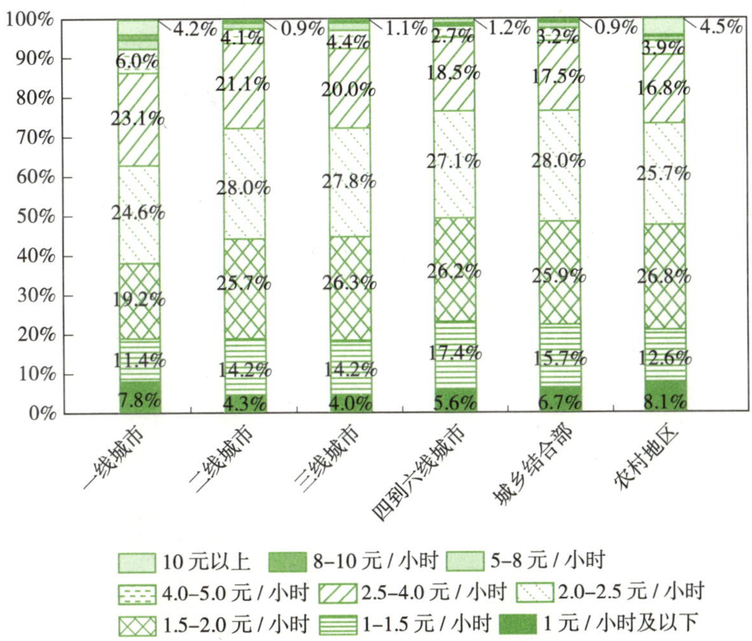

图 43　2011 年网吧用户机时费保留价格

方便食品的网吧用户，质优价廉的网吧快餐也是不错的选择，普及率在 17.2%左右。

除快消产品、点卡和游戏周边产品以及快餐外，其余附属消费种类的普及率虽较去年有一定增长，但仍然很低。其中，电脑周边设备服务在网吧用户中的普及率在2.7%左右，打印、复印服务的普及率约为2.1%，收费电影的普及率约为1.8%。具体数据如图44所示。

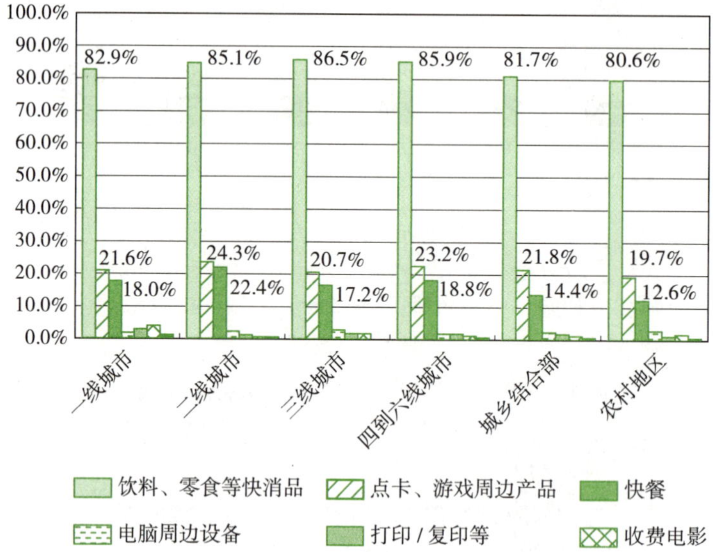

图44　2011年网吧用户在网吧的附属消费

七、发展趋势

(一)经济发达地区网吧向综合高端化发展

网吧作为向顾客提供互联网上网服务的场所,具有娱乐业和服务业的综合特征,其发展模式与地区经济有着紧密联系。

传统网吧提供的娱乐内容主要是通过互联网渠道获取的。如果网吧作为单一的上网服务提供场所,其可替代性较强。在一、二线城市以及经济较为发达的区域,随着家庭电脑的普及、宽带条件的改善以及移动互联网的高速发展,网吧以互联网娱乐内容吸引用户的功能将被弱化。随着这些地区网吧市场逐渐出现饱和,如何吸引并留住用户,满足用户不断提高的需求成为主要问题。我国一、二线城市经济发展水平较高,门店位于市中心或繁华商业区的网吧,其面对的消费群体工资收入及对娱乐质量、内容的要求都较高。为保证客源不流失,这些区域的网吧逐步向集商务休闲、娱乐聚会等功能于一体的高端会所式网吧发展,这种趋势愈加明显。

在经济发展程度不高的三线及以下城市、城乡结合部、农村,受当地网络环境等客观因素制约,网吧用户的主要需求还将停留在获取互联网服务上,网吧提供的互联网服务在这些区域不可替代性更强,网吧在一定时间内继续作为这些区域消费者使用互联网的主要场所的形态而存在。

(二)网吧的投资吸引力日渐增强,资本的进入促进网吧行业健康发展

近年来,随着网吧连锁化进程的加快,大量原本在市场上单打独斗的单体网吧逐步加入连锁业态,网吧连锁企业蕴含的渠道价值、规模效应将逐渐凸显。与此同时,在网吧秩序的日益规范、网吧行业形象的日渐改善,以及政府优惠政策的扶持引导等多方面利好因素的共同作用下,网吧行业的投资环境逐步趋好,投资吸引力

不断增强。资本的进入,将大大促进网吧行业特别是连锁业态的健康发展。举例来说,网吧连锁直营门店的布点受前期资金投入大、回收周期长、经营成本高等因素的制约,进度一直较为迟缓。若能引进金融资本或上市募集资金,将有力缓解此番矛盾;而直营门店数量的增加,又可直接带动连锁网吧渠道价值的提升,有利于网吧连锁企业真正做大做强。

2011年,在保利公司控股资本的带动下,江苏浪淘沙网吧连锁公司直营门店布点工作进展迅速,由2010年的132家增加到211家,南京欣网视讯公司的直营门店数量由2010年的98家增加到247家。

除网吧连锁企业外,网吧周边服务商、软件提供商等也受到了资本的关注。2011年11月,腾讯以1.3亿人民币的价格收购了顺网4%的股份,成为顺网第四大股东。

(三)加速与其他行业的融合,打造连锁网吧全新赢利模式

网吧作为一个拥有1.4亿用户的消费服务场所,其平台价值尚未被完全挖掘出来。为用户提供互联网信息服务仅是一种低附加值服务,因而,大多网吧的竞争处于价格战的低水平、同质化竞争阶段。在国内互联网普及率大幅提升的背景下,网吧行业已经全面进入微利时代。面对生存压力只有深入挖掘自身价值,创新商业模式,探索网吧新的出路。

目前网吧平台主要为网吧产业链上下游的企业提供相应的增值服务,服务群体较少。未来网吧将与其他行业相融合,使网吧的平台价值得到最大的发挥。

1. 探索与电子商务的结合

近年来,越来越多的消费者被网络购物的便利和实惠所吸引。然而,由于部分消费者对网络购物流程不熟悉、工作时间无法收货、担忧网络购物的安全等原因使得部分消费者不愿进行网购。随着电子商务的快速发展和网吧支付安全性能的提升,网吧用户的网购比例有所上升。2011年网吧用户进行的网络应用中,利用网吧进行网络购物的比例已升至13.8%。此外,网吧也在探索为电子商务提供相关服务,如物流,因为网吧作为一个营业时间稳定、随时有人值守的场所,可以充当快递的收发站点的角色。

2. 探索提供便民服务

网吧通常分布在居民区、学校周边、工厂等人群聚居的地段，网吧可以利用自己地理位置的优势开拓服务，满足周边群众的生活需求。如在获得相关管理部门许可及经营资质后，在网吧内部设置便民的电话费、网费、电费等缴费点，春运火车票网络订票点等，除此之外在获得营业执照及相关部门许可后还可以在网吧内开设小型超市、蔬果摊位。地处居民区周边的网吧还可以与居委会合作，每天上午机器空置率较高的时间免费为社区老年人提供网络培训，在为社区居民提供便利的同时，也有助于提升网吧的社会形象。

（四）网吧与上游企业的衔接更趋紧密

1. 探索线上线下相结合的网民社交娱乐平台

网民的社会性决定了其存在“聚众”消费的倾向。网吧经营者及上游厂商开始探索将网吧的线上服务和线下活动结合起来，搭建一个完整的互动交友娱乐平台。以腾讯“网吧达人”为例，网吧通过申请成为 QQ 网吧，用户在 QQ 网吧上网时，通过“网吧达人”就可以享受到网吧内交友、虚拟物品交易等服务。这个平台在基于网吧局域网基础上提供丰富的交流方式与娱乐内容，并将社交、互动、娱乐等结合起来，与纯粹的网络虚拟社区相比，具有更多的真实性。该平台由网吧服务供应商提供自创内容分享、网吧特权经验加成等特色服务，并且有抽奖、实物兑换等形式丰富的线下活动，在吸引更多用户参与的同时，也增加了单个用户在网吧的消费额度。

2. 建立网页游戏联运平台

《2011 中国网络游戏市场年度报告》数据显示，2011 年网页游戏市场规模达 49.3 亿元，用户规模超过 1.4 亿人。

2011 年网页游戏联运企业数量呈爆发性增长，一部分网吧连锁企业也加入到网页游戏联运的行列当中。广州市秒动信息科技有限公司针对网吧渠道开发了网页游戏运营平台——万连网。目前该平台拥有 40 多款网页游戏，包括英雄远征、盛世三国、九天仙梦等。万连网将网页游戏和网吧进行捆绑，利用网吧现有人力和终端客户资源进行游戏推广，同时以游戏分成的方式带动网吧积极性，提高网吧收入，目前万连网给予网吧的分成比例已经达到 40%。

现阶段，网络游戏产品同质化严重，游戏推广成本居高不下，通过线上推广运营获得用户的难度越来越大。而网吧与用户直接接触，对于用户特点及需求了解更为深刻。以网吧为基础运营网页游戏，在提升门店客流量的同时，还能带来游戏盈利分成，从多渠道增加网吧收入。

（五）网吧新媒体发展面临两个突破

目前，网吧是三、四线城市以及农村等地区新增网民首次触网的主要场所。这些新增网民群体存在以下特点：对于广告的抵抗力较低，容易被广告吸引；对于游戏及其他服务的选择和使用尚未形成习惯。因此，这部分新增网民的用户获取成本低于老网民。针对网吧新增网民的特点进行高价值的精准营销已成为网吧上游相关厂商的关注点，网吧新媒体将成为互联网广告主尤其是网络游戏厂商首选的推广渠道之一。

如何提升在推广过程中的营销价值是网吧新媒体需要首先解决的问题。以网络游戏为例，目前多采用整合线上营销、异业合作和线下推广等多种营销方式。作为网络游戏推广的有机组成部分，正处于发展阶段的网吧新媒体，应当对自身角色做出精准定位。若要提升自身的推广价值，获得其应有的市场份额，需要突破以下两个发展瓶颈：

1. 拥有技术优势及用户数据挖掘能力

游戏更新平台厂商、计费系统厂商等厂商通常以控制网吧桌面部分广告的方式实现新媒体业务的运营，其面临的主要问题在于网吧数量众多，分布较散，需要控制足够数量的网吧才能发挥出应有的协同效应，形成数量集中、跨区域的营销推广活动，以满足互联网厂商的推广需求。

同时，数据挖掘与分析是对网吧网民的消费行为进行梳理的过程。针对分析结果对用户进行精准营销，是提升推广效果的前提。以顺网为例，在其上市后，市场占有率大幅提高，其对于市场的控制和分析能力也得到提升，正由于此，获得了腾讯的战略投资。

2. 以保证媒体内容质量为前提，提高媒体业务能力

丰富的内容是媒体获取受众的基础，只有保证了受众数量，媒体业务才能开展。但目前仅强调网吧桌面端的受众数量，而忽视了媒体内容质量。桌面广告、弹窗只是达成目的的手段,而非内容。只有网吧新媒体将精彩的内容资讯与推广信息有机地融合,才能使得网吧网民在不抵触的情况下,受到潜移默化的影响。

八、结　语

十多年来，网吧管理从无法可依到法规比较健全，从秩序混乱成为社会热点到秩序不断好转，网吧经营者、上网人群、上网用途、上网费用、经营业态也发生了很大变化。在移动上网迅速发展，政府管理不断规范，公益上网场所建设不断增加的形势下，网吧向何处去？这是摆在政府、行业面前的一道难题。《2011 中国网吧市场年度报告》以期通过对网吧市场现状、政府管理政策以及行业发展趋势的分析和预测，为解这道题提供一些思路和想法。

2012 年，从管理方面看，文化部网吧管理工作的重点是继续遏制未成年人入内、净化上网内容、配合工商及公安部门坚决取缔"黑网吧"；同时，研究网吧的布局调整，推动有关部门调整网吧税费，规范执法行为，筹建全国网吧行业协会，依法维护网吧的合法权益，促进网吧行业规范化发展。从市场方面看，需要进一步优化产业结构，以连锁推进为契机，有效整合现有资源，不断探索网吧可持续发展的新路径、新模式。

附录一

2011 年网吧市场大事记

1 月 7 日　中国网吧在线与全国高端网吧产业发展促进联盟共同主办的“2010 中国网吧产业年会暨全国高端网吧产业发展促进联盟成立大会”在上海举行。来自国内外的网吧产业研究专家、各省连锁网吧企业负责人、网吧产业链厂商等 300 余人参加了本次年会。大会对网吧产业发展进行了深度总结与前景瞻望，同时对在行业发展中做出突出贡献的人物与相关产业链进行了表彰。

1 月 11 日　由文化部、国家工商行政管理总局联合举办的全国规范网吧经营秩序经验交流会在安徽合肥召开。文化部党组副书记、副部长欧阳坚全面总结了“十一五”时期网吧市场建设与管理工作的成效与经验，深刻分析了“十二五”期间网吧市场建设和管理工作面临的新形势和新任务，并对 2011 年网吧管理的重点工作进行了部署。

1 月 19 日　2010 中国网吧行业风云榜在京发布。该活动由中国动漫集团《新网吧》杂志与 CBS Interactive 共同承办，评选出 2010 年度中国网吧行业领域的风云人物、满意品牌和对网吧产业发展作出突出贡献的优秀企业。

1 月 28 日　首家成功在创业板上市的网吧软件服务商顺网科技宣布以不超过 4.8 亿元价格收购新浩艺及业务相关企业（包括凌克翡尔、上海派博、上海信御和上海翊广）100% 股权。与新浩艺的联合，加强了顺网科技在网吧软件领域的领先优势。

2 月 23 日　全国网络文化标准化技术委员会在京成立，并召开第一次代表会议，我国网吧行业第一部标准《网吧服务标准》自此进入制订程序。委员会成员讨论了《全国网络文化标准化技术委员会章程（草案）》，秘书处《工作细则》及《标委会 2011 年工作计划及五年规划》，对完善标委会组织建设、加快推进标准研制、开展标准归口管理及宣传培训工作、积极组织2011年度网络文化行业国家标准计划项目征集工作以及标委会五年工作规划等达成共识。

4月14日　文化部办公厅发布关于全国网吧连锁工作推进情况的通报。对于各地连锁创新模式和连锁网吧新业态进行了通报，鼓励多样化连锁方式，坚定不移地推进连锁。

4月26日　文化部正式开通12318全国文化市场举报网站（http://www.12318.gov.cn、www.12318.gov.cn）。该网站主要受理娱乐场所、营业性演出、艺术品、网吧、网络游戏、网络音乐等市场的群众举报。公众可直接登录网站，填写举报信息。文化部将安排专人在后台进行处理，并视具体情况进行直接查处或交由省级文化行政部门、文化市场综合执法机构进行查处。

5月1日　卫生部新修订的《公共场所卫生管理条例实施细则》正式实施。根据该《细则》，网吧作为市内公共场所将取消吸烟区。网吧经营者须在网吧内设置醒目的禁烟警示。

7月21日　文化部文化市场司印发关于开展网吧连锁企业年审工作的通知。通知规定，文化部负责对全国网吧连锁企业实施年审；省级文化行政部门负责对本机构审核的省级网吧连锁企业实施年审。

7月25日　中宣部、公安部、教育部、民政部、文化部、卫生部、广电总局、安全监管总局25日在北京联合召开全国部署实施《全民消防安全宣传教育纲要（2011～2015）》电视电话会议。《纲要》指出，文化部门要指导网吧、游戏厅等文化娱乐场所开展消防安全宣传教育工作；大力推动消防文化建设，把消防安全教育纳入文化下乡活动，融入基层群众文化活动中。

10月28日　第九届中国国际网络文化博览会主题活动—“AMD杯”第五届全国网吧知识技能大赛总决赛在北京展览馆拉开帷幕。大赛内容涵盖互联网上网服务营业场所的政策法规、管理条例以及网吧经营的管理类、计算机技能类等网吧专业知识，此外还新增了网吧运营管理知识。理论与实践相结合，使大赛更具活力与趣味性。

12月5日　国家工商总局发布《积极促进社会主义文化大发展大繁荣的意见》。

国家工商总局要求各级工商部门强化市场监管，努力维护文化市场发展秩序。《意见》中规定：禁止在中小学校 200 米内开办网吧，禁止在学校周围设立电子游艺室、歌舞厅等娱乐场所和成年人性用品商店。会同有关部门深入开展校园周边经营秩序治理，整治低俗玩具，坚决查处取缔黑网吧。

12 月 19 日　“2011 年网吧行业盛典暨网吧行业风云榜”在成都市召开。本论坛由中国国际网络文化博览会秘书处指导，成都市文化局支持，中国动漫集团《新网吧》杂志主办，成都市网吧行业协会、百森研究院联合举办。论坛围绕“回顾、探讨、展望——网吧行业未来发展趋势”的主线，采用主论坛及分论坛形式，进行研究者论坛、颁奖典礼、专业论坛三个模块的活动。来自全国 23 个省及直辖市的各地区文化部门同志、各网吧协会代表、连锁网吧代表、网吧业主代表、社会学者代表、媒体代表、网吧厂商代表约 500 人参加。

附录二

2011年文化部及各地网吧管理政策

文化部办公厅关于全国网吧连锁工作推进情况的通报

办市发〔2011〕13号

各省、自治区、直辖市文化厅(局),新疆生产建设兵团文化广播电视局,北京、天津、上海、重庆文化市场行政执法总队:

自2010年4月全国推进网吧连锁工作现场经验交流会召开以来,各地结合实际,加快进度,加大力度,以形式多样的连锁方式整合现有存量市场,推进网吧连锁工作开展得扎实有效。根据各地总结上报的情况和经验,现将有关情况通报如下:

一、网吧连锁率显著提高,连锁企业认定开展顺利

截至2010年底,全国共有网吧14.4万家,终端台数1428万台,网吧连锁率达30%左右,共有瑞得在线、零度聚阵、中电华通、中录时空等4家全国网吧连锁企业及351家省级网吧连锁企业通过认定。

二、因地制宜,大胆探索,创新连锁新模式

一年来,各地积极探索适合本地区连锁发展的新模式、新路子,创造出许多可资借鉴、可供推广的模式,在推进连锁方面积累了先进的经验和优秀的做法。

江苏模式:江苏省在网吧连锁化发展过程中,以政府引导、市场运作相结合的方式共同推进江苏网吧连锁化进程。一是通过制定《加强网吧连锁经营管理的规定》、实现企业连锁技术管理平台、统一计费软件与连锁管理平台的对接等方式,建立连锁经营约束机制,抓住核心"连"。二是成立江苏省推进网吧连锁工作领导小组,多部门建立联动机制,形成合力"连"。三是从舆论宣传、政策解答、部门协调等方面建立服务机制,互利互信"连"。四是多渠道探索基于网吧产业链条的"内容增值"为连锁核心价值,从而推动"单改连"工作的展开。

上海模式：管理规范与繁荣发展并举是上海网吧向连锁化、规模化、品牌化发展的指导思想，在连锁化进程中，政策引导机制成效显著。一是降低市场准入门槛，引入"无违规"评估指标，发展直营连锁。二是充分发挥市场机制，由总量控制向总量调节过渡，以行政手段和直接管理为主转移到以经济、法律手段和间接管理为主上来，充分发挥市场机制在资源配置中的基础性作用。三是调整原来逐次核发直营店额度的数量，激励机制和约束机制相互制衡，规范网吧规范经营。

浙江模式：浙江省不断完善网吧连锁企业的市场准入和退出机制，从不同维度推动单体网吧连锁化进程。一是推行"分公司形式"的直营门店认定，避免"假连锁"。二是为鼓励连锁管理企业进入网吧市场，开展单体网吧托管业务和连锁管理服务，推行连锁管理的概念，将网吧委托管理公司纳入连锁网吧认定范围，经过认定的网吧委托管理公司同样可以享受网吧连锁企业优惠政策。三是鼓励相关领域连锁企业进入网吧市场，尝试发展点小、面广、内循环、多样化的网吧连锁配套经营，推行配套连锁。

安徽模式：同城股份制联合经营模式是安徽在推进网吧连锁化进程中探索出的主要经验，即整合同城区域内的现有单体网吧建立网吧联盟，对资产评估作价，股份制合作，承包经营的连锁网吧经营模式。该模式有三个主要特点。一是组建一个经营实体；二是组建股东大会；三是竞标产生一名经营法人。这种经营模式在改善上网环境，拓宽客户资源，降低光纤、房租、员工工资等成本支出方面具有明显优势。

四川模式：四川省在推进全省网吧连锁认证和建设工作中，形成具有地方特色的以内容配送为主导的自愿加盟的新兴网吧联盟模式。此模式为网吧业主提供更多规范性的服务和内容的同时，促进产业链上游企业的业务发展，构建网吧、上游厂家和电信三方共赢的联盟体。

辽宁模式：坚持整合与整治同步；行政政策引导与依法依规管理并重；说服教育与严厉执法并举；典型示范与按目标要求强力推进结合；注意处理市场选择和政府引导的两方面关系；坚持法制教育和正面引导相结合、自愿加盟不强迫的原则。

三、多渠道、多行业融合，连锁网吧业态不断拓展

在各地连锁推进政策的引导和扶持下，网吧连锁企业借助连锁优势，不断拓展业务范围，与咖啡屋、网络游戏、演艺、租赁等多行业深度融合，向多元化的新型终端平台方向发展。

“网络咖啡+网吧”连锁模式:网络咖啡店以经营“网络+咖啡+蛋糕”为主,以新潮流的室内装修、优质的网络服务、优越的上网环境、高品质的舒适感为客户营造“家的感觉”,适合在商业环境相对成熟的一线城市发展,上海网鱼网络发展有限公司是经营网咖直营的典型网吧连锁企业。

“网络游戏+网吧”连锁模式:这种模式的网吧连锁企业利用连锁的规模效应和品牌效应探索网络游戏合作运营或独立运营,即网吧参与网络游戏用户游戏体验收益分成,如江苏浪淘沙发展有限公司。

“传统演艺+网吧”连锁模式:连锁网吧凭借”连锁”的优势和”互联网”无限延伸时间、空间的营销平台优势,将演艺与网吧相结合,挖掘市场的契合点,如江苏新美锦网络科技发展有限公司。

“融资租赁+网吧”连锁模式:这种模式以融资租赁的方式,解决网吧规模化、连锁化带来的资金问题。如西安红树林网吧连锁企业。它自 2007 年,开始与中国电信、IBM 三者分工合作开展融资租赁捆绑业务,目前,已提供贷款达几千万元人民币,资金回款情况良好。

“委托管理+网吧”连锁模式:网吧委托管理公司与网吧连锁企业有机配合,前者负责特许加盟连锁门店的管理,后者负责直营门店的管理,双方以”合作分成”模式发展,如河南深蓝网景管理公司与河南珠峰网吧连锁企业。

“电子竞技+网吧”连锁模式:这类网吧连锁企业经常举办各种电子竞技比赛活动,通过整合网络媒体、电视媒体、平面媒体等多方资源达到多方共赢,如安徽战略高手电子竞技俱乐部,它是全国成立最早的以电子竞技为经营特色的网吧。

“物流配送+网吧”连锁模式:即网吧连锁企业利用规模效应开展物流配送业务,长沙上机堂是利用规模优势探索快速消费品的区域物流配送服务的典型网吧连锁企业,在快速消费品方面具有很强的议价能力,采购价格远远低于市场平均水平。

四、鼓励多样化连锁方式,坚定不移地推进连锁

当前,还有一些省份在网吧连锁推进工作中仍存在思想认识不足,政策措施不力的情况。下一步,各级文化行政部门要按照 2010 年全国推进网吧连锁工作现场经验交流会的精神,充分认识此项工作的重要性,着力解决网吧连锁过程中的重点和难点问题,加强与财政、通信、工商、公安等部门的沟通协作,探索适合当地市场实际的连锁方式,积极落实服务规范、财务管理、形象标识和计算机远程管理的“四个统一”,多样化、多途径地推进连锁,大力提高网吧连锁化水平。

特此通报。

二〇一一年四月十四日

文化部文化市场司关于开展网吧连锁企业年审工作的通知

市函[2011]62号

各省、自治区、直辖市文化厅(局)、新疆生产建设兵团文化广播电视局:

自2009年9月《网吧连锁企业认定管理办法》颁布实施以来,省级和全国网吧连锁企业的认定工作开展顺利。截至2010年底,共有4家全国网吧连锁企业、351家省级网吧连锁企业通过认定。按照《网吧连锁企业认定管理办法》的相关规定,决定开展网吧连锁企业年审工作,现将有关事项通知如下:

一、文化部负责对全国网吧连锁企业实施年审;省级文化行政部门负责对本机构审核的省级网吧连锁企业实施年审。

二、各审核机构对年度认定合格的企业在认定证书(副本)和符合条件的直营门店名单列表上加盖年审专用章,对年度认定不合格的企业停止其网吧连锁企业资格。

三、经认定的网吧连锁企业有以下所列情形之一的,年度认定不合格。认定不合格的企业,取消下一年度直营门店的布点资格。

(一)在年审过程中提供虚假信息的;

(二)倒卖网吧牌照,为非本企业投资或控股的单位或个人申办网络文化经营许可的;

(三)其所属直营门店一年内累计5家次或直营门店总数的10%以上的门店受到文化行政部门罚款(含罚款)以上的行政处罚的;

(四)逾期未参加年审的。

四、申请年审的企业,应当提交下列加盖公章的材料:

(一)网吧连锁企业年审申请书(见附件);

(二)年度发展报告(主要包括企业发展总体情况、下一年度规划、网吧连锁直营门店及加盟门店新建情况、区域拓展情况、“四个统一”的落实情况、存在的困难等);

(三)网吧连锁企业认定证书正本(复印件)、副本(原件);

(四)企业营业执照副本、税务登记证(复印件);

（五）法定代表人或主要负责人、主要经营管理人员的身份证明等有关证明材料；

（六）网吧连锁企业所设分公司及子公司列表；

（七）投资或控股的直营门店列表、各门店《网络文化经营许可证》（复印件）、营业执照（复印件）和主要负责人身份证明；

（八）网吧连锁企业的加盟门店列表；

（九）服务器架设地址、托管或线路租用合同及客户端分布情况等资料；

（十）可供监管需要的计费软件系统与技术管理系统的登陆账号及密码；

（十一）自申请之日起前一年内所属直营门店受罚款（含罚款）以上的行政处罚的情况；

（十二）要求提交的其他文件。

五、2011 年 1 月 1 日前认定的网吧连锁企业本次年审工作应当在 2011 年 10 月 30 日前完成；2011 年 1 月 1 日后认定的网吧连锁企业本次年审工作应当在 2012 年 3 月 31 日前完成。此后的年审工作统一于每年 3 月至 6 月间开展。

六、各省级文化行政部门可根据本《通知》精神，结合本地具体情况制定实施细则；并在当年年审工作结束后 10 日内，将书面总结报送文化部文化市场司。

特此通知。

二〇一一年七月二十一日

关于印发《江苏省推进网吧连锁管理工作方案》的通知

苏文市[2010]34号

各市、县(市、区)文明办、文化局、公安局、工商局、关工委,省内各基础电信运营企业:

为深入贯彻落实中共中央、国务院《关于进一步加强和改进未成年人思想道德建设的若干意见》,进一步净化社会文化环境,促进未成年人健康成长,全力推进全省网吧连锁经营管理,实现网吧规范、有序、健康、协调发展,现将《江苏省推进网吧连锁管理工作方案》印发给你们,请遵照执行。

江苏省文明办　　江苏省文化厅
江苏省公安厅　　江苏省工商行政管理局
江苏省通信管理局　　江苏省关工委

二〇一〇年五月十八日

江苏省推进网吧连锁管理工作方案

为深入贯彻落实中共中央、国务院《关于进一步加强和改进未成年人思想道德建设的若干意见》,进一步净化社会文化环境,促进未成年人健康成长,全力推进全省网吧连锁经营管理,实现网吧规范、有序、健康、协调发展,根据省委、省政府领导同志有关指示精神,决定从2010年5月起,用一年时间,对全省网吧资源进行整合。现结合全省网吧市场的实际情况,制定如下工作方案:

一、主要目标

通过舆论引导、政策扶持,对单体网吧实行连锁化改造。实行总量调控,转变网吧发展方式,停止审批单体网吧,发展连锁经营,用一年时间使全省网吧门店连锁率达90%以上,实现全省网吧向规模化、连锁化、品牌化方向发展,以维护网络文化安全,为未成年人健康成长营造良好的社会文化环境。

二、实施步骤

（一）宣传引导阶段（2010年5月）

加大对连锁经营管理政策宣传力度，出台连锁经营优惠政策措施，引导单体网吧向连锁过渡。

（二）全力推进阶段（2010年6月~2011年1月）

实行政府引导、市场运作，建立网吧连锁经营新模式。主要任务是开辟单体网吧连锁化改造绿色通道，以技术监管为依托，建立网吧长效管理新机制，构建网吧与网络游戏企业的合作平台，整合连锁企业资源，探索网吧盈利新模式。

（三）督促检查阶段（2011年2月~2011年5月）

省有关部门组成督查组对全省各地网吧连锁管理推进工作进行检查，重点检查各项推进措施落实情况和连锁企业在当地发展情况。对连锁推进工作成效显著的地区和企业予以表彰，对进展迟缓、工作不力的地区予以通报批评，并责令限期采取有效措施加以推进。

三、工作措施

（一）统一思想，明确责任。经省委宣传文化领导小组同意，省里将成立由省文化厅牵头，省文明办、省公安厅、省工商局、省通信管理局、省关工委共同参与的江苏省推进网吧连锁管理工作领导小组，由省领导担任组长，省文明办、省文化厅领导担任副组长，各相关单位领导为小组成员。领导小组办公室设在省文化厅，负责协调解决在网吧连锁整合及长效管理工作中遇到的重要问题。各市、县也要建立相应的领导小组，加强领导，确保政令畅通，按照属地管理和分级负责的原则，积极推进网吧连锁管理工作，每月月底前对推进工作进度情况进行总结汇总并按条线逐级上报。该工作将纳入未成年人思想道德建设测评，实行目标管理和责任追究。

（二）整合市场资源，为推进网吧连锁管理工作搭建服务平台。一是联合知名企业介入网吧门头、店招、灯箱、连锁统一标识的改造工作。二是联络江苏市场占有率较高的电脑、网络硬件、网游、快速消费品（饮料、小吃）企业，搭建江苏省级连锁购销平台，用连锁门店规模优势，争取优惠的合作价格，为加入连锁的网吧带来实惠。三是在电信宽带接入、电费两方面争取优惠措施，保证经济上对单体网吧加盟连锁有足够的吸引力。

（三）简化单体网吧连锁化改造审批程序，开辟网吧连锁改造审批工作的绿色通道。对于符合条件、各项要件齐全的连锁化改造的网吧变更审批，各地各部门要按以下规定时限完成：文化部门立项，不涉及地址变更的，3 个工作日内完成，涉及地址变更的，13 个工作日内完成（含公示时间 10 个工作日）。网吧连锁经营户变更登记的，凡材料齐全，符合法定形式的，工商部门在 3 个工作日办结。消防审核在 5 个工作日内完成，消防验收可与开业前消防安全检查一并实施，并在 5 个工作日内完成。公安机关信息网络安全审核在 5 个工作日内完成。各市、县文化局审批并上报省文化厅复核在 3 个工作日内完成，省文化厅复核 3 个工作日内完成。

（四）依法行政，严格市场准入、退出机制。对网吧市场严格执法，对违规网吧坚决实行退出机制。在此次推进工作期间，暂停全省单体网吧的变更业务，集中精力做好连锁化改造业务的办理，除涉及连锁化改造的，各地不得再受理其他单体网吧的名称、法定代表人、经营地址（住所）、企业组织形式、计算机数量等项目的变更业务，对因政策性拆迁需要变更经营地址（住所）的单体网吧，不得进行增加机器台数及其他事项的变更。

（五）加强对网吧连锁企业的管理，建立长效管理机制。进一步贯彻落实《江苏省文化厅关于加强网吧连锁经营管理的规定》，建立健全对连锁企业及网吧门店的考核管理机制，提高网吧连锁企业核心竞争力和对门店的管理能力。

四、职责分工

（一）新闻媒体负责对推进工作的宣传报道，积极做好社会舆论和网络媒体的引导工作。

（二）文化部门要严格执行推进工作期间单体网吧停止变更的工作要求，对全省网吧经营情况进行摸底，对无正当理由超过 6 个月未开业或者开业后自行停业连续 6 个月以上的网吧，依据有关规定注销其《网络文化经营许可证》，并及时函告工商部门，依法办理营业执照注销登记；对《网络文化经营许可证》登记事项与其他相关证照登记事项或实际经营情况不符的，通知其限期整改，未按时整改的，责令停业整顿，直至整改符合要求。加大网吧技术监管平台的整合工作，与公安部门共享监管数据，落实与公安部门实名登记的数据共用工作，取消纸质登记。

将新增直营门店规划指标与存量市场连锁化改造挂钩，将优质市场资源进行合理配置，对连锁化改造工作突出的网吧连锁企业给予奖励。

加大对互联网上网服务经营市场的规范，对茶社、旅馆、餐厅等提供互联网上网服务的场所进行摸底，将其纳入全省网吧技术监管系统。

（三）公安机关要建立单体网吧连锁化改造的消防审核绿色通道，对于不变更经营地址、不改变内部装修结构的新加盟连锁网吧，公安消防部门应在消防安全检查后，依法尽快办理变更手续，限时办结。加强与文化部门的协作，完成全省公安、文化技术监管系统信息共享，确保网吧安全管理软件与经营管理软件相互兼容，提高网吧技术监管系统使用效能。

（四）工商管理部门严格网吧营业执照管理工作，建立单体网吧连锁化改造的营业执照审批绿色通道。在网吧营业执照年度检验时，要认真核对《网络文化经营许可证》的登记事项，发现营业执照与《网络文化经营许可证》登记事项不符的，不予年检通过。同时，加大对黑网吧的查处力度。积极做好相关网吧工商营业执照的清理注销、撤销工作。

（五）通信管理部门要协调通信运营企业，出台对连锁网吧接入费用的优惠方案，对连锁网吧门店的网络接入资费在现有标准的基础上给予一定比例下浮。

（六）各级关工委要组织“五老”继续做好网吧义务监督工作，并配合做好连锁改造政策宣传工作。

山东省推进网吧连锁整合工作实施意见

鲁文市〔2011〕205 号

各市文广新局、公安局、工商局、地税局，文化市场执法局（支队），青岛市通信管理局，省内各基础电信运营企业：

为充分整合网吧资源，优化网吧市场结构，规范网吧市场秩序，净化社会文化环境，我省确定于“十二五”期间，推进网吧连锁整合工作，在全省逐步实现网吧连锁经营管理。现结合我省实际，制定如下实施意见：

一、指导思想

深入贯彻落实科学发展观，围绕经济文化强省建设的中心任务，切实加强网吧市场监管，完善网吧市场布局、优化网吧市场结构、规范网吧市场秩序，推进网吧市场规模化、品牌化、连锁化，提升网吧服务水平和行业形象，提高网吧市场集约化水平与规模化效益，净化社会文化环境，满足广大人民群众尤其是中低收入群体、流动人口和青年消费者的文化需求，扩大就业渠道，促进社会和谐稳定。

二、推进步骤

（一）宣传启动阶段（2011 年 11 月至 2012 年 6 月）

各级文化行政部门协同公安、工商、税务、通信等有关部门加大对网吧连锁整合工作的宣传力度，为推进网吧连锁工作创造良好舆论环境。同时制定本地推进网吧连锁整合工作方案，出台优惠政策措施，引导单体网吧向连锁过渡。各类网吧连锁企业和单体网吧经营业户进行双向接触，在充分了解对方意愿和要求的基础上，签定连锁经营管理合同。到 2012 年 6 月底，各市网吧市场连锁率要达到 55%。

（二）全面推进阶段（2012 年 6 月至 2014 年 12 月）

通过政府引导扶持、企业自主运营、市场机制运作，落实连锁政策、强化推进措施、整合市场存量，加快“单改连”进度，在全省建立起网吧连锁经营管理的基本架构，使集团化、规模化、专业化、品牌化的连锁网吧占据市场主导地位。到 2014 年底各市网吧市场连锁率达到 90%。

（三）巩固提高阶段（2015 年 1 月至 2015 年 12 月）

对全省推进网吧连锁工作进行回顾总结，进一步完善相关政策和整改措施，对连锁推进工作成效显著地区和企业进行表彰，树立一批网吧管理工作示范区和网吧连锁经营品牌企业。到 2015 年底，我省网吧市场全面实现连锁整合。

推进网吧连锁工作涉及面广、工作量大、情况复杂，各级各部门要积极稳妥的推进，严禁搞一刀切、严禁违背连锁企业和网吧业户意愿。单体网吧原则上要全部加入连锁经营，但有权自主选择各级文化行政部门认定的网吧连锁企业。

三、工作措施

（一）完善整体布局、严格控制总量

各市在推进网吧连锁工作中，参照《山东省 2009 年网吧总量布局规划》（鲁文市〔2008〕13 号）核准的总量指标，根据当地人口、经济社会发展情况，调整完善网吧市场整体布局，逐步压缩网吧数量，到“十二五”末，各市网吧数量控制在现有总量指标的 90% 以内，任何地方不得突破现总量指标数审批新增网吧，要通过“淘汰递减”的办法，在总量布局规划指标内，依法吊销存在严重违法违规行为的网吧，或者鼓励网吧连锁企业注销所兼并、收购、控股现存标准低、环境差、规模小的网吧，利用这些指标的一部分，按新设立互联网上网服务营业场所的标准和条件，建设新的网吧连锁直营门店。省级文化行政部门决定设立鼓励性直营店指标定向支持推进网吧连锁成绩突出、经营规范的地区或网吧连锁企业。鼓励性直营店指标不占有原核发给各市的指标。

（二）暂停单体网吧变更、从严年检审核

从 2012 年 1 月 1 日起，各级文化行政部门等暂停单体网吧变更名称、法定代表人（主要负责人）、经济类型、计算机数量、经营地址（住所）等事项的变更登记或相关备案手续。单体网吧加入连锁网吧后可依法变更上述项目。对于因政策性拆迁需变更经营地址（住所）的单体网吧，要限期恢复营业，对于未按时恢复经营的，一律撤销批准文书。

各地文化行政部门要在换证年审时，认真核查网吧场所的经营地址、经营面积、机器台数、法定代表人等，对于主要项目与实际不符的网吧场所从严处罚，积极引导他们加入网吧连锁企业。对于没有经营地址或连续三个月无实质性经营行为的网吧，一律吊销《网络文化经营许可证》，同时严格禁止买卖许可证行为。工商部门在网吧营业执照年度检验时，要认真核对《网络文化经营许可证》的登记事项，发现营业执照与《网络文化经营许可证》登记事项不符的，不予年检通过。有关部门吊销《网络文化经营许可证》的，应在 5 个工作日内告知同级工商部门，工商部门依法吊销其营业执照。

（三）落实扶持政策、推进连锁经营

降低连锁网吧收费标准。省内各基础电信运营企业应遵循公平竞争的原则，给予连锁网吧优惠网络使用标准，资费在现有标准的基础上降低30%，严禁对加入连锁经营的网吧提价。

落实税收扶持政策。贯彻落实网吧有关税收扶持政策，按照《关于调整我省娱乐业营业税适用税率的通知》（鲁财税〔2011〕72号）的规定，对网吧执行5%的营业税税率。

拓展连锁网吧增值业务。鼓励和扶持网吧连锁企业完善增值服务措施，在符合申办条件的前提下，优先允许连锁网吧开展移动、电信、网通等增值业务和音像制品经营、图书批发零售业务以及信息服务、远程教育、电子政务、电子商务和其他文化娱乐经营项目的多种经营。连锁经营企业统一配送经营图书、报刊、音像制品、电子出版物需前置审批的，可按照《省委办公厅、省政府办公厅印发〈关于促进文化产业振兴的意见〉的通知》（鲁政办发〔2010〕19号），由企业总部统一向行政管理部门申办，连锁门店持加盖总部印章的批准文件复印件申办营业执照。

发展新的网吧连锁企业。各地在推进连锁工作中，要积极培育发展新的网吧连锁企业，有条件的县市区可以通过扶持规模较大、带动力强的网吧或者通过当地行业组织牵头，大力发展县级网吧连锁企业，推进县域整合；要多途径、多渠道引进资本以及先进管理经验、运营模式进入网吧市场，组建各种层次的网吧连锁企业。

简化连锁网吧审批变更程序。对于符合条件、各项要件齐全的连锁化改造的网吧变更审批，各级各部门要按规定时限完成：文化行政部门立项，由文化行政部门检验经营地址是否符合《互联网上网服务营业场所管理条例》要求，3个工作日内完成；网吧连锁经营户变更登记的，凡材料齐全，符合法定形式的，工商部门在3个工作日内完成；公安机关信息网络安全审核在5个工作日内完成，消防审核在5个工作日内完成，消防验收可与开业前消防安全检查一并实施，并在5个工作日内完成；文化行政部门发证3个工作日内完成；工商部门发营业执照3个工作日内完成。文化行政部门、公安部门、工商部门、消防部门等不得在此次网吧连锁整合工作中搭车收费或提价，严禁增加网吧的额外负担。

四、经营管理

当前，网吧市场已面临结构性调整，各网吧连锁企业要积极开展企业管理体制、运行机制改革和发展业务创新，建设符合现代企业制度、市场竞争力强的网络文化企业。

（一）明确连锁经营形式

网吧连锁经营形式包括直营连锁和加盟（特许）连锁。网吧连锁直营门店是指网吧连锁企业全额投资或者投资控股在51%以上，符合《山东省网吧连锁企业认定管理办法实施细则》第二条“五个统一”规定的网吧门店。网吧连锁加盟（特许）门店是指由连锁总部参股设立或与连锁总部签订特许经营合同的形式，取得使用总部商标、经营技术的特许权，具有连锁企业统一经营方针、统一服务规范、统一形象标识，接受连锁总部监督管理的网吧门店。全省网吧连锁企业，须在3个以上（含3个）的省辖市设有直营门店，且每市直营门店数不少于5家。同城连锁企业须在3个以上（含3个）的市辖县（市、区）设有直营店，且每县（市、区）直营门店数不少于2家。

（二）创新连锁经营模式

用“科技新时尚、文娱新社区、行业新标准、赢利新模式”的新思维，构建连锁经营的新型网吧业务平台和共生多赢的产业增值发展平台。有条件的网吧连锁企业，可探索开展“网络咖啡+网吧”、“网络游戏+网吧”、“传统演艺+网吧”、“融资租赁+网吧”、“委托管理+网吧”、“电子竞技+网吧”、“物流配送+网吧”等多种连锁经营模式，利用连锁企业规模优势，降低网吧运营成本，为企业门店尤其是加盟店带来实实在在的利益，增强企业的向心力和凝聚力。

（三）规范连锁经营行为

一是规范网吧门店设立。网吧连锁企业直营门店的设立按照《山东省网吧连锁企业认定管理办法实施细则》进行。网吧连锁企业申请设立连锁加盟店时要向县级文化行政部门出具申请书、证明其是连锁企业关系的连锁门店出资证明、营业场所产权证明或者租赁合同书、守法经营保证书和符合规定数量的经营管理人员、专业技术人员的从业资格证明材料、劳动合同等。加盟门店各事项可不变更。

二是连锁企业要加强对门店的服务和管理。网吧连锁企业应建立现代企业管理制度，加强对门店的服务、管理和支持，建立与连锁门店的责任分担和利益共享机制，建立健全考核机制，严格防范门店出现违法、违规经营行为。对管理严格、经营规范、业绩突出的企业，各级文化行政部门要在核发网吧指标时予以倾斜。

三是连锁企业应与门店签署规范合法的书面合同。合同须对双方的权利和义务、有效期、变更和终止、争议解决等做出明确规定。连锁企业不得向门店收取除因技术服务、品牌使用产生的“管理费”及经营过程中实际已经产生的投资收益分配以外的任何费用,“管理费”应分年度收取,不得一次性集中收取。连锁企业对其新发展的加盟门店不得收取加盟费。

四是连锁企业的网吧门店不能严格履行双方合同约定义务的,连锁企业可向当地文化部门申请并经同意后与该门店中止连锁经营合同,该门店可与我省其他网吧连锁企业重新签定连锁经营合同,网吧门店原连锁经营合同中止60日后仍未能与其他连锁企业签定新连锁经营合同的,文化部门依法撤回该门店的《网络文化经营许可证》。连锁企业的加盟门店一年以内累计受到两次以上停业整顿以上行政处罚的,连锁企业应当终止与该门店的加盟经营关系;直营门店两年内累计受到三次以上停业整顿以上行政处罚的,文化行政部门应当取消其互联网上网服务营业场所经营资格。

五是网吧连锁企业不能严格履行合同约定的义务,对网吧门店经营造成严重影响的,网吧门店可向当地文化部门申请并经同意后与原连锁企业中止连锁经营合同,并与我省其他连锁企业签定新的连锁经营合同,网吧门店原连锁经营合同中止60日后仍未能与其他连锁企业签定新连锁经营合同的,文化部门依法撤回该门店的《网络文化经营许可证》。

五、市场监管

(一)积极支持网吧连锁经营

各级各部门以及行业组织应积极支持网吧连锁企业在当地的经营活动,优化发展环境,提高服务效率,为企业发展争取财政、税收、信息、投融资等方面的优惠扶持政策,推动企业做大做强,任何部门和组织不得以进场费、落地费、赞助费、保证金、管理费、考察费等名义向网吧连锁企业收取费用。对于推进网吧连锁工作业绩突出、经营规范的连锁企业,省级文化行政部门可直接指定其在具体市、县落地。

(二)加大市场监管力度

坚决实行“一取缔”、“五查处”:坚决取缔各种形式的“黑网吧”,严厉查处网吧接纳未成年人的行为,严厉查处上网登记中的弄虚作假行为和擅自停止实施安全保护技术措施,严厉查处利用互联网传播淫秽、色情、反动等有害信息的行为,严厉查处各种不亮证、不挂牌等违规经营行为,严厉查处为“黑网吧”提供经营场所、介入服务等条件的行为。各地公安、工商、文化、文化市场执法等部门和机构要积极配合，通过严查重管、勤查细管，形成监管合力，优化连锁经营环境。

（三）严厉打击假直营假连锁

对于以下几种情况由原认定机构或省级文化行政部门取消其连锁经营资格：企业投资、管理不到位，出现假投资、假直营的；在年审期间，以门店不交有关费用为由拒绝提交相关材料，致使门店无法正常进行年审的；直接或间接一次性收取多年“管理费”的；以收取加盟费、管理费及其它费用为名，谋取不正当利益，偏离了正常的发展轨道，签定“阴阳合同”，倒卖许可证的。

六、组织领导

（一）加强领导

各级各部门要高度重视推进网吧连锁工作，加强组织领导和协调配合，建立沟通协调机制，着力解决网吧连锁过程中的重点和难点问题，因地制宜，探索适合当地市场实际的连锁方式，积极落实“五个统一”，多样化、多途径地推进连锁，大力提高网吧连锁率，不断完善网吧市场管理长效机制。

（二）通报考核

各市文化行政部门要从 2012 年第 1 季度开始，每季度末汇总上报工作进展情况，重点统计网吧市场连锁率。各地促进网吧场所连锁整合情况将纳入年度文化市场工作考评和平安文化市场建设考评。

（三）加强督导

省里将联合有关部门成立督查组，定期对各市推进网吧场所连锁整合情况进行检查，重点是各项促进措施落实情况，连锁经营企业在当地发展情况。对发展连锁成效显著的地区和企业予以表彰，对行动消极迟缓、工作不力的地区予以通报批评，并限期采取有效措施加以解决。

山东省文化厅　　山东省公安厅

山东省工商行政管理局　　山东省地方税务局

山东省通信管理局

二〇一一年十一月三日

上海市文化广播影视管理局
《关于进一步推动网吧连锁发展工作的通知》

沪文广影视[2011]471

各区县文化(广)局、市互联网公共上网服务行业协会、网吧连锁经营企业:

为贯彻文化部全国规范网吧经营秩序经验交流会的精神,大力推进本市连锁网吧建设,结合本市网吧行业实际,现就加快做推动网吧连锁发展工作通知如下:

一、今年本市网吧连锁建设工作的目标是:坚持"市场主导、政府推动、协会配合、企业运作"的原则,按照文化部要求,在维持本市原有网吧规划总量不变的基础上,大力推进网吧连锁工作,力争年底前网吧连锁率在现有38%的基础上提高约10个百分点。

二、鼓励非连锁网吧在自愿组合的原则下,组建成立网吧连锁经营企业。凡在本市范围内具备以下条件的企业,可向我局申请网吧连锁经营资格:

1. 依法设立的企业,可申请注册新的网吧连锁管理公司或者以1家直营门店申请新的网吧连锁管理公司;

2. 注册资本(金)不少于1000万元;

3. 已有不少于5家的控股门店(控股比例不低于51%);

4. 每家门店均需有5名以上取得从业资格的安全管理人员、经营管理人员和专业技术人员;

5. 在企业总部的统一管理下,按照连锁经营的组织规范,以统一服务规范、统一财务管理、统一形象标识和统一计算机远程管理形式对下属直营门店进行投资管理;

6. 拥有自建的企业网站;

7. 法律法规和文化部规定的其他条件。

三、申请网吧连锁经营资格的企业,应当提交下列材料:

1. 申请书;

2. 新申请注册的网吧连锁管理公司须提交企业名称预先核准通知书,提供具有资质的会计事务所出具的验资报告;以1家直营门店设立连锁管理公司的须提

交企业法人营业执照(副本);

3. 法定代表人或者主要负责人的身份证明,主要经营管理人员、专业技术人员的从业资格证明;

4. 5 家控股门店的企业法人控股证明文件(工商部门出具的出资情况证明文书、档案登记证明)及《网络文化经营许可证》;

5. 企业统一的管理制度、组织章程、经营方针,统一服务规范制度、形象标识、营业场所装潢设计效果图,统一计算机终端上网首页的图示和统一计算机远程管理系统的介绍及其使用说明;

6. 符合国家法律法规规定的连锁经营管理制度;

7. 自建网站或者能提供链接路径网站的网址;

8. 符合设立条件的其他有关证明文件。

四、取得网吧连锁经营资质的企业需申请直营店额度的,连锁企业下属直营门店注册资本(金)不低于 50 万元,在申请之日前 6 个月内未受到各级工商行政管理部门、文化市场行政执法部门和公安机关行政处罚。

五、各区县文化(广)局要积极鼓励和引导非连锁网吧向连锁化方向发展,做好为非连锁网吧经营者提供政策咨询服务、辅导申报连锁资质等工作。

六、市网吧行业协会应积极配合推动网吧连锁发展工作,发挥行业自律作用,指导网吧连锁经营企业制定加盟合同等法律文书,并提交我局在网站上公示,确保推动网吧连锁工作公开、公正、公平进行。

七、鼓励网吧连锁经营企业根据企业自身发展特点,采取直营或加盟连锁的方式吸纳非连锁网吧市场存量,发展壮大自身规模。网吧连锁经营企业每吸纳 10 家非连锁经营网吧,可获得一个直营店额度,直至新增额度用完为止。网吧连锁经营企业下属的加盟门店可在与管理总部协商一致基础上,自愿选择加盟其他网吧连锁经营企业或自行成立连锁经营企业,上海东方网点连锁管理有限公司下属的加盟门店除外。

八、网吧连锁经营企业连续四次评估无违规的,在向我局作出继续保持无违规经营行为发生的书面承诺后,可在本市新设立网吧总量指标额度内,一次性获得 40 个直营店额度。该额度必须在 2 年内使用完毕,否则将被视为自动放弃。

九、凡需办理变更单位名称、法定代表人或者负责人、经营地址、脱钩事项的网吧,应纳入网吧连锁体系后方可办理。

十、本通知自下发之日起执行。本市以前规定与本通知规定不一致的,按本通知的规定执行。

上海市文化广播影视管理局

二〇一一年三月十一日

浙江省文化厅关于印发《浙江省推进网吧连锁工作实施方案(试行)》的通知

浙文市〔2010〕69 号

各市、县(市、区)文化广电新闻出版局:

现将《浙江省推进网吧连锁工作实施方案(试行)》印发给你们,请认真贯彻执行。

二〇一〇年十一月十一日

浙江省推进网吧连锁发展实施方案(试行)

为进一步深化网吧管理,改善网吧市场结构,规范网吧市场秩序,推进网吧市场连锁发展,根据文化部《关于印发〈网吧连锁企业认定办法〉的通知》(文市发[2009]35 号)和省文明办、省文化厅、省公安厅、省工商行政管理局《关于加强网吧管理推进网吧连锁的通知》(浙文市[2010]63 号)要求,结合我省实际,现制定如下实施方案:

一、总体思路

完善网吧连锁企业的进入和退出机制,多渠道、多方式地推进网吧连锁工作。根据国家相关规定,暂停单体网吧审批。加强对现有网吧存量的改造和提升,通过市场机制和政策扶持,使连锁化、品牌化、专业化的网吧较快地成为市场主导,进一步提升网吧经营管理水平,优化网吧市场结构布局,规范网吧市场经营秩序,努力为未成年人健康成长营造良好的社会文化环境。

二、连锁认定

(一)网吧连锁企业认定标准

在我省申请认定为网吧连锁企业的,必须具备以下条件:

1. 注册资金不少于 1000 万元。

2. 以分公司形式全额投资设立的直营门店在省内不少于 5 家,门店计算机平均台数不少于 100 台。

3. 按照连锁经营的组织规范，以统一经营方针、统一服务规范、统一财务管理、统一形象标识和统一计算机远程管理的形式开展经营活动，其中：网吧连锁企业的法定代表人应当与直营门店的法定代表人一致；网吧连锁企业总部和直营门店的财务统一管理，直营门店的所有账目并入总部，门店所有的资产、负债和损益由总部统一核算；网吧连锁企业的计算机管理软件能实现远程管理（含视频监控）门店经营情况。

4. 所有直营门店在申请之日起前一年内未受过文化、公安、工商等有关部门依据《互联网上网服务营业场所管理条例》做出的罚款（含罚款）以上的行政处罚。

（二）网吧连锁企业认定的申报材料

在我省申请认定为网吧连锁企业的，须当提交下列材料：

1. 网吧连锁企业认定申请书。

2. 企业营业执照、税务登记证。

3. 法定代表人或主要负责人、主要经营管理人员的身份证明等有关证明材料。

4. 网吧连锁企业投资直营门店证明材料：经具有资质的中介机构鉴证的企业财务报表（含资产负债表、损益表、现金流量表）等企业经营情况。

5. 直营门店相关材料：名单列表、各门店《网络文化经营许可证》、营业执照（复印件）和主要负责人身份证明。

6. 连锁经营规范制度：统一的形象标识（附各门店实景照片）；统一的服务规范；统一的财务制度；统一的计算机远程管理，具备可联网的计费软件系统与技术管理软件（含视频监控）的说明文档、服务器架设地址、托管或线路租用合同及客户端分布情况等资料。

7. 自申请之日起前一年内所属直营门店未受过文化、公安、工商等有关部门依据《互联网上网服务营业场所管理条例》做出的罚款（含罚款）以上的行政处罚的声明及证明材料。

8. 企业章程、验资报告。

9. 企业办公场所使用权证明文件。

（三）网吧连锁企业认定的程序

在我省申请认定网吧连锁企业的，我厅委托申请企业总部所在地县（市、区）文化行政部门对有关申请材料进行初审，对部分需要现场勘察核验的内容进行实地察看。符合条件的,提出初审意见,与相关材料一并报送我厅。

我厅经复核审查通过的,按有关规定完成认定工作,报文化部备案。对通过认定的网吧连锁企业颁发认定文书,并将认定结果向社会公告。

目前我省已设立的连锁网吧经营单位,申请认定为网吧连锁企业的,向我厅直接提出认定申请。

(四)网吧连锁企业认定后具备的资质

根据文化部规定,我省对网吧连锁企业认定实行年度审核制度。网吧连锁企业经我厅审查认定或年度审核通过后,在一年内具备全省范围参与直营门店布点的资质。现阶段按照国家有关要求,我省核增网吧规划数量将全部用于网吧连锁企业全资或控股直营门店布点,具体规划实施办法另行发文通知。

网吧连锁企业年度审核不合格的,自行整改并不得参与之后一年的门店布点。连续二年审核不合格的,取消网吧连锁认定资格。

三、存量整合

(一)连锁管理

为引入先进的管理模式和管理理念,提升网吧品质和形象,我省鼓励连锁管理企业进入网吧市场,开展单体网吧托管业务和连锁管理服务。经我厅审查认定的网吧连锁管理企业,可参照网吧连锁企业在全省范围内参与网吧直营门店布点。

在我省申请认定为网吧连锁管理企业的,必须具备以下条件:

1. 托管网吧达到5家以上,管理规范,效益良好。

2. 按照连锁经营的组织规范,以统一经营方针、统一服务规范、统一财务管理、统一形象标识和统一计算机远程管理的形式开展经营活动,其中:托管网吧的名称应包含连锁管理企业统一商号;托管网吧的财务由连锁管理企业统一管理;连锁管理企业的计算机软件能实现远程管理(含视频监控)托管网吧经营情况。

3. 所有托管网吧自托管之日起(以网吧名称变更为统一商号的许可证发证日期为准)一年内未受过文化、公安、工商等有关部门依据《互联网上网服务营业场所管理条例》做出的罚款(含罚款)以上的行政处罚。

网吧连锁管理企业的认定、年度审核程序参照网吧连锁企业执行。申请认定网吧连锁管理企业须提交下列材料:

1. 网吧连锁管理企业认定申请书。

2. 企业营业执照、税务登记证。

3. 法定代表人或主要负责人、主要经营管理人员的身份证明等有关证明材料。

4. 连锁管理企业托管网吧证明材料:连锁管理企业与托管网吧协议书,经具有资质的中介机构鉴证的企业财务报表(含资产负债表、损益表、现金流量表)等企业经营情况。

5. 托管网吧相关材料:名单列表、各托管网吧《网络文化经营许可证》、营业执照复印件和法定代表人、主要负责人身份证明等。

6. 连锁管理规范制度:统一的形象标识(附各托管网吧实景照片);统一的服务规范;统一的财务制度;统一的计算机远程管理,具备可联网的计费软件系统与技术管理软件(含视频监控)的说明文档、服务器架设地址、托管或线路租用合同及客户端分布情况等资料。

7. 托管网吧自托管之日起一年内未受过文化、公安、工商等有关部门依据《互联网上网服务营业场所管理条例》做出的罚款(含罚款)以上的行政处罚的声明及证明材料。

8. 企业章程、验资报告。

9. 企业办公场所使用权证明文件。

(二)收购兼并

鼓励和支持现有网吧连锁企业在商业自愿的原则下通过市场运行的手段收购、兼并、控股单体网吧。对网吧连锁企业整合现有存量网吧,实行连锁化改造的,各级文化行政部门应为其提供简化便捷的《网络文化经营许可证》变更手续。网吧连锁企业收购、兼并、控股单体网吧成绩突出、数量较大的,文化行政部门将在核定网吧总量布局规划时给予一定奖励。

四、配套连锁

为充分发挥连锁企业的示范导向作用,满足文化消费的多样化需求,我省鼓励相关领域连锁企业进入网吧市场,尝试发展点小、面广、内循环、多样化的网吧连锁配套经营。从我省现有符合条件的连锁企业中选择 1 ~ 2 家进行试点,认定为网吧连锁企业(配套经营)。认定、年度审核程序参照网吧连锁企业执行。申请认定须提交下列材料:

(一)网吧连锁企业(配套经营)认定申请书。

(二)企业营业执照、税务登记证。

（三）法定代表人或主要负责人、主要经营管理人员的身份证明等有关证明材料。

（四）企业章程、验资报告。

（五）企业办公场所使用权证明文件。

（六）直营连锁网点相关材料：名单列表、各网点营业执照和主要负责人身份证明。

（七）拟设立配套经营网吧的数量、地点、规模及实施方案。

（八）连锁经营规范制度：统一的形象标识；统一的服务规范；统一的财务制度；统一的计算机远程管理，具备可联网的计费软件系统与技术管理软件（含视频监控）的说明文档、服务器架设地址、托管或线路租用合同及客户端分布情况等资料。

配套经营的网吧必须设置在申请企业现有的连锁网点内，总家数不少于5家。各网点配套经营面积、计算机台数的总和不得低于文化部确定的最低标准。申请企业的配套网吧指标由我厅根据该企业现有经营网点的数量和规模确定，具体审批发证由所在地县（市、区）文化行政部门负责。

五、日常监管

（一）各地要及时向社会公布推进网吧连锁发展的相关政策措施，公开管理信息，加强法规宣传，引导企业有序投资，促进网吧市场的健康发展。

（二）妥善处理宏观调控与市场机制的关系，严格依照国家和省的相关规定，规范办理网吧连锁企业的认定和门店的设立变更等工作。遵循公开、公平、公正的原则，积极听取和采纳学校、群众、协会等社会各界的意见，不得采取招标、拍卖等形式或借行政许可之机牟取不当利益。对违规审批的单位和个人，将追究责任。

（三）要以禁止网吧接纳未成年人为重点，加大执法力度，坚持严管重罚，强化市场退出机制，创造优胜劣汰、公平竞争的政策环境和市场环境，保障连锁网吧的合法经营。

（四）加强行业自律与诚信建设。各地在加强网吧管理、促进网吧行业健康发展的过程中，要注意发挥协会的积极作用，不断提高网吧企业自律能力，做到自我管理、自我约束、自我服务。省网吧行业协会可适时开展网吧连锁企业店长资质认定工作，对80%以上门店通过店长资质认定的企业，将酌情给予奖励。

四川省文化厅关于以多种形式推进全省网吧连锁化发展的通知

川文办发[2011]56号

各市、州文化局：

为进一步贯彻落实全国规范网吧经营秩序经验交流会精神，有效整合资源，统一网吧内网络文化产品配送，规范网吧经营行为，提升网吧行业形象，我省将采取多种形式全面推进网吧连锁化发展工作，打造网吧连锁的“四川模式”，现就相关事宜通知如下：

1. 各地要根据本地实际情况，因地制宜的采取多种形式大力推进网吧连锁工作。在通过网吧连锁企业采取控股直营、特许加盟等传统形式整合网吧市场存量的同时，鼓励目前我省已经出现的以内容配送为主导的网吧联盟形式，利用网络、技术等优势，通过统一平台，技术服务等规范化管理，让内容配送成为网吧连锁的纽带。

2. 网吧连锁企业在省内发展门店和网吧联盟开展业务时，各级文化行政部门应积极支持其在当地的经营活动。凡通过文化部和省文化厅认定的网吧连锁企业和网吧联盟在省内发展门店，市（州）、县（市、区）行政部门应主动做好审批、管理和指导工作。县级文化行政部门要在文化部批准的网吧总量布局规划内，按照“合格一家，审批一家；规范一家，准入一家”的原则，开展连锁网吧直营门店的审批许可工作和加盟门店的变更管理工作，定期向社会发布网吧总量布局规划与实际许可情况的信息，防止盲目投资。市、州文化行政部门要加强对县级文化行政部门网吧管理工作的指导和监管。对市、州文化行政部门未按照规划审批、对市场监管不力造成不良影响的地区，省级文化行政部门将停止该地区新批网吧。

3. 各级文化行政部门要加强对网吧内提供的网络文化内容进行有效管控，加大对违规网吧的处罚力度，及时督促连锁企业做好自身的管理工作。同时要大胆探索网吧连锁新模式，打造特色化连锁网吧品牌，宣传、树立我省连锁网吧企业规范管理、规模发展的新形象，采取多种形式推进全省网吧连锁工作，为净化网络文化环境，保护未成年人健康成长创造良好条件。

附录三

国际网吧市场概况

印　度

随着运营商加大对高速宽带网和无线网络设备的投资，印度网民人数将出现爆发性增长，预计 2014 年将达到 3 亿人。

2000 年 6 月，印度政府颁布《信息技术法》，成为世界上 12 个为信息技术立法的国家之一。这部法律赋予执法部门更大权力来规范网络、管理网吧。该法律规定散播色情信息者处以五年监禁；网吧经营者如果对客户浏览色情信息不加劝阻，甚至提供方便，则被视为散播色情信息者。2011 年，印度政府考虑再一次修订《信息技术法》，明确网吧监管职能。但该草案由于操作繁琐、实施困难，而备受争议。此外，印度政府还制定一系列政策引导网吧健康发展，其中一项就是鼓励企业连锁经营网吧。印度全国网吧数量的年增长率约 45%，预计到 2011 年达到 26 万家。

随着网络技术的发展，印度因特网用户近年来急剧增加。对于人均国内生产总值只有几百美元的印度人来说，上网实在是一种奢侈。买一台电脑和联网的费用约需 5 万卢比（约合 1163 美元），加上昂贵的电话费，大多数家庭根本无法负担。因此，许多人都通过街头巷尾的网吧或网亭上网，接收或发送电子邮件，网上求职、求学，或通过因特网了解各种信息。据国际数据公司印度分公司对印度部分城市所作的调查，在出入网吧和网亭的人中，13 至 18 岁年龄段的占 8.2%，19 至 25 岁年龄段的占 49.1%，26 至 35 岁年龄段的占 32.1%，35 至 50 岁年龄段的占 8.2%。利用网吧网亭上网的人多数是大学生和公司职员。他们平均每天上网 1.2 小时。

在印度的网吧当中，没有人浏览黄色网页或其他不健康东西。印度网吧都装有摄像头，上网的人在网吧内的一举一动都被记录下来。印度的法律非常严格，由于此前一些青少年对信息缺乏鉴别能力，缺少自我保护和控制能力，很多孩子因迷恋上网而荒废了学业，其中有些人甚至因为受到黄色网站的影响，最后走上了犯罪道路。为了保护未成年人免受互联网的不良影响,其采取三项主要措施保护未成年人和网络的“清洁卫生”。第一项是设立专门巡视员。一旦发现有人浏览色情网站,巡视员当即要求客人自觉退出。第二项是安装防火墙。对那些在用户上网过程中自动弹出的色情网站,网吧专门聘请软件工程师对症下药,设置相关屏蔽保护程序。第三项是要求成人陪同。14 岁以下的少年儿童来网吧,必须有父母或监护人陪同,否则不准进入。

美　国

2010 年,美国网民规模约为 2.33 亿,占 3.087 亿总人口的比例为 75.5%,美国家庭宽带互联网普及率达 68%。美国的网吧数量较少,公共图书馆都有很多电脑,提供免费上网服务。据美国图书馆协会的估计,全美国各级公共图书馆共计 9220 多个。美国网吧用户主要集中于游戏玩家、留学生、旅游者和商务人士等,网吧位置也主要分布在机场、酒店、居民区、大学周围、旅游景点等。

网吧的设备配备会根据所提供的服务而有很强的针对性。为能给客户更周到的服务,在网吧中设置了很多计算机周边设备,如黑白及彩色打印机、复印机、扫描仪、光盘刻录机等,为了方便自带笔记本的顾客还提供 Wi—Fi 接入,有的还提供国际国内电话和传真服务,甚至还为旅行者提供邮寄、行李寄存等服务。网吧的服务分为游戏、上网、电脑维修、升级、打印等。

连锁网吧也是美国网吧发展的趋势之一,他们更多是与咖啡店结合在一起的。这些连锁店有的是单独一个网吧,有的是在快餐店、百货商店、机场、火车站、酒吧、大学里的店中店。商务网吧也是网吧经营的一个新趋势,不同的是这种商务网吧并不提供电脑给顾客。因为商务人士都有自己的电脑,和网吧的系统连在一起,就可以享受网络了。

在监管方面,美国的各州政府逐渐出台了比较严格的网吧管理规定。与政府和社会要求网吧加强安全管理的呼声相一致的是,千方百计提供安全的上网环境也成为网吧的自觉行为,努力体现自身的安全优势已经成为一些美国网吧争取客户资源的招牌。

一些更加先进的网吧,其收费模式已经完全自助,顾客可以根据自己的需求在自动售卡机上购买上网卡,之后挑选自己喜欢的机器,只要在机器旁边的认证机上刷一下卡就可以开始上网了,这样的经营模式对于人工成本较高的美国,已经越来越普及。网吧普遍实行会员制,根据会员一次性购买上网时长的不同而给予相应的时长赠送，同时根据不同的时间段，价格也有所不同，一般周末要高于非周末时间，晚上要高于上午和下午时间。

日　本

日本网吧基本上都分布在城市的交通枢纽点周围，尤其以日本的轨道交通附近最为集中。日本的网吧规模都不是很大，电脑数量都比较有限，造成这种局面的因素很多。首先是大部分日本上网所使用的是 MSN，但是多半也是用来办公和交流其他事情；其次，由于日本社会主流的休闲娱乐关注点都在游戏机和漫画，因此对于网络的需求有限。日本网吧的环境很好，这包括网吧卫生条件良好、环境优雅，安静。这是由日本社会对于环境认识和需求所决定的。

日本网吧的平均收费大约为 20 美元一晚，可以免费上网、看碟，还有各种碳酸饮料免费喝。虽然网吧一般不要求上网者进行实名制登记，但这一现状急需转变。日本的网络警察正迫使网吧对上网者进行实名登记，以降低网络犯罪的数量。根据警方统计，网络犯罪总体数量并不高，但是轻微犯罪却屡见不鲜。

日本的犯罪率很低，是全球犯罪率最低的国家之一。在人们的传统观念中，网吧也是一个安全的去处。但是随着犯罪在网吧中愈演愈烈，以及越来越多罪犯在网吧中潜伏，日本政府也将制定相关政策，加强对网吧的监管力度。

韩　国

从 2005 年开始，随着家庭和学校宽带网络的普及，韩国的网吧市场经营状况每况愈下，市场竞争非常激烈。一些中小网吧迫于竞争的压力开始向规模化、连锁化方向发展。

韩国网吧数量约为 3 万家，韩国网吧市场开始呈现饱和状态。韩国每年有数千家网吧倒闭，也有相当数量的网吧开业，基本处于数量上的动态平衡状态。

韩国网吧市场与游戏产业息息相关，网吧提供的主要服务是游戏。在韩国，游戏产业是国民经济的支柱之一，电子游戏竞技冠军的知名度不亚于影视明星。在网吧，电子竞技团队激烈比赛的场面比比皆是，并配有专业屏幕直播比赛实况，网吧围观群众甚众。

除此之外，韩国网吧还提供其他增值服务，如餐饮、游戏产品销售、打印、复印、拍照、光盘刻录等。

近年来，韩国网吧服务专业化趋势日益明显，韩国首都首尔出现了专业的电子竞技网吧、股票交易服务网吧等，网吧服务进一步细分。

韩国网吧的顾客主要是年轻的游戏爱好者,顾客上网的主要目的是网络游戏。

韩国网吧的社会形象很好。韩国政府对网吧行业的定位是网络传播行业而不是娱乐行业,对网吧行业赋予的使命为"薪尽火递,传承文化,开启心灵,启迪民智"。韩国网吧是国民经济重要的组成部分,而且为培养、储蓄 IT 人才提供支持。

韩国网吧行业国际化的趋势明显。韩国多年以前就开始在日本、中国台湾等文化比较相近的国家或地区开设网吧,将韩国网吧拓展到海外市场。

附录四

相关定义和名词解释

名 词	解释/定义
网吧	2002 年 9 月，国务院公布的《互联网上网服务营业场所管理条例》规定，网吧是一种互联网上网服务营业场所，即通过计算机等装置向公众提供互联网上网服务的营业性场所。
黑网吧	没有按照《互联网上网服务营业场所管理条例》取得《网络文化经营许可证》的互联网上网服务营业场所。
单体网吧	单体网吧是指独立投资、自主经营的网吧。
网吧连锁企业	根据文化部《关于印发〈网吧连锁企业认定管理办法〉的通知》（文市发[2009]35 号），网吧连锁企业是指在企业总部的统一管理下，按照连锁经营的组织规范，以统一服务规范、统一财务管理，统一形象标识和统一计算机远程管理的形式，由企业总部或其分公司、子公司全额投资或控股开设的直营门店开展互联网上网服务经营活动的投资管理企业。特许或加盟、自由连锁等形式的连锁网吧经营单位不列入本办法调整范围。
直营连锁网吧	网吧连锁公司控股 51% 以上，并严格按照统一服务规范、统一财务管理、统一形象标识和统一计算机远程管理形式进行管理的网吧。
自由加盟连锁网吧	自由连锁是加盟店按自发的意志、自愿组成的组织，各加盟店之间存在横向联系但较为松散，其在合同期内可以自由退出，总部一般为非营利性机构，不收或收取少量的会费。
特许加盟连锁网吧	总部网吧和加盟网吧之间通过订立特许经营合同建立起关系，并通过合同明确各自的权利和义务；核心是特许经营权的转让，各特许加盟店的人事和财务关系是相互独立的。
省级网吧连锁企业	文化部《关于印发〈网吧连锁企业认定管理办法〉的通知》（文市发【2009】35号）中规定省级网吧连锁企业：注册资金不少于 1000 万元；全资或控股的直营门店数在本行政区域内不少于 5 家或省级文化行政部门规定的最低数量；符合连锁经营组织规范；所有直营门店在申请之日起前一年内未受过有关部门依据《互联网上网服务营业场所管理条例》做出的罚款（含罚款）以上的行政处罚。
全国网吧连锁企业	文化部《关于印发〈网吧连锁企业认定管理办法〉的通知》（文市发【2009】35号）中规定全国性网吧连锁企业：注册资金不少于 5000 万元；全资或控股的直营门店数不少于 30 家，且在 3 个以上（含 3 个）的省（自治区、直辖市）设有直营门店；符合连锁经营组织规范；所有直营门店在申请之日起前一年内未受过有关部门依据《互联网上网服务营业场所管理条例》做出的罚款（含罚款）以上的行政处罚。
网吧影音服务	影音服务是指在互联网上或网吧内提供的影视、音乐播放服务。

续表

名　词	解释/定义
无盘系统	无盘系统由电脑终端、服务器及安装在服务器上的无盘软件系统组成。电脑终端受无盘软件系统的控制，无需安装硬盘，即可访问服务器端硬盘，读取服务器端硬盘中的内容。
网吧用户	通过网吧进行相关信息获取、服务获取、娱乐获取等具有自主控制权的个人或团体。
宽带网民	过去半年使用过宽带接入互联网的网民，但不限于仅使用宽带接入互联网的网民。宽带接入方式包括：xDSL，Cable Modem，光纤接入，电力线上网，以太网等方式。
手机网民	过去半年通过手机接入并使用互联网，但不限于仅通过手机接入互联网的网民。
电脑网民	过去半年通过电脑接入并使用互联网，但不限于仅通过电脑接入互联网的网民。
农村网民	过去半年主要居住在我国农村地区的网民。
城镇网民	过去半年主要居住在我国城镇地区的网民。
未成年人网民	年龄在18周岁以下的中国网民。
"五老"义务监督员	主要指离退休的老干部、老战士、老专家、老教师、老模范自愿自发组成的网吧监管队伍，定期或不定期对网吧进行监督。
一线城市	如北京、上海、深圳、广州。
二线城市	如省会城市、直辖市和计划单列市。
三线城市	有战略意义的大中城市和经济总量较大的小城市，如宁波、温州、东莞等。
四到六线城市	除一线、二线、三线城市之外的一些县级市、县城等。

附录五

研究补充说明

本报告主要采用定量和定性相结合的研究方法。定量研究通过调查问卷和专家深度访谈的方式进行;定性的研究主要是通过桌面研究、行业深度访谈、焦点座谈会的方式进行。详细介绍情况如下。

(一)桌面研究

桌面研究主要指通过搜集权威研究机构、高校、政府主管部门、行业协会、上市公司等发布的数据和信息,以及行业专家公开演讲中涉及到的数据和信息等进行研究,主要采用互联网搜索和查阅相关图书资料的方式。

(二)焦点座谈会

焦点座谈会邀请 6～10 位网吧行业的专家,包括企业管理人员、网吧服务人员、网吧软硬件提供商、网络游戏渠道专家等。焦点座谈会包括 2 轮:第 1 轮主要针对研究框架的确定;第 2 轮主要针对调研问卷的设计、访谈对象的邀请等。

(三)专家深度访谈

专家深度访谈主要是针对从业企业管理人员、行业专家、投资机构和政府主管部门领导的调研,分别从网吧经营、投融资、政府监管等不同的方面来剖析网吧行业。

(四)大样本调研

主要通过网络调研的方式,回收有效样本量>10000,根据互联网网民分布采用抽样的方式进行分析,主要分析细分行业用户规模、用户特征、用户行为等。

1. 网吧用户调研

本次用户的调研主要通过网络回收的方式进行数据采集。文睿研究除了在自己公司网站上发布调查问卷外,还与网吧游戏更新软件企业北京光音盛世信息技术有限公司、上海新浩艺有限公司、杭州顺网科技有限公司,网吧计费软件企业成都吉胜科技有限责任公司、网吧整体解决方案提供商湖北盛天网络技术有限公司进行合作,在其网吧平台上发布网吧问卷链接。本次调查共回收有效样本 25368 份,覆盖全国 32 个省、区、市(含新疆兵团)。

2. 网吧业主调研

本次调研中,除了与上述网吧软件平台企业合作发放网吧业主问卷外,还到上海、浙江、江苏、湖南、四川、广东等省份进行了考察。另外,各地文化厅(局)、网吧行业协会也对数据的回收给予了极大的帮助。

责任编辑:郭　倩
装帧设计:肖　辉

图书在版编目(CIP)数据

2011 中国网络文化市场年度报告/文化部文化市场司 著.
-北京:人民出版社,2012.7
(中国文化发展报告)
ISBN 978-7-01-011008-0

Ⅰ.①2…　Ⅱ.①中…　Ⅲ.①计算机网络-文化市场-研究报告-中国-2011
Ⅳ.①G124

中国版本图书馆 CIP 数据核字(2012)第 142820 号

2011 中国网络文化市场年度报告
2011 ZHONGGUO WANGLUO WENHUA SHICHANG NIANDU BAOGAO

文化部文化市场司　著

人民出版社 出版发行
(100706　北京朝阳门内大街 166 号)

环球印刷(北京)有限公司印刷　新华书店经销

2012 年 7 月第 1 版　2012 年 7 月北京第 1 次印刷
开本:787 毫米×1092 毫米 1/16　印张:21.25
字数:350 千字　印数:0,001-3,000 册

ISBN 978-7-01-011008-0　定价:65.00 元

邮购地址 100706　北京朝阳门内大街 166 号
人民东方图书销售中心　电话 (010)65250042　65289539